国家社科基金
后期资助项目
GUOJIA SHEKE JIJIN HOUQI ZIZHU XIANGMU

# 僧肇辩证思维研究

Research on
Sengzhao's Dialectical Thinking

张彤磊 著

社会科学文献出版社
SOCIAL SCIENCES ACADEMIC PRESS (CHINA)

# 国家社科基金后期资助项目
# 出版说明

后期资助项目是国家社科基金设立的一类重要项目，旨在鼓励广大社科研究者潜心治学，支持基础研究多出优秀成果。它是经过严格评审，从接近完成的科研成果中遴选立项的。为扩大后期资助项目的影响，更好地推动学术发展，促进成果转化，全国哲学社会科学工作办公室按照"统一设计、统一标识、统一版式、形成系列"的总体要求，组织出版国家社科基金后期资助项目成果。

全国哲学社会科学工作办公室

# 目 录

# 绪　论

## 一　研究意义和价值

　　思维方式是一种文化类型的稳定内核，佛教的传入一定程度改变了中国古代哲学的思维方式，因而对中国古代文明产生了持久而深刻的影响。东晋时期著名的佛学理论家僧肇，开创性地将中印两种文化在思维方式上进行了高度的有效融合，僧肇的佛学思想也成为佛教中国化历程中的一个重要环节。

　　佛教具有丰富且自具特色的辩证思维。佛教传入中国之后，大乘空宗般若学的辩证思维凭借其精确的概念分析、严密的逻辑推理、深刻的抽象思辨、超越的生命体验展开的对宇宙人生最高真实的探索，在中国文化的土壤里显示出了强大的生命力，不但流布时间最长，而且深化了中国古代哲学对外部世界以及内在心性的理论探讨，提升了中国古代哲学概念思辨能力和理论思维品质。同时，在这一过程中，中国古代哲学辩证思维的某些思维方式和习惯也不断地改变着般若学辩证思维的运思路径，使般若学逐步浸润、融汇、流淌于中国学术的生命长河之中。

　　本书以辩证思维为研究对象，以僧肇的辩证思维为研究中心，从方法论层面研究大乘空宗般若学与中国古代哲学在辩证思维方式上的融汇转换，揭示佛教中国化的理论过程以及这一过程的复杂性。辩证思维水平是理论思维能力的体现，一个民族整体的科学抽象思维能力与其理论思维水平紧密相关，"实现中华民族伟大复兴的中国梦"，需要提升中华民族的理论思维水平。本书力求在客观反思中国古代哲学辩证思维的基础上，一定程度推动对民族理论思维的进一步深入研究。

## 二　国内外研究现状

　　佛教与中国古代哲学共有且各具其文化特色的辩证思维，是研究佛教与中国古代哲学在思维方式上展开精神互动的一个重要切入点。僧肇既深契大乘空宗般若学妙义，又精解老庄玄学要旨，在玄佛互涉的背景下，他将般若学和玄学在思维方式上进行有效衔接、转换与融合，推动了佛教与中国古代哲学在思想上的深度交流与对话。而僧肇对玄佛辩证思维的融汇，既是中国佛教辩证思维、中国古代哲学辩证思维的重要成果，也对佛教中国化、中国古代哲学产生了重要和深远的影响。近代以来，学术界对僧肇辩证思维的研究仅散见于一些中国哲学史、中国佛教史、中国辩证法史类的著述中，尚没有以僧肇辩证思维为专题的研究成果。鉴于僧肇辩证思维是僧肇思想在思维方式的反映，同时，学术界对中国佛教辩证思维研究的思路方法和成果，也有助于深化僧肇辩证思维的研究，故本书分别评述学术界对中国佛教辩证思维、僧肇思想的研究，以期用更合理的思路与方法研究僧肇的辩证思维。

1. 中国佛教辩证思维研究述评

佛教丰富和独特的辩证思维是佛教哲学的重要理论成果，对此，国内外学术界基本上都持积极肯定的态度。其中，龙树所创的大乘空宗般若中观学派在继承了佛教内外各派辩证思维的基础之上构建的独特辩证思维，不但在整个印度哲学史上占有重要地位，而且对中国佛教思维方式影响深远。19 世纪中叶以来，般若中观学作为佛教辩证思维最重要的理论成果为国内外学术界尤其西方佛教学者广泛关注。近代中国学者对中国佛教辩证思维的研究是在西学东渐的背景下展开的。1937 年，周叔迦在《微妙声》第四期发表的论文——《佛教的辩证法》，开启了中国学者研究佛教辩证思维的先声。① 新中国成立以后，大陆和港台学者以不同的路径展开了对中国佛教辩证思维的研究。但总体而言，国内外以中国佛教辩证思维为专题的研究成果并不多见。

---

① 虽然周叔迦宏观上将佛教中具有辩证思维因素的推理方法"二谛与三谛、四句例与六句例、六相与十玄，总名之为佛教的辩证法"，但并没有具体分析上述推理方法中辩证思维的运用。周叔迦在此文中写道："这辩证法三个字或者用得不甚恰当，读者可以当作假名，不必执著好了"（周叔迦：《佛教的辩证法》，张曼涛主编《佛教逻辑和辩证法》，《现代佛教学术丛刊》第 21 册，大乘文化出版社，1979，第 325 页）。可能周叔迦只是以假名施教来诠释佛教的推理方法，所以并未具体分析"二谛与三谛、四句例与六句例，六相与十玄"的辩证运思。

（1）西方、印度及日本学术界对中国佛教辩证思维研究述评

19 世纪中叶以来，般若中观学极富批判力的思想一直为中西学术界所关注，但探讨中观学的主旨，都不可回避中观学充满辩证意味的论证方法。从西方学术思潮宏观演变的视域下考察，西方、印度及日本学术界在中观学研究的思路与方法上与这一时期西方学术思潮由虚无主义向比较哲学、分析哲学与语言哲学的转向大致相应，并且呈现一定的连续性，对中观学辩证思维的评判也大致经历了一个否定、肯定和再否定的过程。① 虽然，以虚无主义、分析哲学与语言哲学诠释中观学的研究多认为中观学并非具有严格意义的辩证思维，但对拓宽中观学辩证思维的研究具有积极的意义。比较而言，以绝对主义诠释中观学的研究更重视中观学辩证思维的逻辑结构和论证方法，其中俄国学者舍尔巴茨基（Th. Stcherbatsky）和印度学者穆蒂（T. R. V. Murti）对中观学辩证思维的研究对学术界有重要影响。

舍尔巴茨基以康德批判哲学为轴心，以佛教知识论与逻辑为研究范围的学术成果——《佛教的中心概念和法的意义》②（1923 年）、《佛教的涅槃概念》③（1927 年）、《佛教逻辑》二卷本（1930 年），被东西方佛教学者视为不朽名著。其中，《佛教的涅槃概念》和《佛教逻辑》二书对佛教辩证思维和逻辑有精辟的论述。《佛教的涅槃概念》以涅槃为

---

① 此论是在参考吴汝钧《现代学者的中观学研究及反思》（《印度中观哲学》，圆明出版社，1993）、林镇国《欧美学界中观哲学诠释史略》（《佛学研究中心学报》，1997，第 2 期）、成建华《龙树与中国佛教哲学》（中国社会科学院研究生院 2003 年博士学位论文）的相关研究的基础上做出的判断。具体言之，以虚无主义诠释中观学肇始于毕尔奴夫（Eugene Burnouf）的《印度佛教史导论》（1844），后经列维（S. Levi）而为印度学者普森（Poussin）所继承，持此论者或受 19 世纪中叶到 20 世纪初尼采、海德格尔引领的虚无主义思潮影响；以绝对主义诠释中观学是以比较哲学为研究基础，俄国学者舍尔巴茨基（Th. Stcherbatsky）《佛教的涅槃观念》（1927）和印度学者穆蒂（T. R. V. Murti）《中观哲学》（1955）是其中的代表作；随着 20 世纪中叶以来西方分析哲学与语言哲学思潮的兴起，理查德·罗宾逊（Richard H. Robinson）《印度与中国的早期中观学派》（1967），史特连格（Frederick J. Streng）*Emptiness: A Study in Religious Meaning*（1967）、Chris Gudmunsen《维特根斯坦与佛教》（1977）、R. A. F. Thurman《比较维特根斯坦与月称论"私人语言"》（1980）、Nathan Katz《龙树与维特根斯坦论误谬》（1981）、Tyson Anderson《维特根斯坦与龙树论诡辞》（1985）都是以分析哲学和语言哲学研究中观学的重要著述。
② 该书的中译本为《小乘佛学》，立人译，中国社会科学出版社，1994。
③ 该书的中译本为《大乘佛学》，立人译，中国社会科学出版社，1994。

中心考察大乘学说的绝对观,认为中观学派否定以逻辑的方法认识绝对,而是以神秘直观认识绝对。《佛教逻辑》第四部分从否定性判断、矛盾律、共相和辩证法四个方面讨论了大乘佛教否定式论证与西方类似理论之间的异同,并专辟一节简述了佛教辩证法发展的历史。舍氏认为,佛教辩证法经过初期(小乘)、早期(大乘)、批判(因明、量论)的逻辑学派,逐步发展为关于智性的总的理论,而"作为特别的认识来源,智的本质被发现是辩证的"①。佛教辩证法本质认为一切概念和名称都是否定性的,尽管完全接受知性的一切概念有相对、辩证的特性,但反对说知识完全无真实性,并且也承认非辩证的物自体之纯实在性隐藏在每一对辩证的概念后面。②

穆蒂的《中观哲学》③是第一部全面研究中观学的英文著述,也是继舍尔巴茨基之后研究中观学辩证思维的力作。该书继承了舍尔巴茨基以康德批判哲学诠释中观学的理路,将中观学诠释为绝对主义。穆蒂将龙树中观学的辩证思维命名为"中观辩证法",通过研究中观学辩证法的影响、结构、运用(因果、运动、实体、数量),中观的辩证法与解脱,中观辩证法与康德、黑格尔、柏烈得莱的辩证思维异同,认为"中观辩证法在性质上纯粹是分析的"④,龙树的"四句"辩证法就是指陈思辨理性之误用所造成"二律背反"的虚妄性⑤,中观辩证法的作用仅在改变我们的认知,而不在于改变客观的事物⑥,"中观辩证法的最高成就就是证得理智的直觉,但这不仅是理论认识圆满,也是实践与宗教心灵的成熟……中观辩证法……是'非概念性'的直觉"⑦。"中观不是虚无

---

① 〔俄〕舍尔巴茨基:《佛教逻辑》,宋立道译,中国社会科学出版社,2009,第517页。
② 〔俄〕舍尔巴茨基:《佛教逻辑》,宋立道译,中国社会科学出版社,2009,第519页。
③ 原书1960年由英国G. Allen and Unwin公司出版。
④ 〔印度〕穆蒂:《中观哲学》,郭忠生译,蓝吉富主编"世界佛学名著译丛"第64册,华宇出版社,1988,第223页。
⑤ 〔印度〕穆蒂:《中观哲学》,郭忠生译,蓝吉富主编"世界佛学名著译丛"第64册,华宇出版社,1988,第75~76页。
⑥ 〔印度〕穆蒂:《中观哲学》,郭忠生译,蓝吉富主编"世界佛学名著译丛"第64册,华宇出版社,1988,第232~235页。
⑦ 〔印度〕穆蒂:《中观哲学》,郭忠生译,蓝吉富主编"世界佛学名著译丛"第64册,华宇出版社,1988,第227页。

主义，因为他连否定的态度亦加以否定。"①

日本学者注重梵文文献的整理和校勘，兼有梵、藏、汉的语言优势，近代以来出现了一批杰出的中观学者，其中涉及中观学辩证思维研究的有山口益、瓜生津隆真、中村元与梶山雄一等学者，但他们对中观辩证思维的研究基本上是延续西方学者以绝对主义诠释中观学的路径。

（2）中国学术界对中国佛教辩证思维研究述评

①大陆学术界对中国佛教辩证思维研究述评

大陆学术界对中国佛教辩证思维的研究是与唯物辩证法的传播和影响紧紧联系在一起的。中华人民共和国成立到20世纪60年代末，随着马克思主义哲学史观和方法论影响的深入，大陆学术界日益关注中国哲学辩证思维研究。作为中国哲学的一个不可或缺的组成部分，佛教辩证思维也成为中国哲学的重要研究对象。其中，侯外庐主编的《中国思想通史》第三卷（人民出版社，1957年）、第四卷（人民出版社，1959年），任继愈的《汉唐佛教思想论集》（三联书店，1963年）和其主编的《中国哲学史》第二卷（人民出版社，1966年）是这一时期运用马克思主义哲学史观和方法论研究佛教辩证思维的重要研究成果。

侯外庐主编的《中国思想通史》第三卷、四卷具体分析了龙树中道观的论证方法，认为"他（龙树）在揭示矛盾的基础上，并没有发现真理，反而建立其两可而两非、兼取而兼遣的怀疑论"②，虽然"或多或少地透露出了一些貌似辩证法的因素"，但如果"把这种论证方法以及由此所推论出的结论和辩证法混淆起来，或者夸大成为辩证法，乃是严重的错误"③；同时指出，隋唐佛学各宗派在运用中道观论证其本体绝对性时，对矛盾或对立的消解或是采取怀疑主义，或是采取折中主义，最终导致形而上学。④任继愈的《汉唐佛教思想论集》和其主编的《中国哲学史》第二卷对佛教形而上学思想体系的批判也为进一步研究佛教辩证思维奠定了基础。

① 〔印度〕穆蒂：《中观哲学》，郭忠生译，蓝吉富主编"世界佛学名著译丛"第64册，华宇出版社，1988，第253页。
② 侯外庐主编《中国思想通史》第3卷，人民出版社，1957，第446页。
③ 侯外庐主编《中国思想通史》第4卷上，人民出版社，1959，第157页。
④ 参见侯外庐主编《中国思想通史》第4卷上，人民出版社，1959，第157~159页。

另值得注意的是，在 20 世纪 50 年代的学术氛围下，佛学大师吕澂和虞愚都有专文论述佛教的辩证思维。吕澂于 1953 所写的《佛家辩证法》①一文，虽然篇幅不大，但作为 20 世纪世界一流的佛学大师，吕澂以其深厚的佛学修养梳理了佛家辩证思维的性质特点和历史发展，指出"佛家的辩证法不仅是客观现象中辩证性的反映，而且特别侧重于主客观交涉上面辩证的意义。这和佛家没有纯粹宇宙观，而只是联系人生问题去寻求现前存在现象实相的一点极有关系"②，认为"佛家的思想方法一开头就带着辩证的色彩，并且后来还逐渐发达，而始终就很远的走在西洋人思想的前面"③，分别说、中道说和缘起论是原始佛教辩证思维进一步展开的基本理论。《辨中边论》的"中边"，《维摩诘经》的"入不二法门"及《金刚经》中"即非""是名"的思想体现了大乘佛学流行时期佛家辩证法的运用。龙树以"八不"解释缘起，阐释诸法实相为无自性的"空"，且将中道实相完全与实践相联系是佛家辩证法的进一步发展。慈氏、无著以"遍计""依他""圆成"三性观察诸法实相，改变了龙树单纯的遮诠法门而兼有表诠，较龙树而言扩大了辩证法的运用，"可算是佛家辩证法高度发展的一个阶段"；④此外，在佛家因明学里，辩证法也多方面地被应用。虞愚在《龙树辩证法底基本特征》⑤一文中把龙树的辩证思想特征归纳为依待说、中道说和绝待观，认为龙树由"有"而"空"而"中"而达到最后的涅槃（绝待）是一个辩证的历程。

"文革"结束之后，大陆学术界对中国哲学的研究在通史、断代史和专题方面都逐渐迎来了新的繁荣，对佛教史、佛教哲学等研究也愈加

① 该文原载于中国佛教协会 1954 年编辑出版的《现代佛学》第 1 期，《吕澂佛学论著选集》（齐鲁书社，1991）卷 3 收录。吕澂先生在《一年来我的佛学研究——从 1954 年 7 月到 1955 年 6 月的工作报告》记曰："这几年努力学习运用科学的历史观点，并要求研究能对新文化的建设上有微末贡献，但也只是尝试而已"（黄夏年主编《吕澂集》，中国社会科学出版社，1995，第 310 页）。这可以作为参考，理解吕澂《佛家辩证法》的写作缘起。
② 吕澂：《佛家辩证法》，张曼涛主编《佛教逻辑和辩证法》，《现代佛教学术丛刊》第 21 册，大乘文化出版社，1979，第 342 页。
③ 吕澂：《佛家辩证法》，张曼涛主编《佛教逻辑和辩证法》，《现代佛教学术丛刊》第 21 册，大乘文化出版社，1979，第 335 页。
④ 吕澂：《佛家辩证法》，张曼涛主编《佛教逻辑和辩证法》，《现代佛教学术丛刊》第 21 册，大乘文化出版社，1979，第 341 页。
⑤ 虞愚：《龙树辩证法底基本特征》，《现代佛学》1959 年第 12 期。

深入，进一步推动和促进了对中国佛教辩证思维的研究。其中，任继愈主编的《中国哲学发展史》四卷（人民出版社，1983～1994年）、《中国佛教史》三卷（中国社会科学出版社，1985～1988年）、冯契所著《中国古代哲学的逻辑发展》三册（上海人民出版社，1983～1985年）、孙叔平所著《中国哲学史稿》二册（上海人民出版社，1980～1981年）、张岱年所著《中国哲学大纲》（中国社会科学出版社，1982年）、萧萐父和李锦全主编的《中国哲学史》二册（人民出版社，1982年）、方立天所著《中国古代哲学问题发展史》二册（中华书局，1990年）以及田文军和吴根友合著的《中国辩证法史》（河南人民出版社，2005年）等著述在研究中国哲学思想特征的同时，对佛教的辩证思维，特别是僧肇和华严宗的辩证思维都进行了评述。

　　其中，任继愈主编的《中国佛教史》三卷本是20世纪大陆学术界研究中国佛教辩证思维的最重要研究成果。该书不仅是第一部系统地以辩证唯物主义和历史唯物主义为指导研究佛教史的著述，而且运用唯物辩证法具体剖析了缘起论的辩证思维因素，般若学的否定思维方式以及"八不缘起"对矛盾的普遍揭示，《肇论》对运动内在矛盾的分析，《华严经》对一般与个别、全体与部分的关系的论述，并且指出，具有丰富辩证思维因素的般若学否定式思维"影响极为深远，几乎为以后中国化的各大宗派所普遍采用"①，但佛教哲学的唯心主义宗教体系颠倒了思维和存在的关系，使其"在运用抽象思维的过程中发生了毛病……可以说，佛教哲学的全部谬误，都发生在这里"②。所以，佛教辩证思维虽然具有某些客观辩证法的片段，但最终走向形而上学。此外，曾在《中国佛教史》第一卷作为附录副刊的黄心川所著《印度佛教哲学》（后又经增补收入作者于1989年商务印书馆出版的《印度哲学史》一书）指出，印度佛教哲学经历了由简至繁的发展过程，包含了一些辩证法等合乎情理的内容，并且具体分析了中观学派的"中道"与唯物辩证法、唯心辩证法不同的四个方面，指出："中观派虽然在极抽象的意义上提出了肯定和否定、有无等等范畴，但它的'中道'的原理绝不是辩证法，而是通向

① 任继愈主编《中国佛教史》第2卷，中国社会科学出版社，1985，第335～336页。
② 任继愈主编《中国佛教史》第2卷，中国社会科学出版社，1985，第343页。

诡辩的相对主义。中观派承认矛盾是为了消灭和抹煞矛盾，它承认客观事物和思维的相对的或唯名的实在是为了消灭这些实在。"①

这一时期在专题论文方面，巫白慧的《印度古代辩证思维》、姚卫群的《印度古代哲学中的辩证法思维初探》、方立天的《僧肇评传》、道坚法师的《中观学派的运动观——以〈中论·观去来品〉为中心》《佛教对中国传统文化的贡献》等论文也推动了中国佛教辩证思维研究的深入。

巫白慧1984年在《哲学研究》第11期发表的《印度古代辩证思维》一文中，通过考察吠陀和外道论师的辩证思维，认为佛教辩证思维是在吠陀和外道论师辩证思维基础上的发展，并将佛教辩证思维的发展分为以缘起论为代表的原始佛教辩证思维和以龙树"三谛"理论和"八不"模式为代表的大乘佛教辩证思维两个阶段。通过对缘起论、"三谛"、"八不"逻辑结构的分析，作者认为释迦牟尼的缘起说是"基于对主观世界观察的结果，而不是基于对客观世界的观察结果。……他（释迦牟尼）在自己一生的说教中，片面强调对主观世界矛盾的考察，强调如何克服主观世界的矛盾，而由此提出原始佛教的哲学三原则和十二连环因果关系"②；龙树"三谛"理论和"八不"模式，使佛教辩证认识论进一步深化，"按龙树的缘起哲学，中道不是一种折衷主义……是符合诸法实际的正确的辩证观点，……'八不模式'是在更大的范围内表述中道的普遍意义"，但龙树的中道最终立义是一种"只可以意会、不可以言传的超验的神秘主义"③。姚卫群在《印度古代哲学中的辩证法思维初探》一文中探讨了辩证思维在印度古代哲学中的几种表现形式及在印度哲学史上的地位和作用，指出原始佛教缘起论和十二因缘理论在事物的因果联系方面具有辩证意义。④ 方立天在《僧肇评传》一文中，剖析了僧肇思想中的朴素辩证法以及僧肇思想中的朴素辩证法如何屈从于形而上学的诡辩论。⑤

---

① 黄心川：《印度佛教哲学》，任继愈主编《中国佛教史》第1卷附录四，中国社会科学出版社，1985，第547页。
② 巫白慧：《印度古代辩证思维》，《哲学研究》1984年第11期。
③ 巫白慧：《印度古代辩证思维》，《哲学研究》1984年第11期。
④ 姚卫群：《印度古代哲学中的辩证思维初探》，《南亚研究》1989年第4期。
⑤ 方立天：《魏晋南北朝佛教论丛》，中华书局，1982，第127页、第134~140页。

　　随着对佛教研究的逐步深入，大陆学术界更为注重立足于中国佛教思想自身的演化轨迹，着眼佛教思维方式和中国传统哲学思维方式之间的互动与融合，来研究中国佛教辩证思维在本体论、心性论、认识论以及实践修行等方面的特征，以期更为深刻地揭示作为一种外来文化的佛教与中国传统文化之间的融摄。楼宇烈、黄心川、魏道儒、赖永海、洪修平、姚卫群、华方田等学者都从不同角度论及。其中，21世纪出版的、以历史唯物主义为基本立场、凝结着作者多年学术研究心得的厚重著述——方立天的《中国佛教哲学要义》上下卷（中国人民大学出版社，2002年）、杜继文的《汉译佛教经典哲学》上下卷（江苏人民出版社，2008年）、潘桂明的《中国佛教思想史稿》三卷六册（江苏人民出版社，2009年），站在中印思维差异与融合的高度，在辨析中国佛教哲学基本概念、范畴和命题的基础上，分析了中观学否定式思维方式被转换为肯定式思维方式的原因，中观学思维方式与有部思维方式对中国佛教的影响，宏观上概括了中国传统哲学"天人合一"思维方式对中国佛教辩证思维的影响，对研究印度佛教辩证思维与中国哲学辩证思维的相互融摄，有重要的指导意义。

　　方立天的《中国佛教哲学要义》以本体论（宇宙论、心性论）、认识论（人生论、价值论）、实践论（修养论）来构建中国佛教哲学体系。在思维方式上，作者指出，从哲学思想相互关联角度看中国哲学的形成、发展和演变过程，中国佛教哲学与印度佛教哲学和中国固有哲学的思想联系最为重要。中国的固有哲学与思维方式决定了中国佛教学者的文化取向、学术取向、思维取向和价值取向。① 通过对佛学观念发展的研究，作者分析了中国佛教辩证思维对中国佛教哲学人生论、心性论、宇宙论和实践论的具体影响与意义：在人生论上，"中国佛教学者还运用传统的整体思维和辩证思维，结合佛教《法华经》的十法界众生悉皆成佛的思想，提出'十界互具'说，为众生解脱生死独辟蹊径"②；在心性论上，天台宗性具善恶论"突破了以往只从净法善性角度论佛性的传统模式，具有重要的辩证思维意义，并且也使本宗的性具善恶说增添了现实性的

------

① 参见方立天《中国佛教哲学要义》（上）"绪论"，中国人民大学出版社，2002，第7~8页。
② 方立天：《中国佛教哲学要义》（上），中国人民大学出版社，2002，第102页。

品格"①；在本体论和认识论上，僧肇非有非无，亦有亦无，不落两边的富有辩证色彩的中道观念以及对动静关系的论述②、智颉的"次第三观"对观空与观假的辩证关系的论述③、华严宗"四法界说""理事无碍说"④、吉藏的"四重二谛说"⑤，对中国佛教哲学阐明本体与现象关系以及对认识过程的深化都有重要影响。

　　杜继文的《汉译佛教经典哲学》在阐释佛教哲学发生、发展的完整体系的基础上，选取对佛教哲学和中国思想影响重大、具有哲学普遍意义的经论，将汉译佛典反映的佛教哲学体系大体分为有部哲学、宗空哲学、般若哲学和唯识哲学，并对中国古代思维方式和域外某些思维方式进行了比较研究，"以便更具体更生动地认识我们民族在思想观念和思维方式上的一些历史特点"⑥。在佛教辩证思维研究方面，作者指出，般若哲学整个体系建立在怀疑论和不可知论基础上，但"般若的理论重点在揭示概念、判断以及一切思维形式的内在矛盾，因而在哲学认识论方面有深层探索"⑦；同时，在思维方式的研究上，作者认为单纯的分析与综合都存有缺陷，并特别指出了以"人天观"为代表的中国古代整体观的缺陷，"提倡奠基在科学基础上的辩证思维方式"。⑧

　　潘桂明的《中国佛教思想史稿》会通儒释道三家之学，虽名之为佛教思想史，实含摄了整个中国哲学思想。在思维方式研究方面，该书以强烈的批判精神通过研究佛教重要概念、命题和范畴的演化，分析了佛教思维方式与中国古代思维方式之间的互动，在这一过程中，冷静地反思了被许多学者认为是中国文化精髓的"天人合一"思维模式，深刻地

---

① 方立天：《中国佛教哲学要义》（上），中国人民大学出版社，2002，第312页、
② 方立天：《中国佛教哲学要义》（下），中国人民大学出版社，2002，第658页、第664页。
③ 方立天：《中国佛教哲学要义》（下），中国人民大学出版社，2002，第937页。
④ 方立天：《中国佛教哲学要义》（下），中国人民大学出版社，2002，第796页、第1058页。
⑤ 方立天：《中国佛教哲学要义》（下），中国人民大学出版社，2002，第1170页。
⑥ 杜继文：《汉译佛教经典哲学》（上），江苏人民出版社，2008，第4页。
⑦ 杜继文：《汉译佛教经典哲学》（上），江苏人民出版社，2008，第11页。
⑧ 杜继文：《汉译佛教经典哲学》（上），江苏人民出版社，2008，第9页。

批判了中国固有的非理性思维倾向及其流弊①，这也成为研究中国佛教辩证思维必须深刻反思之所在。对于中国佛教辩证思维，该书虽未专门论及，但作者在鸠摩罗什所传龙树中观学与中国"天人合一"思维模式交融的背景下，指出天台宗"次第三观"以及华严宗都蕴含着丰富的辩证思维。

②港台学术界对中国佛教辩证思维研究述评

20世纪50年代以后，港台学术界对中国佛教辩证思维的研究呈现两个维度：一是以中观学为重心而兼及中观学辩证思维的研究；二是以牟宗三、唐君毅为代表的现代新儒家，他们在会通中西哲学、凸显中国哲学特质的背景下消化、吸收、融会佛学，并以独特的术语与思维方式诠释佛学，对佛学辩证思维的理解与衡论也极富个性。

受印顺法师对中观学研究的推动以及西方、印度及日本学者对中观学研究的影响，港台地区一批学者如霍韬晦、杨惠南、吴汝钧、林镇国等相当重视龙树中观学的逻辑研究，以澄清龙树中观学中"空"的意义。龙树的论证是不是辩证法也自然成为其时中观学研究的中心议题之一。20世纪80年代初期，吴汝钧、杨惠南、陈荣灼、冯耀明等学者曾对龙树的论证是不是辩证法展开了讨论。② 这批学者无论对龙树的辩证思维持肯定或否定的态度，显然都受到以西方哲学的逻辑体系来诠释龙树中观学的影响。

唐君毅非常赞赏佛教中国化且对华严宗极为钟情，《中国哲学原论·

---

① 潘桂明在《中国佛教思想史稿》一书深刻反思了天人关系的非理性思维及其流弊，兹摘录两条："先秦天人关系中的非理性思维发端（以老庄学说为代表），形成以超越'智慧'名义的反知论的直觉思维习惯……在反知论成为哲学思维主流的基础上，真理性知识追求和逻辑化理论思维遭受严重挫折，知识传统因无法获得理论思维的有力支持而失去传承的机会……超越性'智慧'折射的是农业文明下的经验性思维成果，它消解了对外部世界持之以恒的探索热情，也妨碍了对现实社会人生作出根源性理论批判"（潘桂明：《中国佛教思想史稿》第1卷上，江苏人民出版社，2009，第7~8页）；"破除二元对待认识，非议理性知识的结果，使原本极其贫乏的知识传统消解殆尽……不见得是理想的文化取向"（潘桂明：《中国佛教思想史稿》第2卷下，江苏人民出版社，2009，第998页）。
② 吴汝钧《从逻辑与辩证法看龙树的论证》（《鹅湖月刊》1983年12月），杨惠南《"空"中会有"不空"吗》（《鹅湖月刊》1984年3月）、《龙树的中论用了辩证法吗？》（《台大哲学评论》1982年第5期），冯耀明《龙树〈中论〉的逻辑与辩证问题》（《鹅湖学志》1988年第2期），陈荣灼《龙树的逻辑》（《鹅湖学志》1988年第3期）。

原道篇》阐述了他对中国佛教的理解，也包含了他对中国佛教辩证思维的评判。在《辩证法之类型》一文中，唐君毅在分类辨析古今中外辩证思维的基础上，评判了佛教的辩证思维的特征以及地位。唐君毅以般若宗之辩证法为"正反相销归实之辩证法"，认为此辩证法知有概念且知运用正反概念而使之相销以直接观照此空明之心灵，是突破或超出思维构作之境界；评价"此型之辩证法吠檀多派中之商羯罗亦用之，印度及中国其他佛学派别亦或用之，西哲中则有柏拉特来用之……非柏拉图、康德、黑格尔之辩证法理论之所及"①。唐君毅认为"思想概念之规定与生活或生命主体心灵主体相对反之辩证法"是"由于思想概念之规定与此思想活动所对之'生活或生命主体、心灵主体'之本性上的反对，乃使人去超化、否定此前者，以成就后者之自明自证之辩证法"，在"东西之正宗之宗教道德思想中多有之"②，佛教自然也足具。唐君毅在该文最后把印度之大乘佛学和天台、华严之佛学及儒家思想中含有的"原于对表现负价值之事物所具有之正价值之意义体悟而来"的辩证法归类为"于负价值之事物认识其正价值之意义之辩证法"，认为此辩证法是形式逻辑与辩证法的统一，也是最高的辩证法境界。③

作为"当代新儒家他那一代最富原创性与影响力的哲学家"，牟宗三对佛教辩证思维的诠释立足其特有的思维方式，贯穿其哲学体系之中，散见于《圆善论》、《佛性与般若》、《中国哲学十九讲》、《理则学》及《智直觉与中国哲学》等诸多著述之中。观其大体，牟宗三对佛教辩证思维的判断是依托中国传统哲学力主人有"智的直觉"，通过其"自我坎陷"理论及对《大乘起信论》"一心开二门"模式的诠释，以解决康德的圆善难题。简而言之，牟宗三以《起信论》之心生灭门言"无执的存有论"来界说本体界，以《起信论》之心真如门言"执的存有论"来界说现象界的，通过融通儒释道三家与康德哲学以改造康德哲学的现象与物自身，说明科学知识与道德理性、理论理性与实践理性、事实世界与价值世界的关系，由"无执"的"自由无限心"自我否定（坎陷）开显出知性主体，以实现"内圣外王"。牟宗三对辩证法价值的判定——

① 唐君毅：《辩证法之类型》，《民主评论》，1961，第12卷11期。
② 唐君毅：《辩证法之类型》，《民主评论》，1961，第12卷11期。
③ 唐君毅：《辩证法之类型》，《民主评论》，1961，第12卷11期。

"使吾人开辟价值之源，树立精神主体，得以肯定人文世界。已势观一时之权用，而必以常道为其本"① 为其诠释佛教，乃至中国哲学辩证思维的一条重要纲领。

（3）问题与发展趋势

综上所述，国内外学术界的相关研究成果虽然直接或间接地推动了佛教辩证思维研究的深入，但由于对辩证思维的不同评判，其对佛教辩证思维在研究思路、方法、范围上存有不同的理解。

①19 世纪中叶以来，西方、印度、日本学术界，以及 20 世纪 80 年代初的中国港台中观学学者都把中观学辩证思维作为印度佛教辩证思维的一个重要理论成果来进行研究，并没有涉及中国佛教辩证思维的探讨。从研究思路和方法上看，这批学者主要以西方哲学的逻辑体系为参照系，以西方哲学的概念和范畴为坐标，或特重以康德、黑格尔辩证体系比附中观学辩证思维，或以反形而上、反逻辑的思维格义中观学辩证思维，所以众说纷纭，争论不休。

②以牟宗三为代表的现代新儒家在会通中西的视野下深刻地揭示出中国哲学的精神特质，而牟宗三对辩证思维的界说与价值判断是其诠释佛教辩证思维，乃至中国哲学辩证思维的一条重要纲领，也是彰显中国哲学精神特质的重要线索。正如有学者评价的："在中西哲学交流、互动的背景下产生的牟宗三哲学是 20 世纪中国哲学的一个典范。首先，牟先生的哲学论述是现代性的哲学论述，是对中西双方传统中主流哲学思潮的批判与重建。其次，牟先生哲学有鲜明的个性色彩，他本其特有的睿智与敏感提出了很多哲学问题，创造性地重释了一些哲学概念，他的独特思考与他所建构的系统最能引起批评与争论。唯其如是，其哲学智慧的影响力超迈前贤。"② 也有论者指出："就牟宗三本人的'会通中西'而言……从'西方哲学'方面看，实际上是缺失了'马克思的哲学'之一维，而此一维度，即使只是对于牟宗三重建自己的'哲学系统'而言，也是不可或缺的。"③ 从这一角度而言，牟宗三对辩证思维的界说与

① 牟宗三：《理则学》，江苏教育出版社，2006，第 242 页。
② 郭齐勇：《牟宗三先生会通中西重建哲学系统的意义》，《人文论丛》，武汉大学出版社，2007，第 203 页。
③ 陶清：《近年来牟宗三哲学思想研究动态述评》，《哲学动态》2009 年第 5 期。

价值判断过于排斥作为马克思哲学重要理论组成部分的唯物辩证法,①
这或许会影响他对中国佛教辩证思维的某些判断。②

③中国大陆学术界主要是立足于唯物辩证法的基本理论来研究中国
佛教辩证思维。20世纪90年代之后,随着学术交流的加强,研究视野
的开拓,大陆学术界不再拘守自然观、辩证法、认识论和历史观四大板
块来研究中国哲学,但这一阶段对中国哲学辩证思维的研究陷入低谷,
与佛教辩证思维相关的专门研究更是寥寥无几。值得注意的是,一些精
研西方哲学的学者,通过中西哲学比较,指出了中国古代哲学辩证思维
的特征及其与西方哲学辩证思维的根本差异,③并部分涉及对中国佛教
辩证思维的研究。其中,邓晓芒的《思辨的张力——黑格尔辩证法新
探》不但从生存论和语言学上分析了中西辩证思维的差异,而且对中国
佛教的辩证思维也提出了一些重要的观点:认为,"以'有''无'范畴
为例,从老子讲有无相生,到后来崇有、贵无之争,从僧肇'不有不
无'的'不真'之'空'……都没有提到过有既是有,同时又不是有,
而是有的自我否定即无"④;以及从生存论上比较华严宗与柏拉图《巴门

---

① 牟宗三在《理则学》中有专门章节论述唯物辩证法之不通;唐君毅在《辩证法之类
型》中也对唯物辩证法持否定态度。当然,这与新中国成立后到60年代海峡两岸意识
形态及政治对立的影响相关,也与他们自身经历相关。

② 笔者学识浅薄,不敢妄议牟先生得失。对于牟先生对辩证思维的评述,借用蓝吉富
对牟宗三佛学的评价可能更为妥当——"牟先生的佛学有其独特的术语与思维方式,
有人赞成,有人不赞成,但其有一批学生慢慢开拓这种很独特的佛学研究风格,其
特色是不太与国际佛学研究成果相衔接,尤其不跟日本的文献学方法衔接,这种风
格要留给历史评判"(蓝吉富:《台湾地区佛教研究的回顾与前瞻》,《佛教图书馆馆
讯》1990年第27期)。

③ 其实,张岱年就曾经深刻指出"西洋哲学中辩证法所谓否定之否定,为表面上复返于
初,而实则前进一级。故西洋哲学所讲之辩证历程为无穷的演进历程。中国哲学所谓
复,则讲真实的复初,故中国哲学所讲反复,实有循环的意味"(张岱年:《中国哲学
大纲》,中国社会科学出版社,1982,第108页)。20世纪80年代以后,李泽厚、邓晓
芒、俞宣孟、武占江等学者在厘清西方哲学基本概念,特别是一些被中国哲学界常常
误读的基本概念譬如"本体论"等的基础之上,在辨析了中西哲学各自特征及差异的
同时,也深刻揭示了中西辩证思维各自特征及差异(参见李泽厚《中国古代思想史
论》,安徽文艺出版社,1999;俞宣孟《本体论研究》,上海人民出版社,1999;邓晓
芒《思辨的张力——黑格尔辩证法新探》,湖南教育出版社,1992;邓晓芒《哲学史方
法论十四讲》,重庆大学出版社,2008;武占江《中国古代思维方式的形成及特点》,
陕西人民出版社,2001)。

④ 邓晓芒:《思辨的张力——黑格尔辩证法新探》,商务印书馆,2008,第73页。

尼德篇》的差别①。这些学者的研究对我们辨析中西辩证思维的差异、更为准确定位中国哲学辩证思维，由此参照比较印度佛教辩证思维，以及印度佛教辩证思维与中国哲学辩证思维的相互影响，是大有裨益的。

2. 僧肇思想研究述评

南北朝以来，僧肇的思想即被佛教学者关注，注疏不断。20世纪以后，僧肇的思想一直是中国思想史、中国哲学史以及中国佛学研究的重要内容之一，日本②及西方学界③对僧肇思想也保持了一定的关注度。学术界或基于佛教教义之特点或运用文献学、西方哲学、宗教学等不同理论与相应方法研究僧肇思想，取得了许多重要成果，也推动了对僧肇思想研究的进一步深入。整体而言，学术界把僧肇思想置于中国思想史、中国哲学史以及中国佛学自身发展的历史背景和逻辑线索下考察，更为准确地衡论了僧肇思想的特色与定位；发端于汤用彤考证进而引发学术界广泛讨论的、对《宗本义》与《涅槃无名论》的真伪辨析，客观上推动了僧肇思想研究的深入；以《肇论》为中心结合《注维摩诘经》研究僧肇思想，有益于更为全面地把握僧肇思想；对历代《肇论》注疏之学

---

① 邓晓芒：《思辨的张力——黑格尔辩证法新探》，商务印书馆，2008，第80~81页。

② 笔者目力所及，日本学界专门研究僧肇、涉及僧肇思想与中国古代思想关联的著述如下。1.〔日〕塚本善隆编《肇论研究》，法藏馆，1995；2.〔日〕伊藤隆寿、林鸣宇：《肇论集解令模钞校释》，上海古籍出版社，2008；3.〔日〕柳田圣山《禅与中国》，毛丹青译，生活·读书·新知三联书店，1988；4.〔日〕蜂屋邦夫：《道家思想与佛教》，隽雪艳、陈捷等译，辽宁教育出版社，2000；5.〔日〕福光永司：《僧肇与老庄思想——郭象与僧肇》，邱敏捷译注，正观杂志社，2003年第26期；6.〔日〕忽滑谷快天：《中国禅学思想史》，朱谦之译，上海古籍出版社，1994。

③ 西方学界对僧肇研究的著述有：Walter Leibenthal, Chao Lun, *The Treatises of Seng - chao, A Transalation with Introduction, Notes and Appendices*, Hong Kong University Press, 1968, pp. 150 - 152；Richard H. Robinson, "Mysticism and Logic in Seng - chao's Thought," *Philosophy East and West 8*, No. 3/4, October 1958 - January 1959, by The University Press of Hawaii；Ming - Wood Li, *Seng - chao (a) and the maadhyamika refutation Journal of Chiness philosophy*, Vol. 14 (1987)；〔美〕伦纳德·P. 维塞尔：《关于僧肇"不迁"概念的"适时的"信》，王苋译，《东西文化评论》第四辑，北京大学出版社，1988。相关评价可参见曹树明《〈肇论〉思想意旨及其历史演变》，中国社会科学出版社，2009，第13页；吴汝钧《佛学研究方法论》（上），台湾学生书局，1983，第68页；李四龙《欧美佛教学术史——西方的佛教形象与学术源流》（上），北京大学出版社，2009，第236页；林丽真《欧美"魏晋玄学"研究概况暨主要学术论著评介》，《哲学与文化》2003年第4期。

的研究,① 既反映了僧肇思想对中国佛教的重要影响,也揭示出佛教中国化的复杂性。学术界对僧肇思想研究成果可分为三个不同向度却又互相影响的层面:其一,僧肇的思想体系与整体特征;其二,僧肇思想的定位;其三,僧肇思想对中国佛教的影响。

(1) 僧肇的思想体系与整体特征

历代《肇论》注家基本上采用"真俗""境智""因果"的分类来理解《肇论》四篇的架构和僧肇佛学要旨。近代以来,学术界一般基于中国思想史、中国哲学史以及中国佛学自身发展的历史背景和逻辑线索,以《肇论》或以《肇论》结合《注维摩诘经》为中心,研究僧肇的佛学思想。其中,风格奇崛、哲思玄妙的《物不迁论》表达的"如来功流万世而常存,道通百劫而弥固""各性住于一世""因昔不灭"蕴含的观念,② 或与佛教基本教义、与大乘空宗般若学义理存有隔阂,使学术界对僧肇的佛学思想形成了多元化理解。③ 对于僧肇的思想体系和佛学整体特征,学术界主要有以下几种典型观点。

第一,僧肇以"般若"为中心,与《维摩诘经》的"权慧"相会通,以高度抽象的理论形式将佛教哲学与宗教实践紧密结合,并进行了系统的表达。《肇论》构成了一个完整的体系。《物不迁论》论证了因果不失、修佛可成;《不真空论》讨论的是认识世界本质的问题;《般若无知论》讨论的是佛教特殊的认识论;《涅槃无名论》是对整个《肇论》的归纳,虽然纯属神学领域,但关系到佛教全部认识和实践的最终目标,是僧肇一生的学术总结。④

---

① 近人对历代《肇论》注疏之学研究的专著主要如下。孙炳哲:《肇论通解及研究》,佛光山文教基金会,2001;曹树明:《〈肇论〉思想意旨及其历史演变》,中国社会科学出版社,2009。论文主要如下。〔日〕中田源次郎:《关于〈肇论〉及其注疏》,《同愿学报》1940 年第 1 期;张春波:《发现〈肇论集解令模钞〉的意义》,《哲学研究》1981 年第 3 期;石峻:《读慧达〈肇论疏〉所见》,张曼涛主编《三论典籍研究》,大乘文化出版社,1979。此外,方立天的《中国佛教哲学要义》(中国人民大学出版社,2002);许抗生的《僧肇评传》(南京大学出版社,1998);董群的《中国三论宗通史》(江苏人民出版社,2008);江灿腾的《明清民国佛教思想史论》(中国社会科学出版社,1996);潘桂明的《中国佛教思想史稿》第 2 卷、第 3 卷(江苏人民出版社,2009)等著述中也涉及对历代《肇论》注疏的研究。

② 学术界对僧肇因果关系的研究可参见本书第 171 页注①。

③ 学术界对《物不迁论》研究的争议可参见本书第 95 页注。

④ 参见任继愈主编《中国佛教史》第 2 卷,中国社会科学出版社,1985,第 471～521 页。

第二，僧肇以传统思想文化为背景，承续罗什中观学的思辨传统，试图以纯学术研究的态度和方法，采用透过现象而求取本质的形而上思考，来展开对世界"真实"的追索以及人生"意义"的探求。《肇论》四篇也由此构成了一个前后呼应、完整的佛教思想体系。但由于受特定文化背景和社会环境制约，僧肇未能全面坚持罗什之学的批判原则，逐渐放弃中观学的"破斥"精神，转而表达出对《维摩诘经》"不二法门"的特殊兴趣，由此实现了从"中道实相"到"涅槃之果"的转变；同时，由于对"不二法门"的过度诠释与曲解，僧肇将中道思维方法论降格为直接应对现实社会人生的、形而下的社会生活经验的指导。①

第三，《物不迁论》《不真空论》研究的是宇宙本体论，是僧肇佛学的理论基础；《般若无知论》《涅槃无名论》探讨的是佛学解脱论，是僧肇佛学的根本宗旨和目的。《肇论》四篇既讲了佛教追求人生解脱而证悟涅槃的根本宗旨，又讲了实现宗旨和理想的佛教哲学理论基础，从而比较完整地建立起了僧肇的大乘空宗佛学思想体系，《肇论》四篇有着内在的不可分割的有机联系。②

第四，采用古代《肇论》注家以"真俗""境智""因果"的分类来理解《肇论》四篇的架构和思想体系。如李润生认为，《物不迁论》与《不真空论》分别明俗谛、真谛，并构成"谈境"；《般若无知论》是"谈智"，"谈境"与"谈智"构成"谈因"；《涅槃无名论》是"谈果"，"谈因"与"谈果"相互印证，构成了僧肇颇为完整的般若学思想体系。③

（2）僧肇思想的定位④

僧肇兼善般若学与玄学，对于僧肇思想的定位，学界莫外乎玄学说、佛学说、玄佛互涉说三类观点。

第一，玄学说。以汤用彤为代表，认为僧肇思想属于玄学系统，且

---

① 参见潘桂明《中国佛教思想史稿》第1卷上，江苏人民出版社，2009，第300～340页。
② 参见许抗生《僧肇评传》，南京大学出版社，1998，第190～191页。
③ 李润生：《僧肇》，东大图书公司，1989，第30页。
④ 本书关于僧肇思想的定位参考了曹树明《〈肇论〉思想旨趣及其历史演变》，中国社会科学出版社，2009；刘聪《〈肇论〉研究综述》，《五台山研究》2016年第4期；方映灵《佛玄之间：从〈不真空论〉析僧肇佛学玄学化问题》，《现代哲学》2016年第3期；府建明《文本、范式及思想真实：关于肇学研究的历史反思》，《世界宗教研究》2011年第4期。

是魏晋玄学发展的最高阶段和终结者。"肇公之学,融合《般若》《维摩》诸经,《中》《百》诸论,而用中国论学文体扼要写出……盖用纯粹中国文体,则命意遣词,自然多袭《老》《庄》玄学之书。因此《肇论》仍属玄学之系统……其所作论,已谈至'有无''体用'问题之最高峰,后出诸公,已难乎为继也。"①

第二,佛学说。认为僧肇虽然在形式上、用语上承绪了魏晋玄学之遗风,但其思想实质当属佛学。侯外庐认为:"从僧肇的现存著作看来,他撷取龙树中观学说,发挥了中土般若学的玄学命题,在形式上是魏晋玄学的遗绪,而在内容上则更多地渗透着印度的佛学思想。"② 冯达文认为,"僧肇是契合佛理的",与魏晋玄学有着"不同的理路与不同的理论建构",开启着"不同的境界追求"。③ 龚隽认为,僧肇思想与道、玄思想之间虽然存在着语词和逻辑的相似性,但与道、玄在思想上不同属一个体系。④

第三,玄佛互涉说。认为僧肇思想兼有玄佛两种成分,或以般若思想阐释老庄玄学,或以老庄玄学诠释般若思想,或将般若思想与老庄玄学融汇而推进。吕澂认为,僧肇思想"是得着罗什所传龙树学的精神的。他的说法也有局限之处,一方面他未能完全摆脱所受玄学的影响,不仅运用了玄学的词句,思想上也与玄学划不清界限"⑤。方立天认为,僧肇"不仅是对道安时代佛教般若学的批判性总结,也是对魏晋玄学的某种总结,是对魏晋玄学的丰富和发展。……另一方面,僧肇虽然本于印度龙树一派中观学说,但是实际上仍然受魏晋玄学体用观念的支配"⑥。任继愈认为,僧肇是在把《庄》《老》同《维摩》沟通起来,以推动玄学新发展的整个思潮中崭露头角的。⑦ 汤一介认为,僧肇既是魏晋玄学的终

---

① 汤用彤:《汉魏两晋南北朝佛教史》,北京大学出版社,1997,第237~238页。
② 侯外庐主编《中国思想通史》第3卷,人民出版社,1957,第457~458页。
③ 冯达文:《理性与觉性——佛学与儒学论丛》,巴蜀书社,2009,第62~65页。
④ 龚隽:《僧肇思想辩证——〈肇论〉与道、玄关系的再审查》,《中华佛学报》2009年第14期。
⑤ 参见吕澂《中国佛教源流略讲》,中华书局,2002,第102页。
⑥ 方立天:《魏晋南北朝佛教论丛》,中华书局,1982,第232~233页。
⑦ 参见任继愈主编《中国佛教史》第2卷,中国社会科学出版社,1985,第470页。

结者，又是中国佛教哲学的开创者。① 洪修平认为，僧肇通过对般若学各派乃至玄学各家学说的批判总结，既把玄佛合流推向了顶峰，也在客观上宣告了玄佛合流的终结，创立了中国佛教史上第一个比较完整的中国化的佛教思想体系，从而把佛教的中国化推向了一个新的阶段。② 潘桂明认为，僧肇在一元性直觉思维基础上，通过对般若思想与老庄之学的全面融会，对般若思想与老庄之学的思维特征予以总结和推广，以总结批判魏晋玄学为起点，建立起颇具特色的佛学体系。③

（3）僧肇思想对中国佛教的影响

尽管学术界对僧肇思想的理解与定位众说纷纭、莫衷一是；但普遍认为，僧肇所弘扬的罗什中观学对中国佛教产生了重要和深远的影响，僧肇对中观学极具个性的阐发直接和间接地对三论及隋唐诸宗特别是禅宗，提供了丰富的理论资源。

第一，僧肇思想对三论、天台、华严宗思想的影响。吕澂认为，吉藏大师以僧肇为三论宗实际创始人，是自隋唐以来的定论。④ 刘贵杰分析了吉藏的《中观论疏》《维摩经义疏》《净名玄论》对僧肇著述的引用，认为吉藏深受僧肇思想的影响。⑤ 许抗生认为，吉藏的二谛中道说与僧肇的《不真空论》的二谛中道说在阐释"不动真际、而建立诸法"的思想上是完全一致，一脉相承的。⑥ 董群认为，吉藏精通僧肇的思想，经常引用，并视僧肇的观点为"圣言量"。⑦ 僧肇的思想除了对三论宗产生了直接的影响，也或隐或显地渗透于天台、华严思想之中。潘桂明认为，僧肇止观并重的思想，可能对天台智𫖮大师的止观学说产生积极的影响。⑧ 刘贵杰认为："华严宗自杜顺至澄观均曾引述僧肇之观点，以阐

① 参见汤一介《佛教与中国文化》，宗教文化出版社，1999，第28页。
② 参见洪修平《中国佛教文化历程》，江苏教育出版社，2005，第84页。
③ 参见潘桂明《中国佛教思想史稿》第1卷上，江苏人民出版社，2009，第301页、第336页。
④ 参见吕澂《中国佛学源流略讲》，中华书局，2002，第100页。
⑤ 参见刘贵杰《僧肇思想研究——魏晋玄学与佛教思想之交涉》，文史哲出版社，1985，第145～154页。
⑥ 参见许抗生《僧肇评传》，南京大学出版社，1998，第269页。
⑦ 参见董群《中国三论宗通史》，凤凰出版社，2008，第17页。
⑧ 参见潘桂明《中国佛教思想史稿》第1卷上，江苏人民出版社，2009，第326页。

说该宗义理，故僧肇思想于华严理路之影响广且大矣。"①

第二，僧肇思想对禅宗精神及禅宗理论与实践有着重要影响。刘贵杰认为，僧肇以"物我同根、万物一体"将印度式以涅槃为冥想之内容转化为中国式冥想内涵，而有其强烈之主体意识，此自我主体之冥想为中国禅家所特重，从而显发禅宗思想之精神。② 李润生认为，僧肇以"双遮双遣"进入"相即相入"的融通境界，不离日用常行的俗谛而别有真谛，与禅宗从行、住、坐、卧而悟入佛性的理趣相契合。③ 洪修平认为，僧肇以中国化的表达方式比较完整而准确地发挥了非有非无的般若空义，其思想成为禅宗哲学世界观的主要理论来源之一，僧肇的许多话语都被当作"禅语"在"禅门"广为流传。④ 柳田圣山认为，僧肇"触事而真"、道不在外、万物皆有真理的观念，与儒道以日常具体生活之中显现真理的思维方式具有内在一致性，禅宗的兴起可以追溯到僧肇上述的主张。⑤ 潘桂明认为，僧肇将庄子"齐物我""一有无"的思想应用于佛教修养并认为上述修养应该在现实生活中完成，通过非有非无、即真即俗的论述将《维摩诘经》的"不二法门"落实于当下人生，成为禅宗思想的重要理论依据。⑥

### 三　基本概念的界定

#### 1. 辩证思维、辩证思维模式

方法论与哲学终极目标⑦及认识论密切联系在一起，是一种文化类型保持稳定结构的内核。方法论是方法的理论抽象，方法是方法论的具体实践，方法论与方法是辩证的统一。本书从方法论的角度，把思维模

---

① 参见刘贵杰《僧肇思想研究——魏晋玄学与佛教思想之交涉》，文史哲出版社，1985，第 145~154 页。
② 参见刘贵杰《僧肇思想研究——魏晋玄学与佛教思想之交涉》，文史哲出版社，1985，第 172~173 页。
③ 参见李润生《僧肇》，东大图书公司，1989，第 236~237 页。
④ 参见洪修平《禅宗思想的形成与发展》，江苏古籍出版社，2000，第 25~26 页。
⑤ 参见〔日〕柳田圣山《禅与中国》，毛丹青译，生活·读书·新知三联书店，1988，第 83 页。
⑥ 参见潘桂明《中国佛教思想史稿》第 2 卷下，江苏人民出版社，2009，第 630~645 页。
⑦ 本文所指"哲学终极目标"是指人类运用理性探究世界的本质、根源与依据即形而上学，以及在这一过程中形成的对现象世界、客观真理及人生意义的价值判断。

式界定为作为一般方法的理论，来研究一种文化类型自觉或不自觉地运用某种方法论而形成较为稳定的思维方法来认知世界。据此，本书所研究的辩证思维是指在思维进程中对待和揭示思维对象和思维对象、思维和思维对象以及思维和思维自身矛盾的思维方法。本书把辩证思维模式界定为辩证思维方法论，侧重从具体的辩证思维方法中研究作为辩证思维方法论的理论形态、逻辑结构及其特征。

2. 本体论、本体、实相论

不同的文化类型对哲学终极目标有着不同的理解和表达，不同的文化类型也会基于自身文化特征而采用不同的辩证思维模式来进行其对哲学终极目标的探讨。宏观而言，西方哲学、中国古代哲学与大乘空宗般若学的辩证思维方法论与其各自对哲学终极目标的思考与探究有密切联系。而基于各自的文化特征，西方哲学、中国古代哲学与大乘空宗般若学对其各自哲学终极目标的思考与探究以及在这一过程中呈现的辩证思维方法论，又各具特点。基于此，本书把西方哲学本体论、中国哲学之本体、般若中观学实相论作为西方哲学、中国古代哲学与大乘空宗般若学对其各自哲学终极目标思考与探究的核心概念和范畴；同时，鉴于学术界对上述概念和范畴的界定尚有争议，故在参考、借鉴学术界研究成果的基础上对本书使用的本体论、本体及实相论做简要说明。

（1）本体论①

严格意义上，本体论（Ontology）② 是西方哲学特有且与其语言系统有重要关联，深刻反映西方哲学思维方式、核心精神的哲学原理系统。尽管"本体论"一词作为西方近代哲学重要的专门术语出现于17世纪，③ 知

---

① 本书对本体论的概述主要参考俞宣孟的《本体论研究》（上海人民出版社，1999）第一章、第二章。

② Ontology，顾名思义，即关于 ont 的学问。Ont 是希腊文 on 的变化式，相当于英文中的 being，所以，Ontology 就是关于 being 的学问。对于 being，学术界一般认为其同时具有中文"有"、"是"、"在"或"存在"等意义，所以对 Ontology 有"本体论"、"存在论"、"存有论"、"是论"、"本是论"、"有论"和"万有论"等不同的译法，但目前学术界一般采用"本体论"作为"Ontology"的译名。

③ "本体论"一词最早见于德国经院哲学家郭克兰纽（Rudolf Goclenius）用拉丁文编写的《哲学辞典》（1613）中，把它作为"存在之哲学"的同义词使用（参见刘立群《"本体论"译名辨正》，《哲学研究》1992 年第 12 期）。

名于 18 世纪德国哲学家沃尔夫的定义,① 但人们一般都把它当作从柏拉图到黑格尔的西方传统哲学的主干。综合而言,作为西方哲学特有的哲学原理系统的本体论具有以下三个基本特征。

第一,理论形态上,本体论是与经验世界相分离或先于经验世界而独立存在的哲学原理系统。为克服、超越经验世界的局限性与有限性,并为经验世界提供一个稳定的理性支撑,本体论不以经验世界任何特定的事物为对象,而是探究先于经验世界或超出经验之外,并非人主观设想出来的纯粹原理。本体论追寻和探求的是具有客观和普遍必然性的纯粹概念、逻辑知识与客观真理,西方哲学中的理念世界、第一哲学、纯粹理性的领域、绝对精神都属于这一纯粹原理系统。

第二,形式和内容上,本体论与西语系词"是"有重要关联,而"是"是经过哲学家改造而成的一个具有最高、最普遍的逻辑规定性的范畴,它包容其余种种作为"所是"或"是者"的逻辑规定性。首先,"所是"或"是者"可以普遍地表述一切东西或概念;其次,根据西语的特点,只要有一个主语和一个谓语就构成了一个完整的句子,当把系词"是"从上下文分立出来作为一个哲学范畴时,一切"所是"或"是者"是分有了"是"才是其所是,而"是"是包容一切"所是"或"是者"但又不是任何特定的"所是"或"是者","是"本身就成了具有最高、最普遍的逻辑规定性的范畴;最后,由于其他各种具有特殊规定性的"所是"或"是者"都分有了"是","所是"或"是者"之间就具有了逻辑关系可以进行逻辑推演,而由"所是"或"是者"之间逻辑关系推演的命题,就成为普遍的且先于经验事实的纯粹原理。

第三,方法论上,本体论采用的是逻辑的方法。在黑格尔之前,主要使用形式逻辑的方法通过分析"是"和"所是"之间的逻辑关系,建构起范畴之间的逻辑推演体系和理论。黑格尔把"是"和"所是"之间的逻辑关系由原来的形式逻辑改为辩证逻辑,作为其逻辑学的起始范畴

---

① 第一个为本体论下定义的是德国哲学家沃尔夫(Christian Wolf),他关于本体论的定义,见于黑格尔的《哲学史讲演录》的记载:"本体论,论述各种抽象的、完全普遍的哲学范畴,如'是'以及'是'之成为一和善,在这个抽象的形而上学中进一步产生出偶性、实体、因果、现象等范畴"(俞宣孟:《本体论研究》,上海人民出版社,1999,第 19~20 页)。

"是"，逻辑地推演出所有作为"所是"的范畴，就是纯粹的原理、概念自身的逻辑运动。他的《逻辑学》既是本体论又是本体论的逻辑方法，并且是西方哲学史上的本体论所达到的最完整、最严密的形式和最高阶段。

（2）本体[①]

"本体"在中国哲学的语境下一般指经验事物之所以和所以然的根据、本原或本性。概而言之，相较于西方哲学话语体系中的"本体论"，中国哲学在探究哲学终极目标的过程中形成的"本体之学"大致呈现以下特征。[②]

第一，理论形态上，中国哲学的"本体之学"并没有严格意义地通过逻辑概念的推理，构建出一个与经验世界相分离的原理系统、概念王国和彼岸世界。整体上看，中国哲学最高、最抽象、最普遍的概念和范畴都没有完全脱离经验世界，"道不离器""理在气中"鲜明地体现出中国哲学这种一体性特征。正是"本体"与经验世界的一体性，个体生命

---

① 作为严格意义上西方哲学话语体系中的"本体论"，在很长一段时间以来，被学界视为探究哲学终极目标最高、最具普遍意义的概念、范畴与理论的代表，并广泛地将之运用于中国哲学研究之中。近年来，随着对中西哲学研究的深入，学界基本上达成一个共识，即整体上中国哲学虽然没有严格意义上西方哲学话语体系中的"本体论"，但中国哲学对哲学终极目标的探究及这一过程中呈现的理论形态、致思路径和思维特点，彰显出了中国哲学的固有特征。鉴于"本体论""本体"在学界使用的广泛性与模糊性，本书以"本体之学"作为在西方哲学"本体论"参照系下，体现中国哲学对哲学终极目标探究的理论形态，以"本体"作为"本体之学"的核心概念和范畴。

② 本书对中国古代哲学之"本体"的概述主要参考以下著述。康中乾：《中国古代哲学的本体论》，人民出版社，2016；李泽厚：《历史本体论·己卯五说》，生活·读书·新知三联书店，2006；潘桂明：《中国佛教思想史稿》第3卷，江苏人民出版社，2009；方立天：《中国佛教哲学要义》（上下），中国人民大学出版社，2002；方光华：《中国古代本体思想史稿》，中国社会科学出版社，2005；俞宣孟：《本体论研究》，上海人民出版社，1999；邓晓芒：《论中西本体论的差异》，《世界哲学》2004年第1期；欧阳康：《本体论的兴衰与哲学观念的变革》，《天津社会科学》1997年第2期；方朝晖：《从Ontology看中学与西学的不可比拟性》，《复旦学报》（社会科学版）2001年第2期；蒋国保：《中国古代哲学自有其独特的本体论》，《西北大学学报》（哲学社会科学版）2005年第3期；向世陵：《中国哲学的"本体"概念与"本体论"》，《哲学研究》2010年第9期；李明：《境界范畴的历史演变及其基本理论特质——中国哲学精神管窥》，《中国哲学史》2006年第4期；刘爱军：《本体、方法与科学：中西方哲学知识论的区别及其根由》，《哲学研究》2015年第11期；郑开：《中国哲学语境中的本体论与形而上学》，《哲学研究》2018年第1期。

与"本体"之间没有悬隔,而个体在生命历程中对"本体"认知、体证获得的对人生价值与意义把握而具有的精神境界,成为中国哲学"本体之学"的理论主旨。虽然个人在有限的生命历程中对"本体"的认知与体验各有深浅,但并不妨碍中国古代哲学把"天人合一"①"体道成圣"作为探索哲学终极目标的终极实践形态。

第二,形式和内容上,中国哲学的"本体之学"没有形成西方哲学以系词"是"为特征、由逻辑概念推演而形成的"是"与"所是"或"是者"的二元分峙,而是"是"与"所是"或"是者"浑然不分,本体与现象浑然一体,本体在现象之中不在现象之外。所以,本体与现象的关系成为中国哲学"本体之学"的基本形式,"体用"成为中国哲学"本体之学"的核心范畴,表现为体用不二、体用如一、体用一源,即体即用、体在用中等多种关系,其核心是"将本体界与现象界、事物本质与具体事物联系起来考察,以相即不二的思维方式贯彻其中,获得即体即用、体用不二,以及现象即本质的认识"②。

第三,方法论上,中国哲学的"本体之学"并不是严格依靠纯粹逻辑概念的推理来探究本体、现象以及本体与现象的关系,本体与现象浑然一体使中国哲学的"本体之学"主要采用主客一体、物我不分的整体性、模糊性、辩证性的思维模式,主要使用类比推理与直觉思维方法,把个体在有限生命中获得的经验知识通过直觉升华为对"本体"既是绝对的、普遍的,同时又是自识自明、不可言说、超言绝象的个人体验与体悟。

(3) 实相论③

大乘空宗般若中观学派对"诸法实相"的阐释包含理论和实践两个

---

① 在中国学术史上北宋理学家张载在《正蒙·乾称》第一次明确提出"天人合一"命题,但作为表达一种天人关系的思想,"天人合一"思想起源甚早,至少在春秋战国时期,就已经是儒道等学派阐述其思想的核心观念。

② 潘桂明:《中国佛教思想史稿》第3卷上,江苏人民出版社,2009,第52页。

③ "实相",指缘起事物的真实本相、本质,是大乘佛教的真理,也是大乘佛教实践的依据。大乘佛教继承和发展了早期佛教"诸行无常、诸法无我、涅槃寂静"思想,进一步提出"诸法实相"为佛教的最高真理、宇宙人生的最高真实。"实相"超越语言与思维,又与佛教宗教实践密切相关,因而具有丰富和复杂的内涵。不同的佛教派别、经典也对实相有不同的称谓,如真如、真谛、佛性、涅槃、法界、如来藏、自性清净心、般若、法性、无住、实际等 [参见方立天《中国佛教哲学要义》(下),中国人民大学出版社,2002,第665~670页]。

互摄且统一的层面。在探究哲学终极目标的视域下，大乘空宗般若中观学的实相论既不同于西方哲学"本体论"，也不同于中国哲学的"本体之学"，呈现以下特点。

第一，理论形态上，般若中观学实相论探究是"诸法"的最高真实，也即"诸法"之"毕竟空"本质，并非为经验世界寻求一个形而上的依据。般若中观学实相论既不同于通过概念分析、逻辑推论而来的西方哲学"本体论"，也不同于由部分经验知识的升华而直觉"本体"的中国哲学之"本体之学"，而是依凭通过禅修实践而获得的特殊般若智慧直观"诸法实相"——诸法即现象即本质即空，体现为通达彻底觉悟的解脱境界——"实相涅槃"。

第二，形式和内容上，般若中观学"诸法实相"原理是通过"缘起性空"和"性空幻有"两个同时互存的命题阐明诸法本质与现象之间的关系，即缘起事物无自性本质性空，同时缘起事物的现象存在而非绝对的虚空，诸法即现象即本质即空。诸法即现象即本质即空在解脱实践上则体现为"涅槃与世间，无有少分别；世间与涅槃，亦无少分别"①，般若中观学主张涅槃与世间相即不二，涅槃不在世间之外就在世间之中，不能离开世间而别寻超世间的涅槃。

第三，方法论上，般若中观学实相论运用具有丰富概念辩证思维的彻底否定式思维方式，以"中道思维"作为方法论原则，通过荡相遣执，双遣双非，破邪显正，不落两边，层层破斥缘起事物之自性以及人类理性思维之虚妄，逼显出诸法亦有亦无、非有非无、空有相即的真实本相。在"诸法实相"原理和"中道思维"原则的背景下，般若智慧以无分别观念，"二谛相即"现观诸法即现象即本质即空而"当体明空""毕竟空"，获得对宇宙人生最高真实的证悟。

## 四　研究思路

不同的文化类型在探求哲学终极目标过程中形成的某些共通性、差异性的思维方式，促成了不同的文化类型在思维方式上展开了互动、融摄与转换。基于本体与经验世界一体性的特征，中国古代哲学在对哲学

---

① 龙树：《中论》卷4，（后秦）鸠摩罗什译，《大正藏》卷30，第36页上。

终极目标探索中形成的以"天人关系"为中心展开的关于"天道"与"人道"关系的多层次理论思辨，不但是中国古代哲学乃至整个中国传统文化最核心的论题，也是中国古代哲学辩证思维的智慧之源。中国古代哲学辩证思维虽然善于对宇宙万物作整体性直观把握、快速准确抓住事物本质特征，追寻诗意化的精神境界，欣赏主体对生命情感的真切体验，但是偏于经验性思维与实用理性，疏于纯理论思辨与理论提炼，始终摆脱不了直观的朴素性而不能上升到纯粹理论思辨层次，最终以直观消解矛盾，以境界取代认识。大乘空宗般若中观学旨在阐明以般若智慧现观诸法实相无相、缘起即性空，其整体直观思维、注重个人体验在探寻哲学终极目标上与中国古代哲学存有高度相似性；但般若中观学以概念反概念、以逻辑反逻辑、以理性反理性展开的以"八不中道"为核心的哲学思辨，具有概念辩证思维的典型特征，而与中国古代哲学的辩证思维形态存有差异。基于此，本书在佛教中国化的大背景下，以方法论为视角，以辩证思维为研究对象，通过分析僧肇"中道思维"与"即体即用"思维的形成进路、理论形态与核心特征，研究僧肇对般若中观学辩证思维、中国古代哲学辩证思维融合转换的原因、路径与内容，揭示佛教中国化的某些理论特点以及僧肇辩证思维对佛教中国化的影响。

# 第一章　僧肇生平及著述

## 第一节　僧肇生平述略

僧肇（公元384年~公元414年）①，俗姓张②，京兆（今陕西西安）人，是中国东晋十六国时期著名的佛学理论家。

僧肇出生寒门，以抄书为业，因而得以历观经史，博览典籍。两晋之期，玄风激荡，僧肇亦醉心于老庄，"志好玄微，每以庄老为心要"③。

---

① 对于僧肇之生卒年，学界一般据慧皎《高僧传》载僧肇"晋义熙十年（公元414年）卒于长安，春秋三十有一矣"，推其生于东晋武帝太元九年（公元384年）。但此与《高僧传》中有关僧肇的学问根基及其随罗什学的时间与行事存有疑问（李润生将疑问归为三点并做了详细的申述，详见李润生《僧肇》，东大图书公司，1989，第5~9页）。日本学者塚本善隆认为僧肇生于374年，41岁去世，理由是根据僧肇在姑臧师从罗什的时间上溯，推论僧肇十二三岁便深解老庄，殊可质疑；再疑古人四十写为"卅"，和"卅"相似，可能辗转笔误（〔日〕塚本善隆：《〈肇论〉在佛教史上的意义》，载塚本善隆编《肇论研究》，法藏馆，1995，第120~121页）。基于《高僧传》所载僧肇事迹之间存有矛盾，至今又尚无确凿文献确证僧肇之生年，而学界对塚本氏的推论也有疑义（如《高僧传》记僧肇"春秋三十有一矣"，而非"春秋卅一矣"），目前学界对僧肇之生年或存而不论，或持以下两种观点。第一，认为僧肇生于374年，41岁辞世。以塚本善隆为代表，日本学界大多支持此观点，国内学者吕澂等也折中此说（参见吕澂《中国佛学源流略讲》，中华书局，1979，第100页；府建明《"性空"至"妙有"——魏晋般若学的流变与转向》，宗教文化出版社，2012，第133~134页）。第二，依照《高僧传》的记载，认为僧肇生于384年，31岁辞世。侯外庐主编的《中国思想通史》、汤用彤的《汉魏两晋南北朝佛教史》、许抗生的《僧肇评传》、刘贵杰的《僧肇思想研究》等均持此论。一些学者进一步指出，考历代史书记载，均言肇公早逝；且魏晋玄学家早慧如王弼，史亦有载，故认为在没有确证僧肇41岁去世之前，还是依据《高僧传》的记载较为稳妥（参见方立天《魏晋南北朝佛教论丛》，中华书局，1982，第115页；张春波《肇论校释》，中华书局，2010，第3页；唐秀连《僧肇的佛学理解和格义佛教》，宗教文化出版社，2010，第142~144页）。

② （宋）晓月《夹科肇论序注》云僧肇："俗姓张氏"（《卍续藏经》第54册，第136页中）。

③ （梁）释慧皎撰，汤用彤校注，汤一玄整理《高僧传》，卷6《僧肇传》，中华书局，1992，第249页。

但又以为老庄意境虽美，似未能究竟宇宙人生真谛，尚不够尽善尽美，犹有遗憾，故"尝读老子道德章，乃叹曰：美则美矣，然栖神冥累之方，犹未尽善也"①。后来，当其读阅支谦旧译的《维摩诘经》，"欢喜顶受，披寻玩味，乃言，始知所归矣"②，认为找到了安顿生命的终极归趣，由此而出家为僧，研习佛法。

此后，僧肇"学善方等，兼通三藏"③，年近弱冠，便已名震关辅。当时竞誉之徒，嫉其早慧之才华与过人之声誉，"或千里负粮，入关抗辩"④。僧肇"才思玄幽，又善谈说"⑤，凭其渊博之学问、独步之辞锋，"承机挫锐，曾不流滞"⑥。其时，无论京兆宿儒，还是关外英彦，"莫不挹其锋辩，负气摧衄"⑦，无人能与之争锋。

东晋太元十年（公元 385 年），鸠摩罗什从西域龟兹至姑臧（今甘肃武威）。⑧ 僧肇"自远从之"，千里迢迢投师于罗什门下，并深受罗什赏识。⑨ 后秦弘始三年（公元 401 年），姚兴迎请罗什入长安，待之以"国师之礼，"并"请入西明阁、逍遥园"⑩ 主持译经，"命肇与僧叡等入逍遥园助详定经论"⑪。其时，罗什译场，规模宏大，人才济济，俊杰辈出，"四方义学沙门不远万里，名德秀拔者才、畅二公，乃至道恒、僧标、僧叡、僧敦、僧弼、僧肇等三千余僧，禀访精研，务穷幽旨"⑫。僧

---

① 《高僧传》，卷 6《僧肇传》，中华书局，第 249 页。
② 《高僧传》，卷 6《僧肇传》，中华书局，第 249 页。
③ 《高僧传》，卷 6《僧肇传》，中华书局，第 249 页。
④ 《高僧传》，卷 6《僧肇传》，中华书局，第 249 页。
⑤ 《高僧传》，卷 6《僧肇传》，中华书局，第 249 页。
⑥ 《高僧传》，卷 6《僧肇传》，中华书局，第 249 页。
⑦ 《高僧传》，卷 6《僧肇传》，中华书局，第 249 页。
⑧ 《高僧传》，卷 6《僧肇传》，中华书局，第 249 页。
⑨ 关于《高僧传》所记僧肇赴姑臧求学于罗什之时间及真伪，学界一直存有疑义，这也是引起学界讨论僧肇之生年的疑点之一（参见李润生《僧肇》，东大图书公司，1989，第 5 ~ 9 页；孙炳哲《肇论通解及研究》，《法藏文库·中国佛教学术论典》第 19 册，佛光山文教基金会，2001，第 23 页；许抗生《僧肇评传》，南京大学出版社，1998，第 3 ~ 4 页；董群《中国三论宗通史》，江苏人民出版社，2008，第 128 ~ 129 页；府建明《"性空"至"妙有"——魏晋般若学的流变与转向》，宗教文化出版社，2012，第 133 ~ 134 页）。
⑩ （梁）僧祐撰，苏晋仁、萧錬子点校《出三藏记集》，中华书局，1995，第 533 页。
⑪ 《高僧传》，卷 6《僧肇传》，中华书局，第 249 页。
⑫ （梁）僧祐撰，苏晋仁、萧錬子点校《出三藏记集》，中华书局，1995，第 534 页。

肇一边助译经典，① 一边著述妙旨，并显示了卓越的才识，时人高度评价了其在佛学义理思辨方面的造诣。②

追随罗什，使僧肇对佛学的理解与体悟更为精深，亦感当时教界"去圣久远，文义多杂，先旧所解，时有乖谬"③。弘始六年（公元 404 年），罗什译出《大品般若经》后，僧肇即以其俊逸之才思撰成其第一篇佛学论著《般若无知论》，并上呈罗什。罗什读后，极为欣赏，赞曰："吾解不谢子，辞当相挹。"④ 认为此文深契般若学真义，且文辞优美。弘始十年（公元 408 年），竺道生南返建业途中，将《般若无知论》带给庐山隐士刘遗民。刘遗民阅后感曰："不意方袍，复有平叔。"⑤ 赞叹僧肇之才气堪比何晏。时南方佛教领袖庐山慧远亦盛赞此文"未尝有也"⑥。就《般若无知论》中某些疑问，刘遗民还与僧肇书信往返，切磋文义。

此后，僧肇"又著《不真空论》《物不迁论》等，并注《维摩》及

①　关于僧肇是否在罗什译场助译经典，僧叡《大品经序》虽未曾提及僧肇参与《大品般若经》的助译，但僧肇在《般若无知论》自述"时乃集义学沙门五百余人于逍遥观，躬执秦文，与什公参定方等……余以短乏，会厕嘉会，以为上闻异要，始于时也"（石峻、楼宇烈等编《中国佛教思想资料选编》第 1 卷，中华书局，1981，第 147 页）；《高僧传》载"姚兴命肇与僧叡等入逍遥园助详定经论……因出大品之后，肇便著《般若无知论》，凡二千余言"（《高僧传》，卷 6《僧肇传》，中华书局，第 249 页）；《魏书·释老志》亦记"时沙门道彤、僧略、道恒、道标、僧肇、昙影等，与罗什共相提契，发明幽致……道彤等皆识学洽通，僧肇尤为其最。罗什之撰译，僧肇常执笔，定诸辞义，注《维摩经》，又著数论，皆有妙旨，学者宗之"（《魏书·释老志》卷一一四）；表明僧肇参与了罗什《大品经》的翻译，且僧肇在罗什译场执笔裁决辞义，阐发义理妙旨，备受其时义学僧侣的尊崇。至于僧叡《大品经序》未曾提及僧肇参与《大品般若经》助译，可能是因僧叡视僧肇为"晚生后辈"而非"宿旧"之故［参见郭朋《鸠摩罗什》，载辛冠洁、丁健生、蒙登进主编《中国古代著名哲学家评传》（续编二），齐鲁书社，1982，第 314 页］。

②　如《高僧传》记载"通情则生、融上首，精难则观、肇第一"（《高僧传》卷 7《慧观传》，第 264 页）；吉藏认为"什至长安因从请业，门徒三千入室唯八，睿为首领。文云：老则融、睿，少则生、肇"（吉藏《中观论疏》，《大正藏》卷 42，第 1 页上）；《魏书·释老志》评价"道彤等皆识学洽通，僧肇尤为其最。罗什之撰译，僧肇常执笔，定诸辞义，注《维摩经》，又著数论，皆有妙旨，学者宗之"（《魏书·释老志》卷 114）。

③　《高僧传》，卷 6《僧肇传》，中华书局，第 249 页。

④　《高僧传》，卷 6《僧肇传》，中华书局，第 249 页。

⑤　《高僧传》，卷 6《僧肇传》，中华书局，第 249 页。

⑥　《高僧传》，卷 6《僧肇传》，中华书局，第 249 页。

制诸经论序，并传于世。及什之亡后，追悼永往，翘思弥厉，乃著《涅
槃无名论》"①。然天纵之才，英年早逝，僧肇似乎重复着魏晋玄学家早
慧早衰的命运轨迹，在绽放出了短暂生命中璀璨的智慧之光后，于东晋
安帝义熙十年（公元414年）卒于长安，春秋三十有一。②

## 第二节　僧肇著述真伪考辨

因史籍载录不一，僧肇的某些著述，历来就存有怀疑和争论。现传
为僧肇的著述，既有僧肇亲著的、托名伪撰的、真假难辨的，也有已亡
轶不存者。至近代，以汤用彤全面考辨僧肇著述为发端，学界进一步厘
清、判定了僧肇一些著述的真伪，但对僧肇某些著述的真伪问题，仍然
存有争论。在借鉴学界相关研究的基础上，③ 兹将现传为僧肇的著述分
为僧肇亲著、伪撰、亡轶和存疑四类，分别简述之。

---

① 《高僧传》，卷六《僧肇传》，中华书局，第250页。
② 对于僧肇殁年，现存文献大都记载其早逝，或言其寿三十有一，或言其寿三十有二
（相关文献可参唐秀连《僧肇的佛学理解和格义佛教》，宗教文化出版社，2010，第
143~144页）。另有《景德传灯录》第二十七卷记载僧肇为秦主所杀，且留临刑偈语：
"四大元无主，五阴本来空，将头临白刃，犹似斩春风"（《大正藏》卷51，第435
中）。汤用彤否定此说，认为"唐以前似无此说，偈语亦甚鄙俚，必不确也"（汤用
彤：《汉魏两晋南北朝佛教史》，北京大学出版社，1997，第232页），已为学界公论。
李润生在汤用彤的论断基础上进一步考证，推广其义（详见李润生《僧肇》，东大图书
公司，1989，第13~15页）。
③ 本文参考的涉及僧肇著述真伪考辨专著主要如下。1. 汤用彤：《汉魏两晋南北朝佛教
史》，北京大学出版社，1997；2. 吕澂：《中国佛教源流略讲》，中华书局，1979；3.
任继愈主编《中国佛教史》第2卷，中国社会科学出版社，1985；3. 李润生：《僧
肇》，东大图书公司，1989；4. 〔日〕塚本善隆编《肇论研究》，法藏馆，1995；5. 许
抗生：《僧肇评传》，南京大学出版社，1998；6. 孙炳哲：《肇论通解及研究》，《法
藏文库·中国佛教学术论典》第19册，佛光山文教基金会，2001；7. 刘贵杰：《僧
肇思想研究——魏晋玄学与佛教思想之交涉》，文史哲出版社，1985；8. 董群：《中国
三论宗通史》，江苏人民出版社，2008；9. 府建明：《"性空"至"妙有"——魏晋般
若学的流变与转向》，宗教文化出版社，2012；10. 唐秀连：《僧肇的佛学理解和格义
佛教》，宗教文化出版社，2010；11. 涂艳秋：《僧肇思想探究》，东初出版社，
1995；12. 王月秀：《僧肇思想研究——以〈肇论〉为中心》，花木兰文化出版社，
2010；13. 陈森田：《〈肇论〉的哲学解读》，文津出版社，2013；14. 方立天：《魏晋
南北朝佛教论丛》，中华书局，1982；15. 张春波：《肇论校释》，中华书局，2010；
16. 郭朋：《中国佛教思想史》（上卷），福建人民出版社，1994；17. 刘建国：《中国
哲学史史料学概要》（上），吉林人民出版社，1981；18. 洪修平：《论僧肇哲学》，《法
藏文库·中国佛教学术论典》第19册，佛光山文教基金会，2001。

## 一　僧肇亲著

**1.《百论序》**

陆澄《法论目录》著录，为公元404年《百论》译出之后所作，今文载于《出三藏记集》卷11。

**2.《般若无知论》**

陆澄《法论目录》著录（原文"知"字误作"名"字），《高僧传》亦记载，约公元405年前后《大品经》译出之后所作，今文载于《肇论》。

**3.《维摩诘经序》**

陆澄《法论目录》著录，为公元406年《维摩诘经》译出之后所作，今文载于《出三藏记集》卷8。

**4.《注维摩诘经》**

《出三藏记集》《高僧传》均提及，① 为公元406年《维摩诘经》译出之后所作。又据隋法经等撰的《众经目录》记载有鸠摩罗什《注维摩诘经》三卷、道生《注维摩诘经》三卷和僧肇《注维摩诘经》五卷，但这三种注解的单行本已经失传。《注维摩诘经》现有广略两本，署名僧肇述。② 广本是糅合了罗什、僧肇、道生、僧叡、道融之注，汇编而成十卷，今文载于《大正藏》第38卷。略本仅收录了部分鸠摩罗什和僧肇之说，明清诸藏多用略本。

**5.《不真空论》《物不迁论》**

陆澄《法论目录》著录二论，《高僧传》记载二论作于《般若无知

---

① 《出三藏记集》收有僧叡的《毗摩罗诘提经义疏序》及僧肇本人的《维摩诘经序》。僧肇自序云："什以高世之量，冥心真境，既尽环中，又善方言。时手执胡文，口自宣译。……余以暗短，时预听次，虽思乏参玄，然粗得文意。辄顺所闻，而为注解，略记成言，述而无作"（《出三藏记集》，第310页）。《高僧传》记载僧肇"注《维摩》及制诸经论序，并传于世"（《高僧传》，卷6《僧肇传》，中华书局，第250页）。

② 此外，"本世纪从敦煌遗书中发现唐代资圣寺道掖所撰《净名经集解关中疏》二卷（或四卷），是对僧肇《注维摩诘经》的删补之作，但其内增加了原来未收的僧叡、天台湛然和道掖自己的解释与科文。本疏以往未被我国古代经录所收，但见于高丽沙门义天的《新编诸宗教藏总录》和日本僧人所作《东域传灯目录》等。从敦煌发现整理后，被收入《大正藏》第85卷之中。但此本缺漏较多，校勘不精。最近由黎明据中外所藏敦煌卷子重新校勘，收于方广锠编的《藏外佛教文献》第二、三辑之内"（杨曾文："《〈维摩诘经〉释论》序"，《法音》1997年第9期）。

论》之后。① 此二论均引及《中论》，为僧肇在《中论》译出之后所作，成文于公元 409 年，今文载于《肇论》。

6.《答刘遗民书》

《高僧传》记载，刘遗民对《般若无知论》的一些观点存有疑问，修书（即《刘遗民书问》）致问，僧肇于公元 410 年作此文答复，② 今文载于《肇论》。

7.《长阿含经序》

陆澄《法论目录》著录，为公元 413 年《长阿含经》译出之后所作，今文载于《出三藏记集》卷 9。

二 伪作

1.《宝藏论》

《宋史·艺文志》和《通志·艺文略》著录此文，谓僧肇所作。经汤用彤详细考证，认为该论"或本出于禅宗人之传说"，判定此论为伪作，③ 学界一般无疑义。④

2.《老子注》

经汤用彤考证，认为此作似为"中唐以后，妄人取当时流行禅宗及

---

① 《高僧传》记载"肇后又著《不真空论》《物不迁论》等，并注《维摩》及制诸经论序，并传于世"（《高僧传》，卷 6《僧肇传》，中华书局，第 250 页）。
② 《高僧传》，卷 6《僧肇传》，中华书局，第 249 页。
③ 汤用彤：《汉魏两晋南北朝佛教史》，北京大学出版社，1997，第 233～234 页。
④ 学界质疑《宝藏论》为伪作的主要有刘建国、周叔迦、罗伯特·沙夫。刘建国认为《宝藏论》为僧肇所作，周叔迦认为此论似乎真伪尚待考证，罗伯特·沙夫也认为《宝藏论》的内容不异于僧肇的手笔，但他们并没有对汤用彤等对此论的质疑给予明确回应〔刘建国：《中国哲学史史料学概要》（上），吉林人民出版社，1981，第 353 页；周叔迦：《周叔迦佛学论著集》（下），中华书局，1991，第 915 页；〔美〕罗伯特·沙夫：《走进中国佛教——〈宝藏论〉解读》，夏志前、夏少伟译，上海古籍出版社，2009，第 36 页〕。日本学者镰田茂雄考证此论有引自实叉难陀译《入楞伽经》的原文，而《入楞伽经》是公元 700～704 年间译出，是证明此论为伪作的一条重要证据（张春波：《肇论校释》之"绪论"，中华书局，2010，第 7 页）；梁巧英在考证评判学界对《宝藏论》的各种主要观点与推论的基础上，从道教角度分析了《宝藏论》隐含的道教印记，认为《宝藏论》应成书于唐代（梁巧英：《〈宝藏论〉中的道教印记考——兼说〈宝藏论〉的成书年代》，《华东师范大学学报》2011 年第 3 期）。综合而言，《宝藏论》为伪作应无疑义。

道教理论凑成，托名僧肇"①，学界一般无疑义。②

3.《金刚经注》

智𫖮《金刚般若经疏》曾引及僧肇《金刚经注》的文义，日本《卐续藏经》亦刊此篇，日僧释敬雄为之作序。③但史籍相关记载存有矛盾，且信证无从，学界一般认为系伪作。④

4.《梵网经序》

虽道宣《大唐内典录》所载《梵网经》的注文中提及，但未见于其他史籍著录。经汤用彤考证，疑为伪作，⑤学界一般无疑义。今文载于《全晋文》卷164。

5.《法华翻经后记》

今文载于《大正藏》卷51，唐僧祥《法华经传记》（二）收录，但无从考证真伪，学界一般认为系伪作。

## 三　亡轶

1.《丈六即真论》

陆澄《法论目录》、法经《众经总录》均有著录，今已不存。

2.《摩诃般若波罗蜜经疏》

旧录均未载，《大正藏勘同目录》著录，今已不存。

---

① 汤用彤：《汉魏两晋南北朝佛教史》，北京大学出版社，1997，第233页。
② 孙炳哲认为僧肇《老子注》"首见于顾欢《道德真经注疏》与李霖《道德真经取善集》所引。汤用彤认为是伪作。恐怕不然，上述两书今存佚文二十余条，从文字风格与思想内容看，与《肇论》无有不同"（孙炳哲：《肇论通解及研究》，《法藏文库·中国佛教学术论典》第19册，佛光山文教基金会，2001，第30页）。囿于文献，笔者未能直接检视原文，故暂录孙氏之说。
③ 李润生：《僧肇》，东大图书公司，1989，第39~40页。
④ 李润生考证："梁·慧皎《高僧传》清楚说明僧肇为《维摩经》作序作注，却没有提及有注金刚之事。且《陆澄目录》中，收僧肇著作八篇，然不及于《金刚经注》。其余的众经录里，亦无所载。考其文字（指《卐续藏经》本），十之七八与天台智𫖮的《金刚经疏》有相同处，只较《天台疏》（即上述智𫖮的《金刚经疏》）在篇幅上略少三分之一而已。不知是台贤（智𫖮）仿僧肇作品而加以引申，抑此书已佚，今本已非本来面目？且赵宋·杨圭本所编《金刚经十七家注》中，有僧肇说十余则，其内容又不与《卐续藏经》本相同，岂宋世又别有伪《肇注》行于世耶？"（李润生：《僧肇》，东大图书公司，1989，第43页）。
⑤ 汤用彤考证罗什之译经，认为"其《梵网》《仁王》二经，均有可疑，故未列入"。若罗什未译《梵网经》，则僧肇是否为此经作序，便大有可疑了（参见汤用彤《汉魏两晋南北朝佛教史》，北京大学出版社，1997，第213页）。

## 四　存疑

### 1.《四分律序》

今文载于《大正藏》卷22。汤用彤怀疑此文，[①]许抗生考证此文为僧肇于公元412年《四分律》译出之后所作。[②]

### 2.《鸠摩罗什法师诔并序》

今文载于《广弘明集》。汤用彤、许抗生认为此文为僧肇所作。[③]日本学者塚本善隆、牧田谛亮认为，此文中多道家语言，不是僧肇所作。[④]

### 3.《宗本义》

今文存于通行本《肇论》之篇首。本论始见于南朝陈小招提寺慧达的《肇论序》，[⑤]但仅提其名未见其文，传为慧达的《肇论疏》阙《宗本义》。[⑥]因旧录未载，《高僧传》也未提及，自唐元康的《肇论疏》，始见其文，故汤用彤怀疑此文[⑦]，石竣进一步从目录学和思想内容两方面考

---

[①] 汤用彤认为："藏经中现存《四分律序》，亦僧肇作，乃谓律译于弘始十年，不知何故。今因《祐录》未收《四分律序》，颇疑此序不可信。《开元录》于此有所解释，但不可通"（汤用彤：《汉魏两晋南北朝佛教史》，北京大学出版社，1997，第213页）。

[②] 许抗生通过考证《四分律序》、《答刘遗民书》、《长阿含经序》及《高僧传·佛陀耶舍传》相关记载，认为此文为僧肇所作（详见许抗生《僧肇评传》，南京大学出版社，1998，第10~12页）。

[③] 汤用彤：《汉魏两晋南北朝佛教史》，北京大学出版社，1997，第233页；许抗生：《僧肇评传》，南京大学出版社，1998，第10~12页。

[④] 参见〔日〕塚本善隆编《肇论研究》，法藏馆，1995。

[⑤] 小招提寺慧达的《肇论序》云："僧肇法师所作《宗本》《不迁》等四论……但《宗本》萧然，莫能致诘，《不迁》等四，事开接引，问答析微，所以称论"（慧达《肇论序》，《大正藏》卷45，第150页下）。

[⑥] 此疏今存《卍续藏经》第54册，原题为"晋惠达撰"。汤用彤认为："据现存日本《续藏经》中所谓之慧达《肇论疏》，四论次序与通行者不同，而且似阙《宗本义》。日本僧人称其为慧达所作，但不悉即小招提寺僧否。此为《肇论疏》之最古者，决在唐以前，甚可贵"（汤用彤：《汉魏两晋南北朝佛教史》，北京大学出版社，1997，第232页）。石竣认为晋慧达和陈朝小招提寺慧达都非本论疏的作者，"故此作者究是何人，尚待后考也"（参见石竣《读慧达〈肇论疏〉述所见》，《三论典籍研究》，《现代佛教学术丛刊》第48册，大乘文化出版社，1979，第295页）。孙炳哲进一步研究认为："最早解释《宗本义》的陈慧达，与作《肇论疏》的慧达肯定不是一个人"，"这与当时人们对僧肇的各篇论文的认识不同有关，也是与中国佛学发展的大趋势有关"〔孙炳哲：《肇论通解及研究》（北京大学图书馆藏本），转引自许抗生《僧肇评传》，南京大学出版社，1998，第19~20页〕。

[⑦] 汤用彤认为："旧录仅载四论，而《宗本义》未著录，殊可致疑"（汤用彤：《汉魏两晋南北朝佛教史》，北京大学出版社，1997，第232页）。

证，判其为伪作，① 有不少学者肯定这一论断。支持这一观点在目录学上的重要推断是，《宗本义》是《肇论》之序文，② 但僧肇生前《肇论》显然尚未结集成书，③ 故僧肇不可能作《宗本义》。不过，陈小招提寺慧达在《肇论序》中明确肯定了僧肇作《宗本义》，任继愈认为，《宗本义》虽真伪难辨，但《宗本义》以"权慧"二字归纳《肇论》的基本内容，同僧肇的整个思想是完全相应的；不论《宗本义》是否为僧肇所作，其基本思想与僧肇的其他诸论并无矛盾，思想体系是属于僧肇的般若观点。④ 这一观点也得到许多学者的认同。⑤

4.《涅槃无名论》（前冠《奏秦王表》）

陆澄《法论目录》著录本论，但未言及《奏秦王表》。《高僧传》明确记载僧肇上表之事、《上秦王表》的主要内容及《涅槃无名论》九折十演的大义。⑥ 今文载于《肇论》。六朝以来，僧肇作《涅槃无名论》的真实性极少被质疑。⑦

自近代汤用彤开始怀疑僧肇作《涅槃无名论》之后，中外学术界开始关注，并进行了深入、细致、持久的探讨。对本论真伪问题，学术界主要有以下几种观点：第一，认为《涅槃无名论》是伪作，以汤用彤及其学生石峻为代表。汤用彤提出了五个理由证明此论非僧肇所作，而是

---

① 详见石峻《读慧达〈肇论疏〉述所见》，《三论典籍研究》，《现代佛教学术丛刊》第48册，大乘文化出版社，1979，第296~298页。
② 汤用彤认为："合诸论为一书，而冠以《宗本义》"（汤用彤：《汉魏两晋南北朝佛教史》，北京大学出版社，1997，第232页）。
③ 陆澄《法论目录》《高僧传》均未提及《肇论》，只著录提及《物不迁》等四论。
④ 参见任继愈主编《中国佛教史》第2卷，中国社会科学出版社，1985，第471~474页。
⑤ 程恭让、韩成才认为"《宗本义》的权慧之说，完全可以代表僧肇的思想"（程恭让、韩成才：《从僧肇的〈维摩经〉诠释看其对善巧方便概念及思想的理解》，《中国哲学史》2015年第4期）。潘桂明认为"《宗本义》具有对《肇论》思想进行概括的意义"（潘桂明：《中国佛教思想史稿》第1卷上，江苏人民出版社，2009，第302页）。邱敏捷认为"僧肇《宗本义》探讨的问题……与僧肇《注维摩诘经》发挥之思想相一致"（邱敏捷：《〈宗本义〉与〈涅槃无名论〉的作者问题》，台湾大学文学院佛学研究中心，《佛学研究中心学报》2003年第8期）。
⑥ 《高僧传》，卷6《僧肇传》，中华书局，1992，第250~252页。
⑦ 宋代有人怀疑《涅槃无名论》的作者，说"论主（僧肇）义熙十年（公元414年）卒于长安，觉贤十四年（公元418年）方译晋《经》（即《大般泥洹经》），岂睹斯文？"（〔日〕伊藤隆寿、林鸣宇：《肇论集解令模钞校释》，上海古籍出版社，2008，第362页）。

南朝宋初顿渐争论时的作品,① 石峻进一步予以补充论证。第二,吕澂、侯外庐②等学者认为《涅槃无名论》之真伪尚有进一步研究的空间。第三,认为《涅槃无名论》是僧肇之作,横超慧日、刘建国、刘成有、邱敏捷、陈森田、王月秀等学者持此论。③ 第四,认为僧肇本作《涅槃无名论》,但经过后人的篡改和增补,《涅槃无名论》杂糅着僧肇和后人的佛学思想。奥地利学者 W. Leibenthal、李润生、刘贵杰、孙炳哲、许抗生、龚隽、涂艳秋④等学者持此论。第五,任继愈主编的《中国佛教史》(第2卷)认为,在怀疑《涅槃无名论》的论据并不充分的情况下,从《肇论》思想体系看,《涅槃无名论》所论述的问题关系到佛教全部认识和实践的最终目标,从这个意义上也可以说,《涅槃无名论》是对整个《肇论》的归纳,是僧肇一生学说的总结。⑤ 整体而言,学术界对本论的真伪问题虽仍未达成共识,但大多数学者认为,在没有确凿充分的证据下,不完全否定僧肇作《涅槃无名论》的真实性。

综上所述,除学术界公认的僧肇著述外,《宗本义》与《涅槃无名论》真伪问题,是学术界极具争议,也是研究僧肇思想不可回避的问题。本书认为,概而观之,前人对《宗本义》与《涅槃无名论》的争议主要

---

① 详见汤用彤《汉魏两晋南北朝佛教史》,北京大学出版社,1997,第476~477页。

② 参见吕澂《中国佛教源流略讲》,中华书局,1979,第101页;侯外庐主编《中国思想通史》第3卷,人民出版社,1957,第457页。

③ 参见横超慧日《〈涅槃无名论〉及其背景》,载塚本善隆编《肇论研究》,法藏馆,1995,第167~199页;刘建国《中国哲学史史料学概要》(上),吉林人民出版社,1981,第351~353页;刘成有《关于〈涅槃无名论〉作者问题的讨论》,《文史哲》1990年第4期;邱敏捷《〈宗本义〉与〈涅槃无名论〉的作者问题》,《佛学研究中心学报》2003年第8期;陈森田《〈肇论〉的哲学解读》,文津出版社,2013,第136~138页;王月秀《僧肇思想研究——以〈肇论〉为中心》,花木兰文化出版社,2010,第301~321页。

④ 参见 Walter Leibenthal, ChaoLun, *The Treatises of Seng - chao*, Appendix II, Hong Kong University Press, 1968, pp. 150 – 152;李润生《僧肇》,东大图书公司,1989,第61~62页;孙炳哲《肇论通解及研究》,《法藏文库·中国佛教学术论典》第19册,佛光山文教基金会,2001,第23页;刘贵杰《僧肇思想研究——魏晋玄学与佛教思想之交涉》,文史哲出版社,1985,第100~101页;许抗生:《僧肇评传》,南京大学出版社,1998,第26~40页;龚隽《僧肇思想辩证——〈肇论〉与道、玄关系的再审查》,《中华佛学报》2009年第14期;涂艳秋《僧肇思想探究》,台湾东初出版社,1995,第231页。

⑤ 参见任继愈主编《中国佛教史》第2卷,中国社会科学出版社,1985,第471~511页。

来自两个方面，一方面缘于文献上尚无充分确凿的证据证明《宗本义》与《涅槃无名论》真伪；另一方面是因对《宗本义》与《涅槃无名论》思想的不同理解而形成不同判断。而面对从文献上无法确证《宗本义》与《涅槃无名论》真伪的背景下，本书认为，以确证文献中反映出的僧肇思想来衡量《宗本义》与《涅槃无名论》真伪，仍然不失为一个相对合理的思路。当然，从诠释学角度而言，这又涉及读者能否正确理解文本作者之意的问题了，但文本之意义正是在此种对话中被不断重构而具有了持久的生命力。

## 第三节　中国佛教史上对僧肇的评议

被罗什誉为"秦人解空第一"①、被尊为罗什门下"四圣""八俊""十哲"之一的僧肇，以极其优美之文辞阐幽入微、会通华梵，系统地阐发与弘扬了罗什所译传的"三论"及般若中观学理论，② 在印度大乘空宗般若学与中国古代哲学交流融汇的背景下，"开国人演述佛理的成功者之先河"③，"初创中国化的佛教哲学体系"④，"为中华哲学文字最有价值之著作也"⑤，其思想在中国佛教思想史上具有极其重要的地位与影响。然而，在中国佛教史上对僧肇之学的评议却呈现出赞赏与非议的两个截然相反维度。

南北朝以来，反映僧肇佛学思想的重要著述《肇论》被不断注疏⑥，许多著名的佛教学者也高度评价了僧肇之学。天台智颉大师"观南方释

---

① （隋）吉藏：《百论序疏》，《大正藏》卷42，第232页上。
② 吕澂指出"后世讲到关河传承的，都是什、肇并称"（吕澂：《中国佛学源流略讲》，中华书局，1979，第100页）。
③ 李润生：《僧肇》，东大图书公司，1989，第234页。
④ 洪修平：《论僧肇哲学》，《法藏文库·中国佛教学术论典》第19册，佛光山文教基金会，2001，第367页。
⑤ 汤用彤：《汉魏两晋南北朝佛教史》，北京大学出版社，1997，第234页。
⑥ 据日本学者牧田谛亮统计，历代《肇论》注疏有23种，现存10种（〔日〕牧田谛亮：《肇论的流传》，载〔日〕塚本善隆编《肇论研究》，法藏馆，1995，第276页）。曹树明分析了现存《肇论》注疏的基本情况，并列举了《肇论》注疏的亡佚本（曹树明：《〈肇论〉思想意旨及其历史演变》，中国社会科学出版社，2009，第1～5页）。

大乘，多承肇什"① 的表述反映出僧肇之学对南朝佛学的影响力，其弟子灌顶盛赞僧肇"高僧盛德，日月在怀"，感慨"既不亲承，其门难见"，所以只能"钻仰遗文，管窥而已"②。三论宗集大成者嘉祥吉藏追溯僧肇为三论宗的开宗创派之人——"若肇公名肇，可谓玄宗之始。"③华严贤首法藏赞誉僧肇"批阅四论，若日月之入怀"④，清凉澄观在其许多著述中引用僧肇之观点来显扬华严义理。⑤ 禅宗大师石头希迁也"因看肇论，至此会万物为自己处，豁然大悟"⑥。明代佛教四大家之一的德清称赞僧肇为"洪论第一，肇公其人矣"⑦，蕅益智旭在编撰《阅藏知津》之时，更是把《肇论》著录于《中土论》中"宗经论"部分的篇首，盛赞"醇乎其醇，真不愧马鸣、龙树、无著、天亲"⑧，认为中土大乘论述中僧肇、南岳、天台三家的学说最为契合原经精神。历代对僧肇之学的推崇，可谓经久不衰。

然而，在玄佛交涉的背景下，僧肇的诸多著述大量援用了老庄言辞与玄学义理来阐发自己的佛学思想，这也招致批评僧肇之学杂糅老庄之说、曲解甚至背离般若学真义的言论，在中国佛教史上也断续出现。早在南朝陈，小招提寺慧达在《肇论序》中对批评僧肇"庄老所资、孟浪之说"⑨ 所进行的回应与辩护，⑩ 间接表明了至少在南朝末年就出现了质疑僧肇思想的声音。唐时，元康在《肇论疏》中严厉驳斥时人对僧肇思

---

① （隋）智顗：《妙法莲华经玄义》卷1，《大正藏》卷33，第691页下。
② （隋）灌顶：《大般涅槃经玄义》卷1，《大正藏》卷38，第5页上。
③ （隋）吉藏：《百论序疏》，《大正藏》卷42，第232页上。
④ （唐）法藏：《十二门论宗致义记》，《大正藏》卷42，第218页下。
⑤ 澄观在《大方广华佛严经疏》《大方广华佛严经随疏演义钞》《华严玄谈》中多次引用《肇论》之原文与观点阐发华严思想。伊藤隆寿认为："僧肇其人其思想，不仅对三论学，而且给予华严初祖杜顺为首的中唐以后的思想界巨大的影响，而此种思想在澄观的华严学中生根发芽，这使得其后的华严学，至少对前述数位华严宗匠而言，华严学研究已经无法排除僧肇的思想"（〔日〕伊藤隆寿、林鸣宇：《肇论集解令模钞校释》，上海古籍出版社，2008，第14页）。
⑥ （宋）克勤：《佛果圆悟禅师碧岩录》，《大正藏》卷48，第178页上。
⑦ （明）德清：《肇论略注》，《卍续藏经》第54册，第330页上。
⑧ （明）智旭：《阅藏知津》，《大正藏》卷31，第772页上。
⑨ （陈）慧达：《肇论序》，《大正藏》卷45，第150页中。
⑩ （陈）慧达：《肇论序》为僧肇回应与辩护说："此实巨蠹之言，欺诬亡殁，街巷陋音，未之足拾"（《大正藏》卷45，第150页中）。

想"混杂""翻谤大乘""反宗小教"① 的非议，并且竭力为僧肇老庄式
说理风格辩解，② 也表明一直存在佛教学者质疑僧肇援道入佛甚至认为
僧肇思想背离了大乘空宗真义而偏于小乘的疑议。唐代华严清凉澄观也
曾含蓄地批评了僧肇《物不迁论》以"性住"为"不迁"的观点偏于小
乘——"观肇公意，既以各物性住而为不迁，则滥小乘。"③ 及至有明一
代，受澄观对《物不迁论》批评的启发，镇澄更作《物不迁正量论》批
驳《物不迁论》违背了大乘诸法性空义理，而以德清为主，佛教界道衡、
真界、幻有、袾宏、真可等纷纷著文回应，引起晚明佛教界围绕《物不迁
论》是否符合大乘空宗义理展开了一场持续时间很长的大辩论。④

　　纵观中国佛教史上出现的对僧肇富有争议的评价，整体上是以推崇
僧肇之学为主流，这显示了僧肇佛学思想在中国佛教史上的思想魅力和
影响力；而断续出现的对僧肇佛学思想纯粹性的怀疑与批评，则从侧面
反映出佛教中国化历程的复杂性。随着佛教中国化历程的渐次深层展开，
僧肇之后的佛教学者对佛学特别是大乘空宗佛学的理解往往要追本溯源
到印度佛教和中国古代哲学深层交涉的玄佛互涉时期，基于自身的佛学
理论对般若学和玄学的理解和评判，自然成为他们评价僧肇思想的标尺，
而这又彰显了僧肇佛学思想在佛教中国化历程中的重要地位。

---

① 元康在《肇论疏》中驳斥对僧肇的批评："肇法师一时挺秀，千载孤标。上智贵其高
明，下愚讥其混杂。""近有无识之徒，自相朋附。或身法侣，翻谤大乘；或形厕俗
流，反宗小教。上诽高德，苟布负俗之名；下赞庸流，将谓契真之实。自忘颜厚，岂
识羞惭！"（《大正藏》卷45，第167页中）

② 元康在《肇论疏》中为僧肇辩解说："且秦人好文，译经者言参经史；晋朝尚理，作论
者辞涉老庄。言参经史，不可谓佛与丘且同系；辞涉老庄，不可谓法与聃周齐致。肇
法师一时挺秀，千载孤标。上智贵其高明，下愚讥其混杂。是谓宋章而适越，露形之
俗见嗤；抱荆玉而归楚，无目之徒致哂。信可悲也"（《大正藏》卷45，第167页中）。

③ （唐）澄观：《大方广佛华严经随疏演义钞》，《大正藏》卷36，第239页中。

④ 参见江灿腾的《明清民国佛教思想史论》，该书《晚明〈物不迁论〉的争辩》上、下
两篇详尽分析了这场论争的各种论点及其思想史意义（江灿腾：《明清民国佛教思想史
论》，中国社会科学出版社，1996）。

# 第二章 僧肇之前中国般若学的辩证思维

经过早期译经家对佛教的诠释，特别是以儒道思想中固有的概念、范畴来比附、解释佛教中特有的概念、范畴，意味着佛教在中国已经逐步摆脱早期以方术、咒语、神通为主的表层传播方式。大乘空宗般若学的传入则真正实现了佛教和中国固有文化在思维方式上的有效对接，这也意味着中印文化之间开启了更为深层的思想对话和交流。

当大乘空宗般若学依托具有深刻理论内涵的否定式思辨方式跻身魏晋玄学已经营造出来的以抽象理论思辨为归趣的学术话语圈之后①，佛教学者运用般若学否定式思维方式和方法，对魏晋玄学中充满辩证意蕴的核心命题"有无本末""名教与自然""言意之辨"所做的耳目一新的诠释，让魏晋名士莫不叹服乃至击节赞赏。然而，在鸠摩罗什将般若中观学传入汉地之前，这一时期以中国传统文化为底色的佛教学者对般若学理解存有的不同程度的偏差，使得他们对般若学义理的阐发又不同程度地刻画上了魏晋玄学的思维印记，形成了不同派别的"六家七宗"。"六家七宗"不但是大乘空宗般若学和魏晋玄学在思维方式上交互融摄的成果，也是印度佛教以纯理论的形式进入中国传统学术中心的开始——"西方教理登东土学术之林，其中关键，亦在乎兹"②，

---

① 早期玄学是否受到般若学的影响，汤用彤持无，吕澂持有，目前学界尚无定论。诚如王晓毅在《魏晋玄学研究的回顾与瞻望》一文中所指出的："运用考据学方法，梳理佛教与早期玄学思潮之间的关系，回答佛教般若学对玄学本体论形成是否有重要影响，是学术难点"（《哲学研究》2002 年第 2 期）。虽然至今在文献中尚找不到直接有力的证据反映早期玄学受般若学的影响，但正如一些学者所指出的，早期玄学与般若学在某些重要命题上的相似性，以及般若学的翻译借鉴了老庄的名词概念，可能引起般若学对玄学产生间接的影响，这种影响主要体现在玄学家改变了传统的经验性思维而转向对抽象理论思辨的兴趣（参见杜继文《早期佛教般若学和贵无派玄学的关系》，《中国佛教与中国文化》，宗教文化出版社，2003，第 250~251 页；潘桂明《中国佛教思想史稿》第 1 卷上，江苏人民出版社，2009，第 66 页注）。

② 汤用彤：《汉魏两晋南北朝佛教史》，北京大学出版社，1997，第 193 页。

"佛学在中夏之始盛"①。以此为标志，中国佛教学者逐步开启了独立研究佛学、构建自己佛学体系的时代——"中国佛教有了晋代的六家七宗，才会有南北朝的学派分流；有了南北朝的学派分流，才会有隋唐的宗派并立。"②

## 第一节　魏晋玄学辩证思维的逻辑演进与局限

魏晋玄学上承两汉儒道思想，下启东晋、南北朝佛学，是中国学术史上一个重要的转承环节；而且，在大乘空宗般若学传入之前，魏晋玄学无疑是中国学术史上最富哲学思辨精神的学术思潮。玄学家们以《老》《庄》《易》为经典背景，以老庄思想为基本骨架，以哲学本体论、名教与自然关系、言意之辩为主题，汇综儒道、另创新义，同时理性地批判两汉经学神学，深刻地反思着自然、社会和人生。通过对"有无""本末""体用""动静""言意""名教与自然"关系的辨析，魏晋玄学力求透过形而下的经验现象直探天地万物之本体，从而摆脱了两汉经学神学化、形而下思维（宇宙生成论）的束缚，把思维的兴趣从形而下转移至形而上领域，形成了以本体论思维为核心的思维方式。③ 魏晋玄学的本体论思维通过辨析"有无本末"来调和"名教与自然"论争中隐含

---

① 汤用彤：《汉魏两晋南北朝佛教史》，北京大学出版社，1997，第193页。

② 潘桂明：《中国佛教思想史稿》第1卷上，江苏人民出版社，2009，第117页。

③ 汤用彤在《魏晋玄学流别略论》一文中比较了汉代和魏晋思想的根本不同后指出"魏晋之玄学……已不复拘拘于宇宙运行之外用，进而论天地万物之本体。汉代寓天道于物理。魏晋黜天道而究本体，以寡御众，而归于玄极（王弼《易略例·明彖章》）；忘象得意，而游于物外（《易略例·明象章》）。于是脱离汉代宇宙之论（Cosmology or Cosmogony）而留连于存存本本之真（ontology or theory of being）……其（指汉代思想）所探究不过谈宇宙之构造，推万物之孕成。及至魏晋乃常能弃物理之寻求，进而为本体之体会。舍物象，超时空，而研究天地万物之真际。以万有为末，以虚无为本。夫虚无者，非物也。非无形之元气，在太始之时，而莫之与先也。本无末有，非谓此物与彼物，亦非前形与后形。命万有之本体曰虚无，则无物而非虚无，亦即物未有时而非虚无也"（汤用彤：《汤用彤学术论文集》，中华书局，1983，第233~234页）。并认为"夫玄学者，乃本体之学，为本末有无之辨。有无之辨，群义互殊。学如崇有，则沈沦于耳目声色之万象，而所明者常在有物之流动。学如贵无，则流连于玄冥超绝之境，而所见者偏于本真之静一"（汤用彤：《汤用彤学术论文集》，中华书局，1983，第242页）。

的政治冲突，旨在通过探求内圣外王之道来回应汉魏之际的时代课题，①为国家政治秩序的和谐稳定提供理论支撑。

## 一　魏晋玄学辩证思维的逻辑演进述略

魏晋玄学以辨析"有""无"为核心来探究本体与现象之间的关系，促成了魏晋玄学本体论思维的形成。以魏晋玄学自身兴衰的历史为线索，根据魏晋玄学不同时期对"有""无"关系的探讨，魏晋玄学可分为贵无论、崇有论、独化论三个阶段，并且，这三个阶段在魏晋玄学发展的历程中又构成了一个肯定、否定和否定之否定的辩证历程。

贵无论形成于正始年间（公元 240 年~公元 249 年），以何晏、王弼为代表，主张"以无为本"②。贵无论通过对有无、本末、体用、动静等一系列范畴的辨析，论证现象世界纷纭变幻的"有"之所以为"有"，在于"有"的背后存在着一个支撑"有"存在的真实不变、超言绝象的"无"。贵无论虽然突破了汉代宇宙生成论的思维模式，虚略于具体人事之知而究心于万物抽象玄理，把思辨的重心转移到形而上领域，形成了本体论思维方式；但贵无论的本体论思维还羼杂着"有始于无"的宇宙生成论思维余绪，使得贵无论的本体论思维并非十分纯粹。定"以无为本"为基调，贵无论通过"崇本息末"沟通形而上和形而下、本体和现象以论证"名教出于自然"，调和名教与自然的关系。但形而上、抽象的"无"何以能够作用于形而下、具体的"有"？贵无论在形而下和形

---

① 任继愈指出："在汉魏之际的历史条件下，建立一种正常的封建秩序，实现全国性的大一统，关键在于谋略思想，也就是说，要探索出一种最佳方案妥善的处理国家政权和这批强宗豪右、大姓名士之间的关系。三国时期的政治家和思想家分别从实践方面和理论方面围绕着这个时代课题进行了认真的探索，而这个问题也就是汉魏之际的最紧迫的时代课题"［任继愈主编《中国哲学发展史》（魏晋南北朝卷），人民出版社，1988，第 35 页］。

② 在汤用彤研究魏晋玄学有无本末之辨的基本论点下，康中乾把学术界对王弼"无"的性质的研究总结为五点：1. "无"是抽象的一般；2. "无"是一种共相；3. "无"是万物的"本始"或生成者；4. "无"相当于黑格尔哲学的"纯无"的意义；5. "无"是某种作用方式或原理、原则，其内容指自然无为。康中乾从本体义、生成义、抽象义、功能义、境界义五个方面考察王弼"无"范畴的涵义，认为，"无"的本体性是王弼"无"本论的最基本的涵义，它决定了魏晋玄学本体论与两汉经学的宇宙论之间的本质区别，亦决定了王弼的正始玄学与其后玄学的本质区别（参见康中乾《有无之辨——魏晋玄学本体论再解读》，人民出版社，2003，第 161~166 页、第 200 页）。

而上之间存在的逻辑悬隔，使其割裂了有无之间的辩证关系而重无轻有，导致"口谈虚浮，不遵礼法，尸禄耽宠，仕不事事"①，成为一时风尚。

贵无论之后兴起的玄学思潮是以裴𬯎为代表的崇有论。裴𬯎反对贵无论"以无为本"，认为"有"是宇宙万物的终极依据，"夫总混群本，宗极之道"。②针对贵无论"有始于无"的观念，裴𬯎认为"夫至无者无以能生，故始生者自生也"③，认绝对虚空的"无"不可能生成有具体内容的"有"。所以，裴𬯎认为"有"是"自生"，"有"自己就是自己存在的依据，"有"既是现象又是本体。然而，如果"有"既是现象又是本体，那么现象与本体之间复杂的关系如何通过这个孤立无耦的"有"来展开呢？④崇有论确立形而下的"有"为本体以维护名教，但因截断了有无之间的概念转换、混同了本体与现象之间的辩证关系，自然也无法从理论上解决名教与自然的冲突。

面对贵无论和崇有论在有无之辨上的逻辑问题和理论对立，郭象以"独化"论对贵无、崇有之说进行了扬弃之后的综合。郭象深刻地剖析了贵无论"有始于无"的逻辑问题，认为"若无能为有，何谓无乎？"⑤如果"有始于无"，那么一方面，作为这个能生成"有"的"无"必然从逻辑上要求有另一个能生成这个"无"的"无"，而这个"无"因被生成则成为"有"；另一方面，在这样的无穷推论中我们根本无法寻求出作为世界万有终极依据的、绝对的"无"。同时，郭象也清晰地揭示了崇有论以现象之"有"为本体的逻辑矛盾，认为"有之未生，又不能为生"⑥，任一具体之"有"的存在需要其他具体之"有"为依据，所以"有"不能作为其他之"有"生成的依据或本体。郭象认为，"造物者无主，而物各自造"⑦，"外不资于道，内不由于己"⑧，万物皆是不假外物、绝对独立、自足其性的"独化"，且每个"独化"的"有"之间无本质

①　《晋书》卷35，《裴𬯎传》，中华书局，1974，第1041页。
②　（清）严可均辑《全晋文》卷33，商务印书馆，1999，第328页。
③　（清）严可均辑《全晋文》卷33，商务印书馆，1999，第328页。
④　余敦康：《魏晋玄学史》，北京大学出版社，2004，第217页。
⑤　（清）郭庆藩：《庄子集释》卷1（下），《齐物论注》，中华书局，1961，第50页。
⑥　（清）郭庆藩：《庄子集释》卷1（下），《齐物论注》，中华书局，1961，第112页。
⑦　（清）郭庆藩：《庄子集释》卷1（下），《齐物论注》，中华书局，1961，第112页。
⑧　（清）郭庆藩：《庄子集释》卷3（上），《大宗师注》，中华书局，1961，第251页。

的差别；而只有在"玄冥之境"才能洞见各个"独化"之"有"的无差别本质，从而体察天地万物俱一、名教自然和谐；这种"玄冥之境"也就是绝对的"无"。①

"独化"论之后，魏晋玄学渐入尾声，东晋张湛玄学只是魏晋玄学的余波。从魏晋玄学辩证思维自身的逻辑进程看，"独化"论既贵无又崇有，在形式上把魏晋玄学的有无之辨推向了高峰，但其"玄冥之境"也渐渐把魏晋玄学的本体论思维转向了对人生境界的追求与体验，在淡化了"有""无"概念思辨的同时，部分放弃了对宇宙人生本质的形而上探求。在此背景下，当大乘空宗般若学以不同的思维方式来探寻宇宙人生的真实及其意义的时候，也无疑给魏晋玄学重新审视"有无之辨"注入了新的思想动力。

---

① 　关于郭象的"玄冥"的研究，学术界有诸多观点，重要的有如下一些。汤用彤认为"崇无者以为万物之本为'无'，崇有者认为万物乃自生，而另外无本。然郭象虽不崇'无'，亦常讲'无'与'玄冥'"（汤用彤：《崇有之学与向郭学说》，载《燕园论学集》，北京大学出版社，1984）。任继愈认为"'玄冥'是郭象哲学的中心观念，就是一种神秘主义世界观"[任继愈主编《中国哲学史》（两汉魏晋南北朝），人民出版社，1966，第212页]。冯友兰认为"'玄冥之境'不是宇宙形成的一个环节，而只是人的一种精神境界"（冯友兰：《中国哲学史新编》中卷，人民出版社，1986，第508页）。孙叔平认为"'玄冥'是最虚无的'无'，是上帝的别名"（孙叔平：《中国哲学史稿》，上海人民出版社，1980，第432页）。楼宇烈认为"郭象的'玄冥之境'不是客观物质世界生成变化的场所，而是一个抽象、空洞、无形无象、无迹可寻的'天理'、'性命'的彼岸世界模式"（楼宇烈：《郭象哲学思想剖析》，《中国哲学》第1辑，生活·读书·新知三联书店，1979）。余敦康认为"'玄冥之境'是本体界，而'独化于玄冥之境中'的'独化'是现象界"（余敦康：《魏晋玄学史》，北京大学出版社，2004，第224页）。兰喜并认为"郭象则是用'独化于玄冥之境中'来代替因果联系"（兰喜并：《试释郭象的"玄冥之境"》，《中国哲学史研究》1986年第2期）。高晨阳认为"在本体论范围内，玄冥表征着万有的独化状态；在人生论的范围内，玄冥表征着人的某种精神状态；在历史哲学的范围内，玄冥又表征着社会存在的某种理想状态。这三种意义，本质上又是统一的"（高晨阳：《玄冥》，《中国哲学史研究》1989年第2期）。康中乾以现象学来诠释郭象哲学，认为"玄冥是对'无'的表征，是绝对意义的'无'，是活着的'无'，是存在物把自己敞开、打开、显现出，以之使自己与它之外的他物相关系而能使自身有变化、发展，从而也能使自身被认识之"（康中乾：《有无之辨——魏晋玄学本体论再解读》，人民出版社，2003，第279页）。葛兆光认为"'独化'指的是宇宙、社会、人的一种没有外在干扰、完全自然而然的状态，其中人的'独化'则暗示了一种对世俗的超越和精神对形体的自由"（葛兆光：《中国思想史》第1卷，复旦大学出版社，2004，第337页）。本文采用以"玄冥之境"为本体界，以"独化"为现象界的观点，认为这种"玄冥之境"是通过个体主观认识泯灭客观差别而达到的一种精神境界。

## 二　魏晋玄学辩证思维的局限管窥

魏晋玄学通过辨析"有""无"概念自身的内在逻辑矛盾来探究本体与现象之间的关系，促成了魏晋玄学本体论思维的形成。但是，魏晋玄学的概念辩证思维并没完全摆脱宇宙生成论的影响，所以并没构建出一个依靠纯粹概念推理的逻辑体系来解决抽象的无与具体的有之间的关系，而是在"体用"架构下以主客合一的直觉思维来泯灭有无差别，在精神境界中实现本体与现象的圆融无碍。

1. 概念辩证思维受形而下思维的制约

本体论思维意在寻求一个超越经验世界的局限性与有限性，并为经验世界提供稳定理论支撑的、形而上的、具有客观和普遍必然性的哲学原理系统。这个纯粹哲学原理系统通过概念自身的逻辑运动来展开，而思维本身的内在矛盾则是概念自身逻辑运动的动力。对此，黑格尔这样表述："引导概念自己向前的，就是前述的否定的东西，它是概念自身所具有的；这个否定的东西构成了真正辩证的东西。……矛盾是属于思维规定的本性的。"① 在概念辩证思维中，概念对自身否定的发展会使矛盾双方消解并统一到一个更高的概念中。

以王弼思想为代表的贵无论在有无关系的辨析中已经涉及概念自身的矛盾。②

---

① 〔德〕黑格尔：《逻辑学》上卷，杨一之译，商务印书馆，1974，第38页。
② 冯友兰认为"寓于一大群殊相的就是'有'这个共相，'有'这个共相不可能是任何殊相，不可能是任何具体事物。因为如果它是这种具体事物，就不可能是那种具体的事物了。……在理论上说，它可能是任何东西；在实际上，它不可能是任何东西，它是不是任何东西的东西。可是实际上不可能有不是任何东西的东西，因此，'有'又变成了'无'了"（冯友兰：《哲学回忆录》，载《中国哲学》第7辑，生活·读书·新知三联书店，1982）。陈来也认为"贵无论的'无'正是作为这一切特殊的无的进一步抽象。这个被玄学视为本体的无，相当于黑格尔所谓'纯无'的意义，即它是一个抽象的，一般的无"（陈来：《魏晋玄学的"有""无"范畴新探》，《哲学研究》1986年第9期）。这都表明，贵无论对有无概念的辨析已经具有了黑格尔概念辩证法中"纯有""纯无"的意义，但对二者之间的转化却没有进一步的逻辑推论。形式逻辑不能允许一个概念既是"有"又是"无"，但按照辩证思维，"'有'与'无'的真理，就是两者的统一。这种统一就是变易"（〔德〕黑格尔：《逻辑学》上，杨一之译，商务印书馆，1974，第69页），"在变易中，与无为一的有及与有为一的无，都只是消逝着的东西。变易由于自身的矛盾而过渡到有与无皆被扬弃于其中的统一。由此所得的结果就是定在"（〔德〕黑格尔：《小逻辑》，贺麟译，商务印书馆，1980，第200页）。这样，作为一个统一了"有""无"的概念，其自身必然包含着或发生着变易，在扬弃变易的过程中，概念由抽象逐渐变为具体，有了某种质的规定性。

"有"是从具体事物中抽象出来的，指一般或共相；而这个"有"因为没有任何具体的规定性，所以又是"无"。但是，贵无论的"有无之辨"并没有进一步沿着黑格尔构建的融辩证法、逻辑学、本体论为一体，从概念自身逻辑运动发展而来的纯粹原理系统方向发展。并且，贵无论"有始于无"的宇宙生成论思维仍保留着道生万物、道先物后的经验性思维，使贵无论的本体论思维并不纯粹。裴𬱃的崇有论立足于经验世界的抽象之"有"来辨析有无，已经偏离了概念辩证思维方式。郭象的"独化"论虽然以概念思辨的方式批判了贵无论"有始于无"、崇有论以现象之"有"为本体的逻辑矛盾，但作为"独化"论本体的绝对的"无"——"玄冥之境"，已经不再是通过概念思辨、逻辑推论而构建的纯粹原理，而是以主体之精神来泯灭客观现象之差别、超越本体与现象的悬隔、体悟超越有无的逍遥自由境界！

宏观而言，相对于中国古代辩证思维习惯用对立统一、相反相成的概念、范畴来描述事物而缺乏对概念、范畴自身的逻辑考察，魏晋玄学运用概念思辨讨论"有""无"概念、范畴的逻辑关系，使中国古代哲学的抽象思辨能力达到了一个新的高度，促进了魏晋玄学本体论思维的形成。但魏晋玄学始终无法彻底摆脱经验性、形而下思维的束缚，所以无法在理论上突破有无之间的概念转换，代表魏晋玄学最高思辨水平的"独化"论最终以"无因"说取消有无对立，以直观化解矛盾，以境界取代认识，而不自觉地放弃了对宇宙人生本质的形而上探求。

2. "体用"架构下主客合一的直觉思维

汤用彤指出："玄学者有无之学，亦即本末之学，亦即后人谓为体用之学也。……虽向郭与王何，一为崇有，一为贵无，其实甚接近，都以'体用如一'论之。"① 学术界一般认为"体用"作为哲学范畴始于王弼，魏晋玄学在本体论思维模式下以"有无关系"为核心探讨形而上之"本体"与形而下之"现象"之间的关系则是"体用"范畴的重要内涵。

由于概念辩证思维受形而下的经验性思维制约，魏晋玄学并没构建出一个依靠纯粹概念推理的逻辑体系来对待有与无、本体与现象的关系，导致以有无为中心而衍生的本末、体用、动静、名教与自然等哲学范畴之间也

---

① 汤用彤：《魏晋玄学论稿》，上海古籍出版社，2001，第173页。

缺乏必然的逻辑推论。所以魏晋玄学家虽然追求"体用一如"、本体与现象的圆融无碍，但事实上采用了"举本摄末""以体统用"的思维方式对待有无本末、本体与现象。作为纯粹的、超验的、形而上的本体如何作用、显现于经验的、形而下的世界？经验世界的主体又何以、如何获得对本体的认知？这既是本体论思维，也是魏晋玄学"有无之辨"面临的共同问题。

　　面对上述问题，魏晋玄学以主客合一、超言绝象的一元性整体思维直观世界万有、泯灭一切差别，并在这一超越有无的历程中体悟生命意义而获得精神的绝对自由。无论王弼的"得意忘言"探求的超言绝象的精神性本体"道"或"无"；① 还是郭象追寻的无言无意、无彼无此的"玄冥之境"，② 都是植根于超越语言、概念和逻辑的主客合一的直觉思维。魏晋玄学由有无概念思辨转向主客合一的直觉体验，预示着魏晋玄学的致思方向由外逐步向内转移，即由讨论外在的客体问题转向内在的主体问题，亦即由客体本体论的探讨转入对主体本体论的探讨③，在辩证思维上则表现为由客体辩证思维向主体辩证思维的过渡。这种

---

① 王弼提出的"得意忘言"包含两个层次的含义：一方面，言生于象、象生于意，不可离言、象而得意，但得意又不可执着于言、象本身；另一方面，言、象的最终目的虽然在于得意，但得意之后必须忘言、忘象。从认识论角度看，王弼认为认识的最终对象是意，对意的追寻过程首先要从言辞、感性表象中揭示出其抽象、普遍性的本体意义，这是一个由具体到抽象的过程；其次，在得意之后必须完全摆脱言辞、感性表象的束缚，这又表明了王弼得意的最终目的并不是把从具体中抽象出来的认识成果再落回具体之中（忘言、忘象），来实现对具体现象规律性的认知，而是要寻求已得之意之所以为意的"意"，而这个"意"就是超言绝象的精神性本体"道"或"无"，这就和其"以无为本"的本体论、"崇本息末"的方法论逻辑地相统一了。

② 郭象的"独化""玄冥"在认识领域的前提是"不以知为宗"［（清）郭庆藩：《庄子集释》卷3（上），《大宗师注》，中华书局，1961，第224页］。首先，郭象认为，人的认识能力是有限的，人的所知也是有限的，以人的有限认知谋求人的有限认知之外的东西，终不可得，故说："所不能者，不能强能也。由此观之，知与不知，能与不能，制不由我也，当付之自然耳"［（清）郭庆藩：《庄子集释》卷7（上），《知北游注》，中华书局，1961，第768页］。其次，郭象认为，万物自足，本来就是那个样子，"不知所以然而然"［（清）郭庆藩：《庄子集释》卷1（下），《齐物论注》，中华书局，1961，第55页］，只要顺其自然，认识到万物本来就是那个样子，就是知识。既然"不以知为宗"，所以，郭象说："夫言意者，有也；而所言所意者，无也。故求之于言意之表而入乎无言无意之域，而后至焉"［（清）郭庆藩：《庄子集释》卷6（下），《秋水注》，中华书局，1961，第573页］，认为认识的最终对象和目的不是言、象之外的意，而是无言无意、无彼无此、无是无非、主客合一的对世界整体性的直观和体验，也就是通过超言意的冥合，来达到对"玄冥之境"的直观和体验。

③ 参见康中乾《有无之辨——魏晋玄学本体论再解读》，人民出版社，2003，第77页。

致思路径实际上是复归于中国古代哲学的思维习惯，即把部分经验性的认知以直觉的方式升华为客观普遍性真理、宇宙万物之"道"贯穿自然、社会和人生，而主体由体"道"而获得的精神体验和人生境界成为主体辩证思维的核心内容，这也是中国古代哲学辩证思维的意趣之所在。

当然，魏晋玄学的辩证思维没有进一步向纯概念思维方向发展，与玄学家们注重探求内圣外王之道、调和名教与自然关系存有一定关联，这使其对现实社会的批判超过了对学术本身的反思，但是，对学术本身的反思才有可能使思想具有更为深刻、持久的社会批判力。①

## 第二节　"六家七宗"辩证思维的偏而不即

当魏晋玄学"有无之辨"的原创性理论光芒逐渐隐淡，玄学的清谈也沉沦于前代议题的复制而略显平庸，两晋之际已经兴起的大乘空宗般若学为偏安江左的东晋名士注入了一股思想清流，以中国传统文化为底色的般若学"六家七宗"以般若学思想对玄学议题所阐发的让名士叹服赞赏的高妙玄谈，意味着般若学思潮开始逐步登堂入室，跻身中国古代学术的主流文化圈之内。然而，在鸠摩罗什系统译介般若中观学之前，"六家七宗"在"格义"②背景下对般若学的理解，往往

---

① 西方哲学自从亚里士多德开始就确立了为学术而学术的理念，"显然，我们不为任何其他利益而找寻智慧；只因人本自由，为自己的生存而生存，不为别人的生存而生存，所以我们认取哲学为唯一的自由学术而深加探索，这正是为学术自身而成立的唯一学术"（〔古希腊〕亚里士多德：《形而上学》，吴彭寿译，商务印书馆，1959，第5页）。虽然我们并不否认每一位思想家的思想受其所处的客观环境（历史、社会、个人经历等）的影响，同时，每一位思想家的思想之所以能够具有持久的生命力也是因为其思想能够紧紧扣住时代的脉搏进行反思，但是对现实社会的过多关注妨碍其思想的深刻性，削弱其对现实世界的批判力，而且更易导致以个人精神的超越来消除现实矛盾的倾向。这一点，潘桂明指出："反思和批判若仅仅停留在现象层面，就不能成为真正意义上的创造性精神活动；所谓创造性精神活动，必须进入更为深刻地理论批判层面，让思想透过现象领域，揭示现象背后的本质世界，以理性的方式分析这些本质的形成原因、发展过程，因为理论越深刻的地方，本质也就无法掩盖"（潘桂明：《中国佛教思想史稿》第3卷下，江苏人民出版社，2009，第718页）。

② 汤用彤认为，"格义是用原本中国的观念对比外来佛教的观念、让弟子们以熟悉的中国固有的概念去达到充分理解外来印度的学说的一种方法"（汤用彤：《理学·佛学·玄学》，北京大学出版社，1991，第283页）。

在不知不觉中又隐含着魏晋玄学的思维方式。在般若学的玄学化与玄学的般若学化的思想史进程中，佛教与中国古代哲学展开了真正意义上的思想对话，这也表明中国佛教学者开始走向了独立思考、尝试构建自己佛学体系的道路。

## 一　"六家七宗"辩证思维疏解

### 1. "六家七宗"述略

"六家"之说最早始于僧叡："自慧风东扇，法言流咏以来，虽曰讲肆，格义迂而乖本，六家偏而不即。"[1] 僧叡认为，在鸠摩罗什译介般若中观学之前，受"格义"的影响和制约，这一时期的般若学流派尚未完整准确地把握般若性空要义，故"偏而不即"，但并没有指出六家的具体派别。僧肇在《不真空论》中将当时的般若学流派概括为心无、即色、本无三家。而"六家七宗"之说最早见于刘宋昙济的《六家七宗论》（又称《七宗论》），但此论已佚。梁宝唱在《续法论》中曾有记载，后又为唐元康的《肇论疏》所引。《肇论疏》记曰：

> 梁朝释宝唱作《续法论》一百六十卷云，宋庄严寺释昙济作《六家七宗论》，论有六家，分成七宗。第一本无宗，第二本无异宗，第三即色宗，第四识含宗，第五幻化宗，第六心无宗，第七缘会宗。本有六家，第一家分为二宗，故成七宗也。[2]

另据隋吉藏的《中观论疏》记述，"什师未至，长安本有三家义"[3]，认为在鸠摩罗什来长安之前，当时的般若学流派主要有本无、即色（即色分关内即色和支道林即色）、心无三家。然而史料中对"六家七宗"的主要代表人物却无确切的记录，故多有异说。根据汤用彤考证，"六家七宗"的代表人物如下[4]：

---

① （梁）僧祐撰，苏晋仁、萧鍊子点校《出三藏记集》卷8，《毗摩罗诘提经义疏序》，中华书局，1995，第311页。

② （唐）元康：《肇论疏》卷1，《大正藏》卷45，第163页上。

③ （隋）吉藏：《中观论疏》卷2，《大正藏》卷42，第29页上。

④ 汤用彤：《汉魏两晋南北朝佛教史》，北京大学出版社，1997，第192页。

| 六　家 | 七　宗 | 代　表　人 |
|---|---|---|
| 本　无 | 本　无 | 道　安（性空宗义） |
| 本　无　异 | 竺法深 | 竺法汰（竺僧敷） |
| 即　色 | 即　色 | 支道林　郝　超 |
| 识　含 | 识　含 | 于法开（于法威、何默） |
| 幻　化 | 幻　化 | 道　壹 |
| 心　无 | 心　无 | 支愍度、竺法蕴、道恒 |

（恒玄、刘遗民）

| | | |
|---|---|---|
| 缘　会 | 缘　会 | 于道邃 |

　　汤用彤认为，"六家七宗"从内在理论来看可归约为三派："第一为二本无，释本体之空无。第二为即色、识含、幻化以至缘会四者，悉主色无。而以支道林为最有名。第三为支愍度，则立心无。"① 僧肇在《不真空论》中对本无、心无、即色的批判也间接地反映了此三家般若学思想在"六家七宗"中具有的代表性意义。

　　2."六家七宗"辩证思维的主题与轨迹

　　般若中观学"诸法实相"原理是通过"缘起性空"和"性空幻有"两个同时互存的命题阐明诸法本质与现象之间的关系。"缘起性空"是指世间万象都依赖一定的条件而存在，故一切事物既无独立、实在的自体，也无恒常、主宰的自性，所以一切事物的本质性空。"性空幻有"是指缘起事物的现象存在而非绝对的虚空，但现象无自性故本质性空。般若中观学认为，只有依凭般若智慧才能直观"缘起"即"性空"、诸法即现象即本质即空，当体明空而毕竟空。基于诸法实相原理，般若中观学采用中道思维原则和彻底否定式思维方式破邪显正、荡相遣执，以无分别的般若智慧直观诸法实相无相，从而体悟宇宙、社会与人生的最高真实。

　　在鸠摩罗什系统传译般若中观学之前，包括"六家七宗"在内的般若学者对般若中观学诸法实相原理、中道思维原则和彻底否定式思维方式都缺乏准确的理解和把握。在"格义"佛教的背景下，"六家七宗"把般若性空之学纳入魏晋玄学本体论思维模式下，把魏晋玄学以"有无

---

① 汤用彤：《汉魏两晋南北朝佛教史》，北京大学出版社，1997，第193页。

之辨"穷究天地万物之本体，转换为以"空有之辨"来阐明诸法性空之义，以"无"释"空"、以玄解佛；同时以般若学理论重新审视魏晋玄学由有无关系衍生的本体与现象、本末、体用、言意等议题。"六家七宗"最具代表性的本无、心无、即色三家则分别以"无为万化之始""无心于万物，万物为未尝无""即色是空"来探究"色空之辨"，展开对般若性空之学的理解与实践。

从空有辩证关系的视角，本无、心无、即色三家的"空有之辨"也经历了一个正反合的辩证过程。本无宗尊崇本体而轻视现象，心无宗尊崇现象而轻视本体，即色宗试图综合本无、心无的观点，避免二家之偏向。① 虽然本无、心无、即色三家与纯正的般若中观学尚有距离，但三家对玄佛思想与思维的承接与对话，已经为当时的思想文化界全面接受般若中观学做好了铺垫。

## 二　本无宗的辩证思维

道安②是本无宗的代表人物③，也是东晋十六国时期中国佛学界的领

---

① 参见任继愈主编《中国佛教史》第 2 卷，中国社会科学出版社，1985，第 220 页。

② 道安（312～385），俗姓卫，常山扶柳（今河北冀州市）人。家世英儒，12 岁出家，后师佛图澄，研习小乘之学为主，兼习大乘般若学。348～365 年间辗转活动于山西、河北，研习小乘禅学，弘扬安世高的禅数学。365 年南下襄阳弘法达 15 年之久。受南方玄学化学术环境的影响，道安的佛学重心转向般若思想。379 年，前秦破襄阳，道安被掳至长安，致力于译经，卒于苻秦建元二十一年（385）。据方广锠考证，道安著作共有 66 种，涵盖禅修、小乘经、毗昙、般若、大乘经、律仪、经录、法苑等诸部（参见方广锠《道安评传》，昆仑出版社，2004，第 273～277 页）。

③ 梁陈以来的章疏里，对"本无宗"的代表及《肇论》所破究竟是谁，莫衷一是，近人对此也存有异议。惠达《肇论疏》认为僧肇所破的本无宗是道安；元康《肇论疏》以及文才《肇论新疏》认为僧肇所破的是竺法汰；吉藏《中观论疏》认为是琛法师；安澄《中论疏记》认为是深法师。昙济《六家七宗论》将本无宗分为本无宗与本无异宗，吉藏认为道安、琛法师是本无宗；安澄认为道安是本无宗，深法师是本无异宗。另道安弟子僧叡、吉藏、元康都认为道安的般若学是性空之学。近人对此问题主要观点有：吕澂认为本无宗的代表可能是竺法汰，认为道安的性空说是全面的，符合般若实际的，僧肇所破的是竺法汰（参见吕澂《中国佛学源流略讲》，中华书局，1979，第 53 页）；汤用彤认为本无宗代表为道安，本无异宗代表为竺法深、竺法汰，僧肇是从总体上破斥本无义，非专指一家（参见汤用彤《汉魏两晋南北朝佛教史》，北京大学出版社，1997，第 169～177 页）；任继愈认为从般若学本体论的发展逻辑看，本无异宗的代表竺法汰在本体论论证上仍然采用"有生于无"这种带有明显宇宙生成论色彩的论证方式，故僧肇所破的是道安的本无宗（参见任继愈主编《中国佛教史》第 2 卷，中国社会科学出版社，1985，第 227 页）；洪修平认为，昙济的《六家七宗论》（转下页注）

袖。道安的佛学前期以弘扬安世高的小乘禅数学为主，后期则致力于般若学思想的研究与阐发。汤用彤指出："自僧叡以后，梁朝武帝、陈时慧达以至隋唐吉藏均认为安公为般若学之重镇。"① 史载道安曾作《性空论》②《实相义》③，阐述般若性空之学，但已亡佚。在"格义"佛教的背景下，"实相""性空"与魏晋玄学"本无"概念相当，"广义言之，则本无几为般若学之别名"④。故元康即认为："实相即本无之别名。以本无是深义故。建初言本无实相等也。"⑤ 所以，道安之"本无"义相当于其对般若"性空"之义的理解。

1. 非有即无，非无即无

综观散见于《名僧传抄·昙济传》中论及本无宗的引文⑥，以及南朝陈慧达《肇论疏》⑦ 和隋代吉藏《中观论疏》⑧ 直接引用道安关于本

---

（接上页注②）所述及的本无之代表是道安，而僧肇所破的本无义不属于道安［参见洪修平《论僧肇哲学》，《法藏文库·中国佛教学术论典》第 19 册，佛光山文教基金会，2001，第391 页］；潘桂明认为道安早期般若学的主旨是发挥玄学"'以无为本'的思想，随着道安对《般若经》及般若学说研究的深入，他的本无宗逐渐摆脱玄学的思维方法，逐渐与般若学的'诸法性空'、'中道实相'观念接近，根据元康《肇论疏》，僧肇主要批评竺法汰的本无义，既非对本无宗的一般性批评，也非直接针对道安法师的质疑（参见潘桂明《中国佛教思想史稿》第 1 卷上，江苏人民出版社，2009，第 125 ~ 126 页）。

① 汤用彤：《汉魏两晋南北朝佛教史》，北京大学出版社，1997，第 175 页。

② 元康《肇论疏》云："如安法师立义，以性空为宗，作《性空论》"（《大正藏》卷45，第 162 页中）。

③ （梁）僧祐撰，苏晋仁、萧錬子点校《出三藏记集》卷 12，《宋明帝敕中书侍郎陆澄撰法论目录序第一》，中华书局，1995，第 429 页。

④ 汤用彤：《汉魏两晋南北朝佛教史》，北京大学出版社，1997，第 169 页。

⑤ （唐）元康：《肇论疏》卷 1，《大正藏》卷 45，第 164 页中。

⑥ "（昙济）著《七宗论》，第一本立宗曰：如来兴世，以本无弘教，故《方等》深经，皆备明五阴本无。本无之论，由来尚矣。何者？夫冥造之前，廓然而已。至于元气陶化，则群像禀形。形虽资化，权化之本，则出于自然。自然自尔，岂有造之者哉？由此而言，无在元化之先，空为众形之始，故称本无。非谓虚豁之中能生万有也。夫人之所滞，滞在末有，苟宅心本无，则斯累豁矣。夫崇本可以息末者，盖此之谓也"［（梁）宝唱：《名僧传抄》，《卍续藏经》第 77 册，第 354 页中］。

⑦ "第三解本无者，弥天释道安法师《本无论》云：'明本无者，称如来兴世，以本无弘教，故《方等》深经，皆云五阴本无。本无之论，由来尚矣。'须得彼义，为是本无。明如来兴世，只以本无化物。若能苟解本无，即异想息矣。但不能悟诸法本来是无，所以名本无为真，末有为俗耳"［（晋）惠达：《肇论疏》卷 1，《卍续藏经》第 54 册，第 59 页中］。

⑧ "一者释道安明本无义，谓无在万化之前，空为众形之始。夫人之所滞，滞在末（原作未），若宅（原作诧）心本无，则异想便息。……详此意，安公明本无者，一切诸法，本性空寂，故云本无。此与《方等》经论、什、肇山门义无异也"［（隋）吉藏：《中观论疏》卷 2，《大正藏》卷 42，第 29 页上］。

无义的论述，道安是以"无在万化之前（先），空为众形之始"，"非谓虚豁之中能生万有也"为核心命题，来辨析空有关系、阐述般若性空之义。

道安认为，"无""空"和世间万象之"万化""众形"之间存在先后起始关系。但这种先后起始并非指时空序列上的生成与被生成的关系——"非谓虚豁之中能生万有也"，而是指"无""空"的逻辑在先，即"无""空"是"万化""众形"的逻辑依据。显然，道安对待有无关系与魏晋玄学贵无论"以无为本"致思方向是一致的，都是为形而下的现象世界寻求一个形而上的本体。

般若中观学诸法性空理论旨在阐明诸法无自性故本质性空，而非为现象世界寻求一个支撑现象世界之所以存在的"本体"。因此，道安以"无"解"空"、以"无"为"空"，是沿着魏晋玄学贵无论"以无为本"的本体论思维方式来诠释般若"空"义。在"有无"辩证关系上，道安也与贵无论一样重无轻有而偏离了中道思维原则。所以，僧肇在《不真空论》评价本无宗：

> 本无者，情尚于无多，触言以宾无。故非有，有即无；非无，无亦无。寻夫立文之本旨者，直以非有非真有，非无非真无耳。何必非有无此有，非无无彼无？此直好无之谈，岂谓顺通事实，即物之情哉？①

僧肇认为，本无宗"非有，有即无"是正确的，因为"非有"之非是否定"有"，所有"有"的否定就是"无"，故"非有即无"；但本无宗"非无，无亦无"，把"无"的否定也作为"无"存有问题，因为一旦把"无"作为真正的"无"，那么这个"无"就成为有，也就成为有自性的"无"。僧肇进一步指出本无宗"何必非有无此有，非无无彼无？"难道"非有的批判对象是否定这个有吗？非无是否定这个无吗？"僧肇认为，正确的有无关系是"非有非真有，非无非真无"。"非有"是否定"有"的"真"，即自性之有、本体之有、"真有"；"非无"是否

---

① 石峻、楼宇烈等编《中国佛教思想资料选编》第 1 卷，中华书局，1981，第 144～145 页。

定"无"的真,即自性之无、本体之无、"真无"。可见,僧肇对本无宗的批判是因为本无宗把有无关系归于"无",肯定真"无"而把"无"实体化、本体化的思维方式。

为弥补"非无,无亦无"造成的有无之间的隔阂,本无宗采取了类似贵无论宇宙生成论的思维方式,以"元气陶化"之说来实现有无之间的转换。道安认为:"夫冥造之前,廓然而已。至于元气陶化,则群像禀形。形虽资化,权化之本,则出于自然。自然自尔,岂有造之者哉?"①万物是元气"自然自尔"生成变化的结果,这显然又流露出"独化"论"造物者无主,而物各自造"的思维信息。

无论在有无关系中重无轻有,还是以宇宙生成论思维方式解决有无关系面临的逻辑矛盾,本无宗与魏晋玄学贵无论都表现出致思进路的一致性,这也说明了本无宗并没有超越魏晋玄学"有无之辨"的思维模式。所以,任继愈指出:"他(道安)并不是故意与佛教哲学的本来意义相违背,但是由于时代的局限,他所理解的佛学只能是玄学化的佛教哲学。"② 与魏晋玄学贵无论旨在为现实生活的价值和意义寻求一个形而上的本体不同的是,道安正是通过否定"有"来阐明现实世界虚幻、取消世俗生活的价值和意义;通过肯定一个真的"无"来确立彼岸世界的真实性和佛教信仰的神圣性。

2. 本末等尔、有无均净

元康《肇论疏》记载道安"以性空为宗,作《性空论》";③ 吉藏《中观论疏》亦云"安公明本无者,一切诸法,本性空寂,故云本无。此与《方等》经论、什、肇山门义无异也";④ 道安弟子僧叡则称道其师"凿荒途以开辙,标玄指于性空"⑤,认为道安于性空之宗"最得其实"⑥。这些评价表明,在般若学"六家七宗"里,道安对般若空义的理

---

① (梁)宝唱:《名僧传抄》,《卍续藏经》第 77 册,第 354 页中。
② 任继愈:《汉唐佛教思想论集》,人民出版社,1973,第 23 页。
③ (唐)元康:《肇论疏》卷 1,《大正藏》卷 45,第 162 页中。
④ (隋)吉藏:《中观论疏》卷 2,《大正藏》,第 42 卷,第 29 页上。
⑤ (梁)僧祐撰,苏晋仁、萧錬子点校《出三藏记集》卷 4,《大品经序》,中华书局,1995,第 292 页。
⑥ (梁)僧祐撰,苏晋仁、萧錬子点校《出三藏记集》卷 8,《毗摩罗诘提经义疏序》,中华书局,1995,第 311 页。

解是十分深刻的。在《合放光光赞略解序》中，道安比较完整地表述了他对般若空义的理解：

> 般若波罗蜜者，成无上正。真道之根也。正者，等也，不二入也。等道有三义焉：法身也，如也，真际也。故其为经也，以如为首，以法身为宗也。如者，尔也，本末等尔，无能令不尔也。佛之兴灭，绵绵常存，悠然无寄，故曰如也。法身者，一也，常净也。有无均净，未始有名，故于戒则无戒无犯，在定则无定无乱，处智则无智无愚，泯尔都忘，二三尽息，皎然不缁，故曰净也，常道也。真际者，无所著也，泊然不动，湛尔玄齐，无为也，无不为也。万法有为，而此法渊默，故曰无所有者，是法之真也。①

道安从如、法身、真际三个层面阐述般若波罗蜜是修证无上正等正觉的平等不二智慧。分别而言，"如"，是本末的平等；"法身"，是染净的平等；"真际"，是无为与无不为的平等。道安认为，只有处在"无定无乱""无智无愚，泯尔都忘""无所著也，泊然不动"的状态中才能具有平等不二智慧，体证诸法实相。在《合放光光赞略解序》中，道安阐述了"法慧"与"真慧"两种智慧及关系：

> 诸五阴至萨云若，则是菩萨来往所现法慧，可道之道也。诸一相无相，则是菩萨来往所现真慧，明乎常道也。可道，故后章或曰世俗，或曰说已也。常道，则或曰无为，或曰复说也。此两者同谓之智，而不可相无也。②

道安认为，法慧是从五蕴到一切智渐进的认识过程，是可道之道，非"常道"；真慧则可直观诸法实相无相，是不可道之道、"常道"；同时，法慧和真慧"同谓之智""不可相无也"，是同属般若智慧且不可二分的两种智慧。

---

① （梁）僧祐撰，苏晋仁、萧錬子点校《出三藏记集》卷7，《合放光光赞略解序》，中华书局，1995，第266页。
② （梁）僧祐撰，苏晋仁、萧錬子点校《出三藏记集》卷7，《合放光光赞略解序》，中华书局，1995，第267页。

　　显然，道安在有无关系中将有无归于"无"，看似不二，实则重无轻有、有分别、不平等、其实是二；使其对般若学的理解出现了在本体论层面重无轻有与认识论层面主张平等不二的裂痕。但道安以不可两分的"法慧"和"真慧"来贯通有与无、现象与本体，在思维方式上具有以般若智慧超越有无、本体与现象两端体证诸法性空的含义，故又被视为"性空之宗"的代表。

### 三　心无宗的辩证思维

　　心无宗的创立者是支愍度，竺法蕴①、道恒等高僧也是心无宗的重要代表。心无宗对般若空义的基本理解是心无色有，认为万物非空，心不执着于外物。心无宗肯定了万物的真实性，背离了佛教缘起论的基本教义，所以曾受到后世学者的严厉批评。②

　　1. 非有即无，非无即有

　　慧达《肇论疏》记载了心无宗重要代表竺法温对有无关系的认识：

　　　　第一解心无者，竺法温法师《心无论》云：夫有，有形者也；无，无象者也。有象不可言无，无形不可言有。而经称色无者，但内正其心，不空外色。但内停其心，令不想外色，即色想废矣。③

　　所谓"有"，就是有形有象；所谓"无"，就是无形无象。有形有象，就不能说是"无"；无形无象，就不能说是"有"。而经中所说"色无"，只是停息止念，并非否定外在事物。心不执着于外物，对外物就无杂念妄想。

　　心无宗从两个维度看待有无关系。首先，以经验性、二元对立的思

---

① 根据汤用彤、陈寅恪考证，竺法蕴是竺法深弟子或以为即温法师。参见汤用彤《汉魏两晋南北朝佛教史》，北京大学出版社，1997，第 188 页；陈寅恪《金明馆丛稿初编》，生活·读书·新知三联书店，2001，第 174 页。

② 《高僧传》记曰："时沙门道恒，颇有才力，常执心无义，大行荆土。汰曰：'此是邪说，应须破之。'乃大集名僧，令弟子昙一难之。据经引理，析驳纷纭。恒仗其口辩，不肯受屈，日色既暮，明旦更集。慧远就席，设难数番，关责锋起。恒自觉义途差异，神色微动，麈尾扣案，未即有答。远曰：'不疾而速，杼柚何为。'座者皆笑矣。心无之义，于此而息"[（梁）慧皎撰，汤用彤校注《高僧传》卷5，《竺法汰传》，中华书局，1992，第 192～193 页]。

③ （晋）惠达：《肇论疏》卷1，《卍续藏经》第 54 册，第 59 页上。

维看待有无关系，有无都是具体经验的抽象，有就是有，无就是无，非有即无，非无即有；其次，把有无关系转换为心物、主客关系，通过主体之心泯灭外物来消解有无的对立，以心灭有、心空即无。

2. 心无色有

僧肇最早对心无宗"心无色有"的观点提出了批评。他说：

> 心无者，无心于万物，万物未尝无。此得在于神静，失在于物虚。①

元康在《肇论疏》中进一步解释了僧肇对心无宗的批评：

> 心无者，破晋朝支愍度心无义也……"无心万物，万物未尝无"，谓经中言空者，但于物上不起执心，故言其空。然物是有，不曾无也。"此得在于神静，失在于物虚"者，正破也。能于法上无执，故名得；不知物性是空，故名为失也。②

此外，吉藏《中观论疏》也记载了心无宗的重要代表温法师的观点：

> 第三温法师用心无义。"心无者，无心于万物，万物为未尝无。"此释意云：经中说诸法空者，欲令心体虚妄不执，故言无耳；不空外物，即万物之境不空。肇师详云："此得在于神静，而失在于物虚。"破意云：乃知心空而犹存物有，此计有得有失也。③

根据僧肇对心无宗的评论、元康的进一步解释，以及吉藏对温法师心无义的记载，"心无"是指对情识进行有效控制。因众生是有情识之众生，有情识故有欲念妄想而烦恼不断，若心不受外物所扰，就能断灭烦恼，摆脱流转。但是，心无宗"心空色有"肯定了缘起事物的自性，也就承认了心的自性。既然心有自性，则必然有情识、有欲望而烦恼不断，又何以控制情识？因此，心无宗的理论最终必将导致悖论，而不得

---

① 石峻、楼宇烈等编《中国佛教思想资料选编》第1卷，中华书局，1981，第144页。
② （唐）元康：《肇论疏》卷1，《大正藏》卷45，第171页中。
③ （隋）吉藏：《中观论疏》卷2，《大正藏》卷42，第29页上。

心无。故僧肇批评心无宗只是以心虚物，没有认识到万物本质性空，"失在于物虚"。但是，从通过禅定修行获得般若智慧而言，则需要心神安宁、不执于外物，故僧肇肯定了心无宗"得在于神静"的观点。

心无宗以"非此即彼"的思维方式对待有无关系，又把"万物之有与心灵之无打成两截"①，既非魏晋玄学本体论思维方式，也非般若中观学中道思维，"实际上是一种收敛内心，屏除外在迷惑的精神修持方法，也不同于空假兼蕴、亦有亦无的'中道'般若认识方法"②。但从"六家七宗"对待有无关系的逻辑发展角度，心无宗否定精神之无、肯定现象之有具有对本无宗否定现象之有、肯定本体之无的辩证否定意义。

### 四　即色宗的辩证思维

即色、识含、幻化、缘会四者，均主色无，故汤用彤将其归为一派，其中以支遁为代表的即色宗最为著名。支遁（公元314年~公元366年）字道林，世称"支公""林公"。支遁雅尚庄老、深通般若、言清才高、"玄拔独悟"，具有较高的理论思辨水平③，其与名士谈玄论道，常常能"标新立异"、发前人所未发，时人评价其注《庄子·逍遥游》乃"拔理于向、郭之外"，为"诸名贤寻味之所不得"④，"群儒旧学，莫不叹服"⑤，故为时贤所敬慕，即色义也多为名士所欣赏，被誉为"支理"。

据汤用彤考证，支遁著述有《即色游玄论》、《释即色本无义》、《道行指归》、《大小品对比要抄》、《辨著论》、《圣不辨知论》及《逍遥论》等十余种，但均已佚。⑥现存支遁著述主要保存在《出三藏记集》、《世说新语》文学篇注、《弘明集》、《广弘明集》中，⑦其中《大小品对比要抄

① 葛兆光：《中国思想史》第1卷，复旦大学出版社，2004，第398页。
② 崔大华：《庄学研究》，人民出版社，1992，第502页。
③ 支遁的信徒郗超评价支遁："林法师神理所通，玄拔独悟。实数百年来，绍明大法，令真理不绝，一人而已"（《高僧传》，卷4《支遁传》，第161页）。
④ 《世说新语·文学篇》记载："《庄子·逍遥》篇，旧是难处，诸名贤所可钻味，而不能拔理于郭、向之外。支道林在白马寺中，将冯太常共语，因及《逍遥》。支卓然标新理于二家之表，立异义于众贤之外，皆是诸名贤寻味之所不得。后遂用支理"（徐震堮：《世说新语校笺》上，中华书局，1984，第119~120页）。
⑤ 《高僧传》，卷4《支遁传》，第160页。
⑥ 汤用彤：《汉魏两晋南北朝佛教史》，北京大学出版社，1997，第178~179页。
⑦ 参见王晓毅《支道林生平事迹考》，《中华佛学学报》1995年第8期。

序》完整保留在《出三藏记集》里,是反映其"色空之辩"的重要文献。

1. 有非有,无非无

《大小品对比要抄序》虽然没有出现"即色"一词,但支遁通过辨析有无阐明了其对般若性空之学的基本观点。序文说:

> 夫般若波罗蜜者,众妙之渊府,群智之玄宗,神王之所由,如来之照功。其为经也,至无空豁,廓然无物者也。无物于物,故能齐于物;无智于智,故能运于智。是故夷三脱于重玄,齐万物于空同,明诸佛之始有,尽群灵之本无,登十住之妙阶,趣无生之径路。何者?赖其至无,故能为用。夫无也者,岂能无哉?无不能自无,理亦不能为理。理不能为理,则理非理矣;无不能自无,则无非无矣。是故妙阶则非阶,无生则非生。妙由乎不妙,无生由乎生。是以十住之称,兴乎未足定号;般若之智,生乎教迹之名。是故言之则名生,设教则智存。智存于物,实无迹也;名生于彼,理无言也。何则?至理冥壑,归乎无名。无名无始,道之体也;无可不可者,圣之慎也。苟慎理以应动,则不得不寄言。宜明所以寄,宜畅所以言。理冥则言废,忘觉则智全。若存无以求寂,希智以忘心,智不足以尽无,寂不足以冥神。何则?故有存于所存,有无于所无。存乎存者,非其存也;希乎无者,非其无也。何则?徒知无之为无,莫知所以无;知存之为存,莫之所以存。希无以忘无,故非无之所无;寄存以忘存,故非存之所存。莫若无其所以无,忘其所以存。忘其所以存,则无存于所存;遗其所以无,则忘无于所无。忘无故妙存,妙存故尽无,尽无则忘玄,忘玄故无心。然后二迹无寄,无有冥尽。①

此序首言般若智慧之神妙与玄照,是体证诸法实相的根本智慧。般若智慧"无物于物",故不执着于物而无物之差别;"无智于智"、不执着于分别智故无分别观念,所以能妙鉴"齐万物于空同","登十住之妙阶,趣无生之径路"而证悟涅槃。其后,支遁从四个层面辨析有无关系,阐明诸法性空之义和般若智慧之特性。

---

① (梁)僧祐撰,苏晋仁、萧鍊子点校《出三藏记集》卷10,《大小品对比要抄序》,中华书局,1995,第298~299页。

（1）无非无

　　夫无也者，岂能无哉？……无不能自无，则无非无矣。……无生则非生。

"无"难道就是"无"的自身吗？"无"不能自身就是"无"。如果"无"能生"无"，就会陷入宇宙生成论的逻辑问题而无法追寻这个终极的"无"，而这个终极的"无"实则是"有"；如果"无"自身就是"无"，这个"无"就成为一个可以所指的、能被规定的"无"，这个"无"也就是"有"了。所以"无非无"是指没有一个独立的、有自性的、绝对的"无"。

（2）存乎存者，非其存也；希乎无者，非其无也

　　若存无以求寂，希智以忘心，智不足以尽无，寂不足以冥神。何则？故有存于所存，有无于所无。存乎存者，非其存也；希乎无者，非其无也。

支遁批评本无宗"存无以求寂，希智以忘心"是把"无"作为空寂之本，以智慧让心神寂静；认为世俗智慧有限不能穷尽一切认识，心神寂静不足以契合实相妙义。为什么？因为"有"之所以存在有其之所以存在的根据，"有"之所以不存在有其不存在的根据。存在的"有"，并非其真实的存在的"有"——"有非有"；希望有一个真实存在的"无"，而这个"无"并非真正的"无"——"无非无"。

（3）非无之所无、非存之所存

　　何则？徒知无之为无，莫知所以无；知存之为存，莫之所以存。希无以忘无，故非无之所无；寄存以忘存，故非存之所存。

为什么"有非有""无非无"？因为只知道"无"是"无"，而不知道"无"之所以为"无"；只知道"有"之为"有"，而不知道"有"之所以为"有"。希望以"无"来否定"无"，这个否定"无"的"无"并非真的"无"；寄托于用心神空寂来否定"有"，而不知这个"有"非真的"有"。

（4）无其所以无、忘其所以存

　　莫若无其所以无，忘其所以存。忘其所以存，则无存于所存；

遗其所以无，则忘无于所无。忘无故妙存，妙存故尽无，尽无则忘玄，忘玄故无心。然后二迹无寄，无有冥尽。

不如否定"无"之所以为"无"的"无"（"无"的本体），否定"有"之所以为"有"的"有"（"有"的本体）。否定"有"之所以为"有"的"有"，则"有"失去存在的依据；否定"无"之所以为"无"的"无"，则"无"也没有存在的基础。否定"无"之所以为"无"的"无"，诸法之有为"妙存"，"妙存"非真"有"而穷尽"无"，穷尽"无"故忘却玄理，忘却玄理故无心。"有"与"无"都没有存在的依据，"有""无"之差别即可齐一尽灭。

在有无关系上，支遁以"有非有、无非无"否定绝对存在、本体论意义上"有"与"无"；同时认为"非无之所无、非存之所存"，"有""无"处在一种互为依存的关系中，离"有"论"无"、离"无"论"有"，都不能正确认识"有""无"关系。只有依凭无分别的般若智慧才能洞鉴有无关系，"无心"而"二迹无寄，无有冥尽"。相较于本无宗"非有即无、非无即无"和心无宗"非有即无、非无即有"，支遁以"有非有，无非无"对有与无的双边否定，对本无宗执"无"、心无宗执"有"进行的批判，具有中道思维因素，"抛弃本无宗肯定精神现象的一面而发扬其否定物质现象的一面，抛弃心无宗肯定物质现象的一面而发扬其否定精神现象的一面，取二者之长而去二者之短"[1]。

### 2. 即色是空

"即色是空"是支遁佛学思想的核心。历来学者对支遁即色论的理解存有歧义：一方面缘于支遁的重要理论著述均已佚失，而其后学者又对其即色论思想的记载和评论不尽相同；[2] 另一方面可能是支遁即色论

---

① 任继愈主编《中国佛教史》第 2 卷，中国社会科学出版社，1985，第 237 页。

② 支遁即色论思想内容以及支遁即色论是否僧肇所破对象一直为学界所争议。惠达《肇论疏》虽将僧肇批评的即色义确定为支遁《即色论》的思想，但他所引《即色论》及对即色义的看法与僧肇有所区别。日僧安澄《中观疏记》记载，支遁著有《即色游玄论》与《即色论》，且二者思想有异，认为《即色论》的思想与僧肇的不真空论相同。吉藏《中观论疏》将即色义分为关内即色义和支遁即色义，认为僧肇所破的是关内即色义。元康《肇论疏》认为僧肇所批判的是支遁的即色义。

本身存在着不尽完善之处。① 现存后人转述支遁即色论的文献保存在《世说新语·文学篇》中刘孝标注引支遁所集的《妙观章》、慧达《肇论疏》以及安澄《中论疏记》之中。

《妙观章》录云：

> 夫色之性也，不自有色。色不自有，虽色而空。故曰：色即为空，色复异空。②

慧达《肇论疏》记载：

> 道林法师《即色论》云：吾以为即色是空，非色灭空，此斯言至矣。何者？夫色之性，色不自色（"不自色"三字据汤用彤校补），虽色而空。③

安澄《中论疏记》记曰：

> 第八支道林著《即色游玄论》，云：夫色之性，色不自色；不自，虽色而空。知不自知，虽知而寂也。彼意明色心法空名真，一切不无空色心是俗也。《述义》云，其制《即色论》云：吾以为即色是空，非色灭空。斯言至矣。④

上述文献反映支遁即色论最重要的引文是"夫色之性，色不自色，虽色而空"，"即色是空，非色灭空"，"色即为空，色复异空"。

"夫色之性，色不自色，虽色而空"的含义是，色（物质现象）的性质是空，因为物质现象不是自己形成的，所以物质现象虽然存在但本质性空。"即色是空，非色灭空"意谓物质现象本质性空，并不是指等

---

① 潘桂明在比较了慧达《肇论疏》与安澄《中论疏记》后也认为"恐怕支遁在《即色玄游义》外另有《即色论》之作"，并认为造成后人对支遁即色义歧解的原因是"支遁即色义本身存在着不完善之处，甚至没有说清楚、说明白。作为名僧的支遁，经常处于名士的包围之中，使他的般若学受到玄学的熏染，即色义也必然表现出其独特的时代色彩"（潘桂明：《中国佛教思想史稿》第 1 卷上，江苏人民出版社，2009，第 136 ~ 137 页）。

② 徐震堮：《世说新语校笺》上，中华书局，1984，第 121 页。

③ （晋）慧达：《肇论疏》卷 1，《卍续藏经》第 54 册，第 59 页中。

④ 安澄：《中论疏记》，《大正藏》卷 65，第 94 页上。

到物质现象坏灭之后才说其为空。"色即为空，色复异空"是指虽然物质现象本质性空，但物质现象还是存在，故色复异空。

在色空关系上，支遁否定了物质现象的真实性，否定本体论意义上的"有""无"，与其"有非有，无非无"的思路一致。但支遁上述对色空关系的表述，凸显了以色解空而保留了小乘佛教析色明空的痕迹，仍具有把"色""空"分为两截的倾向。所以僧肇批评即色论：

> 即色者，明色不自色，故虽色而非色也。夫言色者，但当色即色，岂待色色而后为色哉？此直语色不自色，未领色之非色也。①

僧肇认为，"即色"这一派，论证物质现象不是自己形成的，所以虽然物质现象存在但非真实存在。若言物质现象，应该是物质现象自身即成其为物质现象（当色即色），何尝是依赖其他物质现象（岂待色色）才成为物质现象？按照般若中观学中道思维，色空相即不二，色即非色，色即而空，空即而色。僧肇认为，即色宗只是说明了物质现象不是自己形成的，还没领悟到物质现象当色即色、当色即空、色空不二——"直语色不自色，未领色之非色"，所以与中道思维尚存有差距。

3. 无有冥尽

支遁虽然否定了物质现象的真实性，否定本体论意义上的"有""无"，但僧肇对即色论的批评表明，支遁对色空关系的理解还未达到般若中观学空有相即不二、本体与现象圆融统一的程度，所以在色空关系上仍然存有滞碍。支遁认为，只有依凭无分别的般若智慧才能"无心"于有无、超越有无，"二迹无寄，无有冥尽"而至逍遥之境。刘孝标在《世说新语·文学篇》之注中记载了支遁对逍遥境界的描述：

> 夫逍遥者，明至人之心也。庄生建言大道，而寄指鹏、鷃。鹏以营生之路旷，故失适于体外；鷃以在近而笑远，有矜伐于心内。至人乘天正而高兴，游无穷于放浪，物物而不物于物，则遥然不我得；玄感不为，不疾而速，则逍然靡不适。此所以为逍遥也。若夫有欲，当其所足，足于所足，快然有似天真，犹饥者一饱，

---

① 石峻、楼宇烈等编《中国佛教思想资料选编》第 1 卷，中华书局，1981，第 144 页。

渴者一盈，岂忘烝尝于糗粮，绝觞爵于醪醴哉？苟非至足，岂所以逍遥乎？①

支遁认为，"至人之心"是"览通群妙，凝神玄冥，灵虚响应，感通无方"②，既"无心"于有无，又能接应外物、"应变无穷"③，所以任游无穷而不为万物所累，"游无穷于放浪，物物而不物于物"，达到不依赖任何条件的逍遥自由之境——"二迹无寄，无有冥尽"。

支遁虽然采用以类似郭象"独化"论"玄冥之境"的思维方式，以"至人之心"的逍遥境界来消解有无矛盾，但二者对逍遥境界的理解却有明显的差别。"独化"论以"物各自造"的"无因论"而不自觉地放弃了对宇宙人生本质的形而上探求，继而以"物各有性"的"性分"之说让人"安于性命"，也就是在承认有无、名教自然对立的背景下，个体生命以回避或者逃避现实社会矛盾的方式在当下生活中而获得有待的逍遥。支遁理解的逍遥"并不是小鸟那种平庸的适意，也不是大鹏那种固执的追索，忘粮绝酒式的自我约束并不是真正的超越"④，而是至人否定有无之后，通过体证宇宙人生的最高真实所获得的绝对、无待、超越现实世界的精神境界。⑤ 所以时人高度评价其说"拔理于向、郭之外"，"卓然标新理于二家之表，立异义于众贤之外"。这表明，在有无关系上，支遁虽然与般若中观学的中道思维方式尚有距离，但支遁以具有中道思维因素的思维方式、否定超越现实世界的态度来探究诸法实相，对代表魏晋玄学最高思辨成就的"独化"论的人生境界内容做出了新的诠释——这也意味着"支遁以般若学为思想指导，通过参与玄学的有无之辨，既终结了玄学的发展道路，又超越了玄学的思维方式"。⑥

---

① 徐震堮：《世说新语校笺》上，中华书局，1984，第120页。
② （梁）僧祐撰，苏晋仁、萧鍊子点校《出三藏记集》，卷10《大小品对比要抄序》，中华书局，1995，第299页。
③ （梁）僧祐撰，苏晋仁、萧鍊子点校《出三藏记集》，卷10《大小品对比要抄序》，中华书局，1995，第300页。
④ 葛兆光：《中国思想史》第1卷，复旦大学出版社，2004，第401页。
⑤ 潘桂明认为，支遁把"理"这一概念阐释为超越现象世界的绝对真理，具有了本体意义，从而也就极大启发了理论界的抽象思维。在支遁之前，还没有人在思辨领域获得如此高的成就（参见潘桂明《中国佛教思想史稿》第1卷上，江苏人民出版社，2009，第136页）。
⑥ 潘桂明：《中国佛教思想史稿》第1卷上，江苏人民出版社，2009，第137页。

# 第三章　般若中观学的辩证思维

在鸠摩罗什①将大乘空宗般若中观学系统传入中国之前，以"六家七宗"为代表的中国佛教般若学者运用并不纯粹的般若学思维固然赋予了魏晋玄学"有无之辨"背景下的相关议题新的意义，然而"六家七宗"的"偏而不即"也表明，中国佛教般若学者对形而上的思索仍然缺乏精确的概念分析和严密的逻辑推理，最终回向以主体精神境界来泯灭有无逻辑问题。这种局面直至鸠摩罗什主持长安译经，将龙树、提婆的大乘空宗般若中观学著述全面介绍之后才得以改观。在对般若中观学"空"义探索的历程中，中国佛教学者的理论思维能力和辩证思维水平也进入一个新的发展时期。

## 第一节　《中论》辩证思维的根本立场

"什公学宗《般若》，特尊龙树。"② 鸠摩罗什所译的佛教典籍中，最

---

① 鸠摩罗什（344～413），祖籍天竺，生于龟兹，卒于长安。罗什9岁从小乘名师槃头达多学《杂藏》及《中阿含经》、《长阿含经》，"凡四百万言"。12岁随母回龟兹，途经沙勒，停驻一年。后遇大乘学者须利耶苏摩而改习大乘，感叹曰"吾昔学小乘，譬人不识金，以鍮石为妙矣"，"于是广求要义，诵《中》《百》二论。"罗什之学遂由小乘杂学转向大乘般若中观学。前秦建元二十八年（382）苻坚遣吕光攻灭龟兹，罗什被羁于凉州前后约16年。姚秦弘始三年（401）姚兴遣将伐吕光，迎罗什至长安，"待以国师之礼"，"请入西明阁、逍遥园，译出众经"［（梁）僧祐：《出三藏记集》，卷14《鸠摩罗什传》，中华书局，第530～533页］。罗什主持的佛经翻译活动规模宏大、盛况空前；所译经文流畅精炼、文辞优雅，是中国翻译史上的一座里程碑。这得益于，一方面在凉州16年的经历使罗什本人对中国传统文化及语言文字有一定了解，故能"手执胡本，口宣秦言，两释异音，交辩文旨"（《出三藏记集》，卷8《大品经序》，第292页）；另一方面罗什主持的译场汇聚了许多包括其杰出弟子僧叡、道融、昙影、僧肇在内的学识渊博、富有文采、精于思辨的汉地学者。所以，虽然罗什对汉语的理解和运用尚不够纯熟，"方言未融"（《出三藏记集》，卷11，《百论序》，第403页）、"方言殊好，犹隔而未通"（《出三藏记集》，卷10《大智释论序》，第387页），但正是在这些弟子和参与者的协助下，罗什僧团所译佛经无论在翻译质量、技巧和内容上都达到新的水平；同时，罗什的弟子和参与者协助下所译的佛经自然也部分反映出中国的传统思维方式。

② 汤用彤：《汉魏两晋南北朝佛教史》，北京大学出版社，1997，第222页。

具理论色彩并且对中国佛教产生巨大影响的是龙树、提婆阐述大乘般若中观学基本理论的著作——《中论》、《百论》、《十二门论》及《大智度论》。"四论"驳斥外道邪见，沟通佛教内部歧义，构成了一个完整的般若中观学理论体系，且各论之间存在着内在关联。① 其中，《中论》在"四论"中具有纲领性地位，被视为集中体现龙树或者般若中观学派的最重要的代表著作。②

《中论》又名《中观论》《正观论》，原为偈颂体，共二十七品。汉译《中论》最为著名的是鸠摩罗什的译本，罗什在翻译《中论》的同时，选取翻译了青目的注释，并且做了删改，③ 共四卷。僧叡《中论序》记有五百偈，实有四百四十六偈。除罗什译本之外，《中论》迄今尚存五种：1. 龙树的《无畏论》，有藏、日两译本；2. 佛护的《根本中论注》，有藏译本；3. 清辨的《般若灯论释》，有汉、藏两译本；4. 安慧的《大乘中观释论》，有汉译本；5. 月称的《中论注》，有梵文原本、藏译本。

般若中观学的基本思想可表述为"众因缘生法，我说即是空，亦为是假名，亦是中道义"④，即缘起事物的现象非真实存在、本质性空，缘起事物即现象即本质即空是宇宙人生的最高真实——诸法实相。般若中观学认为只有依凭般若智慧空假并观、以假显空、以空明假、假空不二，才能当体明空而毕竟空，直观诸法实相无相，体悟宇宙人生的最高真实。

---

① 僧叡说："《百论》治外以闲邪，斯文（指《中论》）祛内以流滞，《大智释论》之渊博，《十二门观》之精诣。寻斯四者，真若日月入怀，无不朗然鉴彻矣！"（《出三藏记集》，卷11《中论序》，第401页）僧叡指出，罗什所译《百论》是批判外道邪见；《中论》是对治佛教内部各派学说，以使义理畅达；《大智度论》内容渊博；《十二门论》具有精诣的观法。通晓此"四论"，便可透彻领悟全部佛法。

② 僧叡说："以中为名者，昭其实也；以论为称者，尽其言也。实非名不悟，故寄中以宣之；言非释不尽，故假论以明之。其实既宣，其言既明，于菩萨之行，道场之照，朗然悬解矣。……荡荡焉，真可谓坦夷路于冲阶，敞玄门于宇内，扇慧风于陈枚，流甘露于枯悴者矣。……天竺诸国，敢豫学者之流，无不玩味斯论，以为喉衿，其染翰申释者甚亦不少"（《出三藏记集》卷11，《中论序》，第400～401页）。僧叡认为，《中论》的核心思想是穷尽名言概念来揭示假有，以中道观照实相，在印度佛学界有重要的地位，其在华流播也必会对中国佛教发展产生深远影响。

③ 僧叡说："其人（指青目）虽信解深法而辞不雅中。其中乖阙烦重者，法师（指罗什）皆裁而裨之"（《出三藏记集》卷11，《中论序》，第401页）。

④ 龙树：《中论》卷4，（后秦）鸠摩罗什译，《大正藏》卷30，第33页中。

"中观学派学说是对大乘般若经类的进一步发挥，也是罗什本人的信仰。"① 罗什所译《中论》全面贯彻了般若中观学派"破邪显正""荡相遣执"的彻底否定性思维方式，系统阐述了般若中观学派以"中道实相"、"二谛理论"以及"实相涅槃"为核心的"中道"思想体系。经由罗什门下高足僧叡、僧肇、道生等发挥弘扬，《中论》的思想及思维方式在中国佛教思想界流播广泛，对南北朝至隋唐之际中国佛教宗派的酝酿与形成产生了重要的影响。罗什本人被三论宗奉为初祖，龙树更是被尊为"八宗共祖"。

《中论》自问世以来便以其特有的理论体系、逻辑推理和思辨魅力成为后人研究的经久不衰的佛教经典著述。在辩证思维方式上，《中论》一方面通过精密复杂的概念辩证思维构建出以彻底否定为特征的逻辑推论；另一方面，《中论》构建的这种彻底否定式逻辑推论却恰恰旨在阐明任何概念、判断、推理乃至人类理性思维皆为虚幻之"戏论"。虽然《中论》论证人类理性思维之虚幻，旨在阐明以超越任何语言、概念和思维的般若智慧现观"诸法实相"，"言语道断，心行处灭"，体悟宇宙人生最高真实；但《中论》通过逻辑推理连续彰显出令人困窘、不得不面对的思维矛盾来证明人类理性思维之虚幻的论证过程，内在反映出《中论》中所蕴含的理性力量。中观学派的辩证思维也正是集中体现在《中论》论证"戏论"的过程之中。恩格斯在《自然辩证法》中说：

> 辩证的思维——正因为它是以概念本性的研究为前提——只对于人才是可能的，并且只对于较高发展阶段上的人（佛教徒和希腊人）才是可能的，而其充分的发展还晚得多，在现代哲学中才达到。②

恩格斯指出了辩证思维的研究必须以概念的辩证本性为前提，而佛教徒正是比较深入地研究了概念的辩证本性，所以才得到恩格斯的赞誉。吕澂也指出了龙树中道思维所具有的辩证思维特征，以及龙树对运用概念面临的两难问题的解决思路对大乘佛教理论的影响：

---

① 任继愈主编《中国佛教史》第 2 卷，中国社会科学出版社，1985，第 319 页。
② 《马克思恩格斯全集》第 26 卷，人民出版社，2014，第 558～559 页。

　　龙树所用的方法，超过单纯的逻辑推理，虽也用逻辑的方法，但不片面、单纯而是带有辩证的意味，这与他的中观思想是一致的。中观不片面讲空，不片面讲假，二者统一不分离才是中，就是比较辩证地看问题。这种方法对大乘发生了极大的指导作用，后来的大乘学者对此都有进一步的发展。龙树在这里指出了方向，也提出了问题，这就是人们在思想上怎样运用概念的问题。龙树以为若运用概念会落入戏论，这是自然的，如果叫它不落入戏论就会有矛盾，矛盾怎样解决，这就是他所提出的问题。他所指出的这个方向以及他的解决问题的方法，对后来大乘的理论发展是有影响的。①

　　鉴于《中论》高度凝结了中观学派的思想与思维方式，而鸠摩罗什所译《中论》系统贯彻了龙树中观思想的基本精神，且对中国佛教发展影响深远，本书以罗什所译《中论》为中心探讨大乘般若中观学否定语言概念、论证诸法实相毕竟空的过程中所运用的辩证思维以及论法特征。

## 第二节　　"八不中道"的辩证思维

　　缘起论是佛教哲学的理论基础和核心，其基本含义是"此有故彼有，此起故彼起"②，"此无故彼无，此灭故彼灭"③，即事物相依相待，任一存在者与其他存在者处于普遍联系的状态中，没有孤立而永恒的存在者，故"无我""无常""无自性""性空"。般若中观学派从"八不中道"角度论缘起，缘起事物即现象即本质即空，非分析后认识到的空，而是直观诸法实相当体空、毕竟空。所以"八不中道"亦称为"八不缘起""中道缘起"。

　　"八不"是指"不生不灭，不常不断，不一不异，不来不出"。"八不"首先在《中论》开首的"归敬颂"中出现：

　　　　不生亦不灭，不常亦不断，不一亦不异，不来亦不出；能说是

---

① 吕澂：《印度佛学源流略讲》，上海人民出版社，2005，第 104～105 页。
② （刘宋）求那跋陀罗译《杂阿含经》卷 12，《大正藏》卷 2，第 84 页下。
③ （刘宋）求那跋陀罗译《杂阿含经》卷 10，《大正藏》卷 2，第 67 页上。

因缘，善灭诸戏论，我稽首礼佛，诸说中第一。①

"八不"是龙树以否定式思维方式，全面破斥"生灭"、"常断"、"一异"及"来去"这四对涵盖宇宙人生全部内容的范畴，论证只有运用般若中观学中道思维，才能正确认识诸法实相。

在"生灭""常断""一异""来去"这四对范畴中，"生灭"讨论的是世界万有存在的本原问题；"常断"讨论的是世界万有的连续性和中断性问题；"一异"回答的是世界万有的同一性和差别性问题；"来去"是讨论世界万有是否转化出来的问题。② 对于这四对范畴的关系，青目解释曰：

> 若无生何得有灭？以无生无灭故，余六事亦无。问曰：不生不灭已总破一切法，何故复说六事？答曰：为成不生不灭义故。③

根据青目解释，"生灭"这对范畴是"八不"的核心，"常断""一异""来去"都是围绕"生灭"而展开。按照这四对范畴之间的逻辑关系，"生灭"这对范畴是讨论世界万有存在的可能性或存在的逻辑前提问题，"常断""一异""来去"则是对世界万有性质的进一步说明，没有"生灭"问题也就谈不上对"常断""一异""来去"问题的讨论。从概念辩证思维角度，概念的矛盾是由概念的自我否定而发展出的概念和概念自身的矛盾，"生"与"不生"概念辩证关系既反映出"生灭"范畴的内涵，也构成了"八不中道"概念辩证思维的核心内容。

## 一　"生"与"不生"的概念辩证思维

### 1. "生"与"不生"的辩证思维指向

"生"的否定即"不生"，"不生"也就是没有"生"，没有"生"自然也就无从谈"灭"。青目在注释中补充了龙树对外道几种"生"论模式的批判，主要有：

---

① 龙树：《中论》卷1，（后秦）鸠摩罗什译，《大正藏》卷30，第1页上中。
② 参见任继愈主编《中国佛教史》第2卷，中国社会科学出版社，1985，第347页。
③ 龙树：《中论》卷1，（后秦）鸠摩罗什译，《大正藏》卷30，第1页下。

有人言万物从大自在天生，有言从韦纽天生，有言从和合生，有言从时生，有言从世性生，有言从变生，有言从自然生，有言从微尘生。①

"大自在天"和"韦纽天"指婆罗门教中的"湿婆"（Siva）和"毗湿奴"（Visnu）两神。"有人言万物从大自在天生，有言从韦纽天生"，是指"大自在天"和"韦纽天"的意志创生万物，此"生"论是属于神创论。

"有言从自然生"，是顺世论的"生"论。顺世论认为，世界上根本不存在什么主宰者和创造者，一切事物都是自然而有的，而且都由"四大"构成。②

"有言从世性生"，是数论派的"生"论。世性指数论派的自性。自性是一种处于未显状态的原初物质，是世界作为结果的最初的根本因。③

"有言从微尘生"，是胜论派的"生"论。微尘就是胜论派的极微说。胜论认为世间万物的基本物质要素是地水火风，即"四大"。"四大"被分为两类，一类指极微，一类指极微的复合物。……胜论认为极微是运动的，它们彼此结合，构成世上的物体。④

"有言从时生"，是把时间作为产生万物的根据。"因为时间有真实的实体，所以能够产生世间一切事物……佛教徒称之为时散外道。"⑤

"有言从和合生""有言从变生"，是指世界是由一个根本的原因转变而来的观点，数论派、瑜伽派、吠檀多派都持此论，但各派对此根本的原因持不同观点。⑥

从青目所列龙树所评判的上述"生"论看，这些"生"论具有以下一些共同特征。

第一，这些"生"论讨论的主题都是从宇宙生成论的角度探求世界的本原；第二，这些"生"论都试图在经验世界之外寻找万物所以存在

① 龙树：《中论》卷 1，（后秦）鸠摩罗什译，《大正藏》卷 30，第 1 页中。
② 参见姚卫群《印度哲学》，北京大学出版社，1992，第 13 页。
③ 参见姚卫群《印度哲学》，北京大学出版社，1992，第 51 页。
④ 参见姚卫群《印度哲学》，北京大学出版社，1992，第 58 页。
⑤ 〔印度〕乔荼波陀：《圣教论》，巫白慧译释，商务印书馆，2007，第 28 页。
⑥ 参见姚卫群《印度哲学》，北京大学出版社，1992，第 58 页。

的原因和根据；第三，这些"生"论的"生"是有别于"生者"即实体概念所指的能生之物与所生之物的产生或创生。上述"生"论的宇宙生成论模式决定了这些"生"论不可能以纯粹的概念思辨超越经验世界，也反映出龙树对上述以宇宙生成论探求世界本原的思维方式的批判。

与上述"生"论探求世界本原的出发点不同，佛陀对涉及世界本原的一系列问题如世界是永恒的还是非永恒的、世界是有限的还是无限的、世界在时间上是否有开始、灵魂与肉体是否合一、如来死后是否还存在等问题是拒绝回答的。[①] 原始佛教继而以业感缘起把人的存在状态作为考察中心，把人生现象分析为从无明到老死十二个部分即十二因缘，通过对既定的生命形态作横向的既有生命和纵向的不同生命形态的实存分析，揭示人的存在状态是处在三世两重因果链之中，无常的生命轮回是人的存在的根本形式，其根本原因在于人们由于无明执着无常之我为常我而陷入生死轮回。业感缘起论进一步把探究世界本原的"生"论转换为对人的存在论分析，也就不探究人从哪里来以及人与世界的关系等涉及哲学终极目标的问题。

佛陀以"十四无记"拒绝回答世界本原的问题以及原始佛教业感缘起论对人的存在论分析表明：第一，佛陀已经试图超越人类理性追问的诸如有限与无限、永恒与暂时、有始与无始等所面对的二元对立，一如穆蒂所言"佛教的辩证法与焉诞生"[②]；第二，以"人"为中心的考察，表明佛教的辩证思维并不以探求宇宙万物的终极本原为目的，而是关注人的现实生存、解脱问题。而要解决人的现实生存、解脱问题，又必须首先对经验世界做出正确的解释。所以，吕澂指出："佛家的辩证法不仅是客观现象中辩证性的反映，而特别侧重于主客观交涉上面辩证的意义。这和佛家没有纯粹宇宙观，而只是联系人生问题去寻求现前存在现象实

---

① 据《杂阿含经》卷 5、12、14、32、34 记载，佛陀"十四无记"，即对"外道"所提出的十四件事情均回答"无记"（指不回答，不下判断）。《阿毗达磨俱舍论》云："诸契经中说十四无记事"（玄奘译《阿毗达磨俱舍论》卷 19，《大正藏》卷 29，第 103 页上）。《劝发诸王要偈》云："十四无记论，佛说不应思"（僧伽跋摩译《劝发诸王要偈》卷 1，《大正藏》卷 32，第 750 页下）。《法华义疏》云："第五不可说者即是十四无记也"（吉藏《法华义疏》卷 8，《大正藏》卷 34，第 559 页下）。

② 〔印度〕穆蒂：《中观哲学》，郭忠生译，蓝吉富主编"世界佛学名著译丛"第 64 册，华宇出版社，1988，第 10 页。

相的一点极有关系。"①

　　根据青目注释"又为已习行有大心堪受深法者,以大乘法说因缘相。所谓一切法不生不灭不一不异等,毕竟空无所有"②,佛陀在教导了十二因缘以后,又对接受、并且深入理解了十二因缘的大乘徒众说了更深奥的法门——因缘相和毕竟空。龙树对外道"生"论的批评正是要揭示,宇宙生成论的"生"论的问题意识和思维方式本身是错误的、无意义的,因此其一切论证都不可能成立。但是,基于缘起论本身的特点,即它不是要超越经验世界、为经验世界寻求一个形而上的根据,而是立足于经验现象的分析,所以,龙树的"八不中道"又要驳斥任何为经验世界寻求形而上根据的理念。龙树这种既破斥经验世界的自性,又驳斥理性对超验世界形而上探求可能性的最终目的是要推求——缘起性空。中观学派的缘起性空并非宇宙生存论的讨论,也非逻辑分析推论,而是通过彻底否定的思维方式破斥人们对生、灭、常、断、一、异、来、去这八个认识经验世界概念的自性,从而揭示"缘起相"的根本,阐释毕竟空义,直观缘起即性空。

　　2. "生"与"不生"的概念辩证

　　"生"是什么?"生"有自性吗?"生"如果有自性就意味着有实在的"生",有实在的"生"就意味着有实在的"灭"。龙树认为,小乘说一切有部以"生"为实在的"生",大乘方广部以"灭"为实在的"灭",所以偏于空有、执着两端。龙树认为,不能把"生"作为一个具有实指的概念③,因为具有实指的概念会具有一种自性的意义指向,就会把"生"作为实体、实在的生,而这会造成诸多矛盾。

　　(1)"生"非"生"

　　龙树认为,小乘说一切有部以"生"为实指的概念,把"生"作为实在的生,却面临"生"之不可能,即"不生"。

　　小乘说一切有部把"生、住、灭"三相作为"有为法"之所以具有

---

① 吕澂:《佛家辩证法》,张曼涛主编《佛教逻辑和辩证法》,《现代佛教学术丛刊》第21册,大乘文化出版社,1979,第342页。

② 龙树:《中论》卷1,(后秦)鸠摩罗什译,《大正藏》卷30,第1页中。

③ 理性主义的实体概念是种加属差,由逻辑的规定性决定。经验主义的实体概念是知觉中的直观印象或观念。

"生、住、灭"三相变化的永恒不变的实体。《中论》记载云："有为法有三相，生、住、灭；万物以生法生，以住法住，以灭法灭，是故有诸法。"① 对此，龙树批驳道：

> 若生是有为，则应有三相；若生是无为，何名有为相？三相若聚散，不能有所相，云何于一处，一时有三相？若谓生住灭，更有有为相，是即为无穷，无即非有为。生生之所生，生于彼本生，本生之所生，还生于生生。若谓是生生，能生于本生，生生从本生，何能生本生？若谓是本生，能生于生生，本生从彼生，何能生生生？若生生生时，能生于本生，生生尚未有，何能生本生？若本生时，能生于生生，本生尚未有，何能生生生！②

佛教把一切法分为有为法和无为法两类。龙树认为，生不能归入其中任何一类。"生"不能是无为法，不能由无为法生出有为法，因为"无为"的定义即"灭有为"，所以"生"应是有为法。但如果"生"是有为法，就应该符合有为法的规定，具有生、住、灭三相，那么"生"就具有生之生、生之住、生之灭三相，住、灭也必各有三相，这样一"生"就具九相。这样的推论就产生了如下矛盾。

首先，生与生之住和生之灭两相冲突，因为，生与住、灭矛盾，不能共存。

其次，生更有生、住、灭三相，三相中的每一相又有三相，以至无穷，这就会导致无穷追溯，生就具有无穷相。具有无穷相即无任何规定性即不具任何相。

最后，生和生之生相的矛盾。若我们把原来的生称为"本生"，把生之生相称为"生生"，则"本生"和"生生"又是什么关系呢？是"生生"产生"本生"，抑或"本生"产生"生生"？两者都不能成立。因为没有生之生相，则不能叫作生；没有生则没有生相。

所以，生也不能是有为法。生既然既不是有为法也不是无为法，所以没有生。

---

① 龙树：《中论》卷2，（后秦）鸠摩罗什译，《大正藏》卷30，第9页上。
② 龙树：《中论》卷2，（后秦）鸠摩罗什译，《大正藏》卷30，第9页上。

（2）"生"是"不生"

龙树认为，如果"生"是一个实指的概念，那么从时间序列上"生"与"不生"就会面临如下的困境：

> 此生若未生，云何能自生？若生已自生，生已何用生？生非生已生，亦非未来生，生时亦不生。①

生到底生了没有？如果生还没有生，怎么能说是自己生呢？如果生已经自己生了，已生了还用生么？生本身不能是"已生"将之生出，也不能是"未生"将之生出，"生时生"也就是不生。

龙树认为，"已生"则生已经完成，不能有生，故无生；"未生"则生还未有，也不能有生，故亦无生。除此之外，只有"生时生"。对于"生时生"的问题，龙树认为如果"生时生"则会产生一法有二体的谬误，即究竟是"生时"生还是"生法"生；如果把"生"视为一个实指的概念，就会有如下推论：

> 若言生时生，是能有所生，何能更有生，而能生是生。②

就是说，"生时生"作为实体仍须有能生者，能生者复有能生者，以至于无穷。

综上所论，龙树认为，如果把"生"视为实指的概念，如果"生"有自性，就会导致"生"非"生"（A非A）、"生"是"非生"（A是非A）的矛盾。这样，小乘说一切有部以"生"为实体作为世界的本原的论点就不攻自破了。同时，因为"生"非"生"的矛盾故"不生"，"生"是"非生"的矛盾故"不灭"。

3. 龙树的"生"与"不生"与黑格尔的"有"与"无"

显然，龙树揭示"生"是一个没有任何指涉的描述性概念。"生"本身，作为生的"生"，是不可规定的；因为要规定"生"时，"生"又生了，只能规定的是生者，而不是"生"本身。所以，"生"总是关联着生的所有内容，但没有任何质的规定性。从概念的自我否定角度，这

---

① 龙树：《中论》卷2，（后秦）鸠摩罗什译，《大正藏》卷30，第10页上。
② 龙树：《中论》卷2，（后秦）鸠摩罗什译，《大正藏》卷30，第11页上。

一点与黑格尔在有无关系中对"纯有"的论述有相似之处。但龙树所讨论的"生"与"不生"的辩证关系与黑格尔对"有"与"无"辩证关系的论述有着明显的差别。

黑格尔是概念辩证思维的集大成者，他超越了之前的学者把概念辩证思维推向了前所未有的高峰，概念辩证思维也是黑格尔庞大而精微的哲学体系中的灵魂。基于西方哲学的理路，黑格尔的概念辩证思维既是其哲学体系的本体论，又是逻辑学和方法论，"有""无"关系则是其概念辩证思维展开的逻辑起点。在其《逻辑学》一书中，黑格尔对"有""无"关系做如下表述：

> 有、存有——没有任何更进一步的规定。有在无规定的直接性中，只是与它自身相同，而且也不是与他物不同，对内对外都没有差异。有假如由于任何规定或内容而使它在自身有了区别，或者由于任何规定或内容而被建立为与一个他物有了区别，那么，有就不再保持纯粹了。有是纯粹的无规定性和空。……有这个无规定的直接的东西，实际上就是无，比无恰恰不多也不少。……无、纯无；无是与它自身单纯的同一，是完全的空，没有规定，没有内容，在它自身中并没有区别……所以无与纯有是同一的规定，或不如说是同一的无规定，因而一般来说，无与纯有是同一的东西……每一方都直接消失于它的对方之中。①

黑格尔从纯粹的概念"有"与"无"出发，通过"纯有"与"纯无"之间转化的逻辑关系，推论"有"与"无"是统一的。正是概念的内在矛盾（有而无之，无而有之）促使概念自身经过"有—无—变"的历程，从无任何规定性的"纯有"过渡到了有具体规定性的"实有"，实现了概念的普遍性和特殊性的辩证统一。

如果以黑格尔对"有""无"关系的辩证思维为参照系检视龙树对"生"与"不生"的辩证思维，二者都从揭示概念辩证本性的角度通过揭示概念的内在矛盾来呈现其哲学致思方向，但也有明显之不同。

第一，黑格尔对"纯有"这一概念内在矛盾的揭示是为了说明有无

---

① 〔德〕黑格尔：《逻辑学》上卷，杨一之译，商务印书馆，1974，第69～70页。

对立的内在辩证统一。由概念自我否定而达到与自己的对立概念的统一，在黑格尔看来这就达到了对世界本质的认识。龙树对"生"的内在矛盾的揭示只是要通过否定"生"来说明"不生"的道理——没有"生"自然也就无从谈"灭"，"生"与"灭"是截然对立的。

第二，黑格尔对有无辩证关系的论述是为了说明纯粹抽象概念向现实具体概念实现，以及在这一过程中概念的抽象性与具体性、普遍性与特殊性达到辩证的统一，"变"在黑格尔概念辩证思维中是概念如何展开自我否定的逻辑环节。龙树认为"生"与"不生"是截然二分的，二者之间没有"变"的环节，只是保持着恒常的相对性。

第三，在黑格尔哲学体系中，推动有无对立统一、实现概念自我逻辑转化的是世界万有之所以存在的本原——绝对精神，这也就是黑格尔哲学的本体论。龙树对"生"的否定，并不是为世界万有寻求一个立根之本；相反，龙树通过否定"生"来否定"灭"，通过对"生"与"灭"的双边否定正是要破除任何在本体论意义上为世界寻求支撑的观念，进而凸显作为宇宙人生最高真实的"空"的不可思议，寻求以般若智慧当体明空而毕竟空。

## 二　"生"与"不生"的因果辩证思维

吕澂指出："佛学的根本思想，就在于正确地说明因果现象，即说明所谓缘起的道理。"① 在"八不"中，"生"与"不生"的关系涉及因果关系、时空关系、运动变化、普遍性与特殊性等诸多方面，其中因果关系是统摄其他辩证范畴的核心。鉴于龙树对因果关系论证繁复，本书以"生"与"不生"为核心探讨龙树对待因果关系中的辩证思维。

从因果关系上，"生"通常是两个事物的联结，或一个事物的不同状态之间的联结，或说一个相续的状态，生必然含着能生者和被生者，即因生果。龙树认为，所有的"生论"都可以归约为因果论。通过对因果关系的全面否定，龙树一方面拒斥了理性对形而上的探求，一方面对经验知识进行了全面解构。

---

① 吕澂：《印度佛学源流略讲》，上海人民出版社，2005，第99页。

1. "生"与"不生"的因果性检讨

总结罗什所译《中论》，龙树对外道四种因果关系进行了批驳。

第一是"因生果"论。龙树批驳："因是法生果，是法名为缘；若是果未生，何不名非缘？"① 因生果才能是因，果尚未生，因就不能说是因。

第二是"果待因"论，即"若法因待成，是法还成待；今则无因待，亦无所成法"②。若果需因，果未生之前，生成它的因是不能成立的；若果已生成，则生成它的因则无任何作用。

第三是"因中有果"和"因中无果"论，即"果先于缘中，有无俱不可；先无为谁缘？先有何用缘？"③ 果已存于因中，果本来已生；若因中无果，何以生果？

第四是"因变果"论，即"若因变为果，因即至于果，是则前生因，生已而复生"④。若因变为果，因就等于果，因的作用随即已失，故要变为果，还需此因，如此则"生已而复生"。

通过龙树对外道上述四种因果关系的批驳，可以认为，外道理解的因果关系具有这样的性质：因果关系是两项性质不同之法或者事物之间的关系，它们具有一种时间序列和逻辑先后，同时也是"生"的决定性关系。龙树对因果关系的进一步检讨正是在此基础上展开。据青目注释，龙树继续追问道：

> 或谓因果一，或谓因果异；或谓因中先有果，或谓因中先无果；或谓自体生，或谓从他生，或谓共生；或谓有生，或谓无生。⑤

归纳罗什所译《中论》偈颂，龙树对因果关系的判定不出以下四种情况。

第一，因果同异。

因果是一种关系，那么因果是同还是异？龙树认为：

① 龙树：《中论》卷2，（后秦）鸠摩罗什译，《大正藏》卷30，第15页中。
② 龙树：《中论》卷2，（后秦）鸠摩罗什译，《大正藏》卷30，第9页上。
③ 龙树：《中论》卷1，（后秦）鸠摩罗什译，《大正藏》卷30，第2页下。
④ 龙树：《中论》卷3，（后秦）鸠摩罗什译，《大正藏》卷30，第26页下。
⑤ 龙树：《中论》卷1，（后秦）鸠摩罗什译，《大正藏》卷30，第1页下。

　　　　因果是一者，是事终不然；因果若异者，是事亦不然。若因果
　　　是一，生及所生一；若因果是异，因则同非因。①

　　如果因果是同，则不应该叫作因果关系，而是一个事物，一个事物
不能有两相不同的联结关系；如果因果是异，那么果未生之时，因则不
存在，也不具有因果关系。如果因果是同，那么生（因）与所生（果）
是同，则不存在因果关系；如果因果是异，那么生（因）与所生（果）
不同，因则不是产生果的因，也不具有因果关系。
　　第二，因果先后。
　　龙树对"因生果"、"果待因"、"因中有果"和"因中无果"、"因
变果"的批驳已经证明，"生"在时间序列和逻辑先后也不具有因果
关系。
　　第三，四门论生即自生、他生、共生、无生。
　　自生是绝对不能成立的，因 A 生 A，则与生之义矛盾，自己产生自
己等于没有产生。
　　他生也不成立，因非 A 生 A，非 A 与 A 相反。
　　自生和他生不成立，则共生更不成立，因为 A + 非 A 生 A 不成立。
　　所以最后只有无生，而无生则否定因果论。
　　第四，有生、无生。
　　这是批判前述小乘说一切有部以"生"为实在的生的观念，无论有
生还是无生都否定了因果论。
　　2. "生"与"不生"之时间序列与逻辑共时问题
　　从上述龙树对因果关系的概括中可以看出，龙树对因果关系的检讨
重点放在两个方面：其一，因果关系是一种内在关系论吗？也就是说，
因果关系是否是因果成为两项以及因果两项构成的整体的内在关联性？
其二，因果论是一种外在关系论吗？即因果关系是两项不同事物或一个
事物的不同状态的恒常联结的时间序列，时间上的在先者对在后者是否
具有决定性的在先？龙树对以上问题的追问实际指向的是因果论的限度
问题，即因果关系仅是一种经验的运用还是可以超越经验？因为时间上

---

　　① 龙树：《中论》卷3，（后秦）鸠摩罗什译，《大正藏》卷30，第27页中。

的先后并不能划分出经验世界和超验世界，只有从纯粹概念的逻辑推论才能进入超验世界，而"生"的无任何质的规定性让"生"在时间序列和逻辑共时上存在矛盾。

（1）龙树对内在关系因果论之批判

内在关系因果论强调的是，因果关系是因果成为两项以及因果两项构成的整体的内在关联性，也就是说因果关系的本质是由因果两项的总体的性质构成的，并且具有实质的内在性关联。根据上节龙树对因果同异、因果先后的检讨，我们可以进一步做如下分析。

假如我们用 ARB（R 代表内在因果关系）来表示一种两项事物 A 与 B 的因果关系，那么：

第一，这种次序不能够颠倒，不是一种互为因果的关系，即 ARB≠BRA。

第二，作为内在因果关系 R 使 A、B 两项的性质发生了变化。

我们用 A、B 表示它们的本来面目，而用 AR 表示 A 作为原因的状态，用 BR 表示 B 作为结果的状态，那么：

从第一点出发，A 相对 B 必须有一种时间上的在先，如果 A 在 B 之后或与之并列，则 A 不能作为原因。但是当 B 没有被产生的时候，A 只能作为 A 本身存在，而不能作为 ARB 的一项存在，即 A 只是 A 而不是原因。这时的 A 对于 B 来说与非 A 没有任何区别，A 与 AR 有着绝对的不同，故 R 不存在。

从第二点出发，R 决定了 AB 两项同时具有，但 R 的因果性逻辑上要求 A 必须先于 B。但是，如果 A、B 共时，则 R 不成立；如果 A、B 不共时，当有 B 的时候 A 已经不存在，则 A 等于 0，那么 B 的原因是 0，所以 R 也是 0，故 R 不存在。

（2）龙树对外在关系因果论之批判

外在关系因果论可以表述为两项不同事物或一个事物的不同状态的一种恒常联结，这种恒常联结是我们对已有经验的归纳。青目以日常经验所释的谷种与谷子关系因为恩格斯和黑格尔都曾以之为例来阐明其中辩证关系，历来为研究者所重视。从因果关系来看，青目以日常经验所释的谷种与谷子关系也反映了龙树因果关系外在论的观念：

> 万物无生，何以故？世间现见故，世间眼见初谷不生。何以故？离劫初谷，今谷不可得。若离劫初谷有今谷者，则应有生，而实不尔，是故不生。
>
> 问曰：若不生则应灭？答曰不灭。何以故？世间现见故。世间眼见劫谷不灭，若灭，今不应有谷，而实有谷，是故不灭。
>
> 问曰：若不灭则应常？答曰不常。何以故？世间现见故。世间眼见万物不常，如谷芽时，种则变坏，是故不常。
>
> 问曰：若不常则应断？答曰不断。何以故？世间现见故。世间眼见万物不断，如从谷有芽，是故不断，若断不应相续。
>
> 问曰：若尔者万物是一？答曰：不一。何以故？世间现见故。世间眼见万物不一，如谷不作芽，芽不作谷，若谷作芽，芽作谷者，应是一，而实不尔，是故不一。
>
> 问曰：若不一，则应异？答曰：不异。何以故？世间现见故。世间眼见万物不异，若异者何故分别谷芽、谷茎、谷叶，不说树芽、树茎、树叶，是故不异。
>
> 问曰：若不异，应有来？答曰：无来。何以故？世间现见故。世间眼见万物不来，如谷子中芽无所从来。若来者，芽应从余处来。如鸟来栖树，而实不尔，是故不来。
>
> 问曰：若不来应有出？答曰：不出。世间现见故。世间眼见万物不出，若有出，应见芽从谷出，如蛇从穴出，而实不尔，是故不出。①

青目从世间现见的经验出发，以谷种和谷子的关系形象地说明了一个事物相续的不同状态，以论证不生不灭、不一不异、不常不断、不来不去。假若离初谷而有我们经验世界之谷，则应有生，而逻辑上离开初谷是不能有我们经验世界之谷（逻辑上必然要有生此谷的初谷），故不生；假若有灭，那么初谷灭断，我们在经验世界应看不到谷，但实有谷，

---

① 龙树：《中论》卷 1，（后秦）鸠摩罗什译，《大正藏》卷 30，第 2 页上。

故不灭。

我们可以把谷种作为因，把谷子作为果，用 $A_1$ 和 $A_2$ 来表述一个事物的相续的不同状态：

$A_1$ 不永远是 $A_1$，如经验世界谷芽时则谷种坏，故因果不常；

有 $A_1$ 以至于 $A_2$……$An$，如经验世界有谷种而有谷芽、谷茎、谷叶……，故因果不断；

$A_1$ 和 $A_2$ 不一，因为 $A_1$ 和 $A_2$ 显然有别，如经验世界谷种与谷子显然有差别，故因果不一；

$A_1$ 和 $A_2$ 不异，因为 $A_1$ 和 $A_2$ 不是 A 与非 A 之别，如经验世界谷种与谷子都是谷，故因果不异；

$A_1$ 和 $A_2$ 不来，因为 $A_1$ 和 $A_2$ 不是 A 与非 A 之别，有 $A_1$ 以至于 $A_2$……$An$，$A_2$……$An$ 来自 $A_1$，故不异应来（由 $A_1$ 转化而来）；但如经验世界中谷种是谷种、谷芽是谷芽，谷芽无从所来，故因果不来（非由因及果）；

$A_1$ 和 $A_2$ 不去，因为 $A_1$ 和 $A_2$ 不来，$A_2$……$An$ 不是来自 $A_1$，故不来应去（非由 $A_1$ 转化而来）；但如经验世界中谷种中生出谷芽而非谷芽自己从谷种生出，故因果不去（由因及果）。①

由上所论可见，龙树认为因和果两项是"不一不异"的关系。因为不一，它们不是同一的，故"不去"，同时又非"常"（恒常）；因为不异，所以它们建立不起因果关联，故"不来"，同时又非"断"（断灭）。所以，经验世界两项不同事物或一个事物的不同状态的一种恒常联结并没有普遍的必然性。

3. 对龙树因果辩证思维的检讨

因果论对理性主义者而言的意义是，人类能够由之而推论出普遍必然的知识，因为一切推论无不由因及果，所以我们可以将之运用于超验范围内成为寻求世界终极本原的钥匙。龙树对内在关系因果论的批判，是要揭示因果关系自身不存在决定性或者是自性，所谓让 A、B 两项成

---

① 此处理解的关键在于："应见芽从谷出，如蛇从穴出，而实不尔，是故不出。"常识所见，芽从谷出，蛇从穴出，但龙树为什么却说"实不尔"？龙树表达的是，蛇是自己从穴中出，芽是自己从种中出。联系前文所析因果关系可知，龙树意谓种为因、芽为果，因生果而非果自生。

为 ARB 的 R 只是我们把 A、B 两项事物的印象在头脑中恒常联结后做出的一种假立，运用这种假立的因果性所进行的推理就没有什么普遍必然性了。而龙树对外在关系因果论的批判揭示，经验世界中看似由因及果的现象存在矛盾，因果关系是不一不异，只是保持着普遍相对性，也不具普遍的必然性，所以经验世界只是看似由因及果的假象。

对于因果辩证关系，黑格尔认为：

> 实体在如下情形下，即是原因：即当实体在过渡到偶性时，反而返回到自身，并且，因而是原始的实质，但同时又扬弃它的自身返回或扬弃它的单纯可能性，以设定其自身为它自身的否定者，从而产生出一种效果，产生出一种现实性。……果之为果在于设定它的原因，但这种设定性也同样是自身反映和直接性。……在相互作用里，因果关系虽说尚未达到它的真实规定，但那种由因到果和由果到因向外伸展直线式的无穷进程，已得到真正的扬弃，而绕回转变为圆圈式的过程，因而返回到自身来了。①

黑格尔对因果辩证关系的表述是其概念辩证法的反映即概念通过自身否定而发展，实现从抽象到具体的辩证统一。概念的这种发展表现在因果辩证关系中就是因与果不是纯形式的截然对立，而是形式与内容的辩证统一，由因而所及的果就在因自身内，故因果不异；在概念自我实现的历程中，通过相互作用，因与果相互转化，故因果不一。因果关系只是世界的普遍联系之网上的一个环节、一个片断。只有当我们把所要考察的对象从世界的普遍联系之网上抽取出具体内容时，才能确定谁是原因，谁是结果。所以，恩格斯曾这样论述：

> 原因和结果这两个概念，只有在应用于个别场合时才有其本来的意义；可是只要我们把这种个别场合放在它和世界整体的总联系中来考察，这两个观念就汇合在一起，融化在普遍相互作用的观念中，在这种相互作用中，原因和结果经常交换位置。②

---

① 〔德〕黑格尔：《小逻辑》，贺麟译，商务印书馆，1980，第 316~319 页。
② 《马克思恩格斯选集》第 3 卷，人民出版社，1972，第 62 页。

由是观之，龙树从因果关系的逻辑先后和时间序列的矛盾出发否定因果关系存在的必然性的原因，是将因与果的形式与内容脱节：形式上，因就是因，果就是果，因果之间没有必然的内在转化条件；内容上，一种现象或存在或不存在，没有即存在又不存在的现象，由此通过否定因果关系来否定经验世界以及任何思维构造之观念具有自性。

# 第三节 《中论》的辩证思维与论法特征

## 一 双边否定的辩证思维方法

龙树是以因果关系为核心，以生灭含摄一异、来去、常断这些辩证范畴，通过揭示这些范畴的内在矛盾，阐明以生灭、一异、来去、常断揭示诸法实相都是边见，诸法不生不灭、不一不异、不来不去、不常不断才是世界万有的本质——缘起性空。世界万有的本质虽然是空，但表述事物的概念是有。小乘说一切有部认为一切事物的构成要素是五位七十五法，这些法是实有的，有自性的。这种理论发展到最后，又把各种法的实质仅看成概念的存在，概念变成唯一的实在。龙树认为，概念只是假名，假名虽有，但非实有，亦无自性。

在"八不中道"中，龙树用"生灭""常断""一异""来去"四对范畴代表所有的一切分别法，其实要否定的不止这四对范畴，龙树《大智度论》卷七十四中举出了"生灭""增减""垢净""来去""一异""常断""有无"等14对范畴，《中论》中还可以总结出"有无""长短""高下""染净""生死""苦乐""缚与解""无性与有性""相续与不相续""过去与现在""众生和如来""有为法和无为法"等范畴。这些范畴的共同特征是构成范畴的概念互相对立又互相依赖，即依A才有B的同时依B才有A，这种关系也可说是因待关系。根据龙树的使用，这些辩证对立的概念可以分为两类，一类是日常语言概念，是指从感觉、经验的对象抽象而来的概念，其意义指向对象A并通过对非A的逻辑规定而获得，比如生死、苦乐、长短、高下等。事实上，在经验世界中，我们的语言和思维都限于这种因待关系之中，因为凡概念所规定之A，即兼规定了非A，本质上我们是通过非A来确定A。另一类是逻辑概念，是指从概念间逻辑关系推论而来，运用于超验世界，我们并不能在经验世界证明，比如生灭、常断、一异、来去、无性与有性、相续与不相续等。

龙树认为，这些相互依赖又相互对立的概念都是"虚妄分别之假立"，"一切分别皆虚妄"，都是我们误用语言概念而造成的语言游戏——"戏论"。龙树通过对两个相互依赖又相互对立的概念同时进行否定，论证经验世界的日常语言概念和超验世界的逻辑概念之虚妄，不存在任何由思维构造的真实，更不可由这些虚妄的语言概念推导出一个真实世界——诸法实相。

1. 对日常语言概念的双边否定

对于两个相互依赖又相互对立诸如长短、美丑、上下、善恶、染净等概念，龙树认为它们不能单独存在，也不能作为一个单独的述谓。因为没有参照系和关系的比较，它们是不可理解的。比如没有长为参照系，短就无意义；没有短做参照系，长就无意义。若有比此长更长的长，此长则为短——长的短；若有比此短更短的短，此短则为长——短的长。依此类推，则会有美的丑，丑的美；善的恶，恶的善等无意义表述。《中论》有许多这样的辩证对立概念，龙树常常通过同时对双方进行否定来证明概念的虚妄。兹举一例说明：

> 若使先有生，后有老死者，不老死有生，不生有老死，若先有老死，而后有生者，是则为无因，不生有老死。生及于老死，不得一时共，生时则有死，是二俱无因。①

如果先有生后有老死，从生言，既然生，就有不老死的生；从老死言，既然老死，就有不生的老死。如果先有老死后有生，则没有生就有老死，老死是无因生。生与老死同时共存，则生的时候就是老死，生和老死都成为无因生。这样龙树通过对生与老死同时进行否定，证明生和老死都是没有决定相，是无自性的。

另外，对于一些日常用语名词，如"父子""师徒"等辩证对立的概念，它们貌似有严格的因果逻辑关系，但龙树认为，这些概念其实仍

---

① 龙树：《中论》卷2，（后秦）鸠摩罗什译，《大正藏》卷30，第16页上。

然无意义。龙树在《中论·观因果品》中说："若众缘合时，而有果生者，生者及可生，则为一时俱。"① 青目注释举父子不得一时生之例，驳斥生者可生者可同时俱，其实这也是因果同异问题。问题是，我们把父子这对相互对立又相互依赖的概念做如下分析就得到两个同时相反的陈述：我们可以说，A. 父亲生了儿子（时间上父先子后）；其实我们也可以说，B. 儿子生了父亲（逻辑上只有儿子之生才有父亲之名）。这个矛盾是时间在先和逻辑在先的矛盾：时间上应该是父亲在前儿子在后，但逻辑上儿子和父亲则应该同时产生甚至儿子在先。但这个矛盾是假立的，这在于我们混用了概念：A 的主词（父亲）的用法是错误的，父亲和有儿子之前的人并不是同一个主词。当我们厘清了概念之后，这个矛盾就不复存在。我们可以这么表述前面两个命题：

　　A. 有某甲生了儿子小甲；

　　B. 小甲使某甲由男人成为一个父亲。

　　第一个命题严格按照概念的时间序列表述，第二个命题严格按照概念的逻辑序列表述，这两个命题并不矛盾。龙树批判的是，我们把父亲和男人当作了一个，认为是有确定内在本质的、具有自性的同一实体。其实，这些对于一些貌似有严格因果关系的概念都不是具有内在实质的实体，像某人是一个父亲、老师等这些都是没有意义的陈述。没有儿子的人不能被叫作父亲，没有学生的人不能被叫作老师，他们的存在依赖与另外的一种事物的关系，而这就决定了这些概念无自性。

　　经验世界的一切都可以归入二元对立的范畴，但是，这些二元对立的范畴没有我们通常意味的内在本质，都是没有自性的。龙树说：

　　　　若法因待成，是法还成待，今则无因待，亦无所成法。若法有待成，未成云何待？若成已有待，成已何用待？②

　　如果是因待关系（即相互依赖互为因果，也可以说是相互对立互为因果），其本身是我们假立的名字，这种互为因果的性质或属性不是其本

① 龙树：《中论》卷3，（后秦）鸠摩罗什译，《大正藏》卷30，第26页下。
② 龙树：《中论》卷2，（后秦）鸠摩罗什译，《大正藏》卷30，第15页中。

身具有的，而是我们以主观思维和意念将之附加于因待关系之名上。龙树想说明的是，如果这些二元对立的概念之一有自性，可以单独存在，那么一个孩子永远不可能长大成为一个大人，芸芸众生就永远不可能成解脱成佛，杂染污秽的世俗世界就永远不可能成为圣洁清净佛国净土。

2. 对逻辑概念的双边否定

逻辑概念是指通过概念和概念之间的逻辑推论而得到规定，理性主义者总是希望通过这种纯粹概念的逻辑推演来突破感觉和知性的限制而运用于超验世界，从而为宇宙万有寻求终极依据。在西方哲学史上，康德在运用纯粹概念的推论去认识世界终极原理——时间开始问题、世界的单一性问题、因果必然性问题和最高概念"是"的问题时，却面临"二律背反"的难题——辩证的幻相，深刻地揭露了人类认识过程中将主观的必然性作为客观的必然性所暴露的矛盾。《中论》中，龙树也采用了类似康德的论法在形而上领域对理性运用概念所产生的矛盾进行了揭露，如前文所述，在"八不"中，龙树以世界是否存在生灭为核心，从生与不生都不成立论证不生不灭，从因果同一、因果相异都不成立论证不一不异；同样，龙树也采用双边否定的方式论证时间及运动变化的虚妄性。在《中论·观时品》中，龙树通过揭示时间连续和时间不连续同时成立来论证时间的虚妄性：

　　　　若因过去时，有未来现在，未来及现在，应在过去时。若过去时中，无未来现在，未来现在时，云何因过去？

　　　　不因过去时，则无未来时，亦无现在时，是故无二时。以如是义故，则知余二时，上中下一异，是等法皆无。

　　　　时住不可得，时去亦叵得，时若不可得，云何说时相？因物故有时，离物何有时，物尚无所有，何况当有时？①

第一，龙树论证时间是连续的命题不能成立。如果因为过去中有未来和现在，那么未来和现在应在过去之中，即未来和现在都是过去，这是显而易见的矛盾。同样，过去中既然有未来和现在，过去也就不成为过去。《百论》中解释此义为："过去已堕未来相，云何名过去？"所以

————————

① 龙树：《中论》卷3，（后秦）鸠摩罗什译，《大正藏》卷30，第26页上。

时间是连续的命题不成立。

第二，龙树论证时间是不连续的命题亦不能成立。如果过去中没有未来和现在，那么过去、现在和未来三相是独立的，但是，过去又怎么能够当作未来、现在的因？根据青目解释："今不因过去时，则未来现在时不成，不因现在时，则过去未来时不成，不因未来时，则过去现在时不成。"① 因为有过去时，所以有现在时和未来时；因为有现在时，所以有过去时和未来时；因为有未来时，所以有过去时和现在时，时间三相是相因的。

第三，正是时间是连续的命题和时间是不连续的命题都不成立，所以时间是虚妄的。所以龙树说，时间是因为物而起，而物无自性，故时亦无自性。

康德运用二律背反是把时间开始问题、世界的单一性问题、因果必然性问题和最高概念"是"这四个问题都分为四对正反问题，通过论证每对正反问题都正确来揭示理性在超验范围内的运用导致的辩证悖论，来批判本体论，说明"物自体"不可知。龙树在超验领域运用逻辑概念，采用的是对正反相对的两个问题同时进行否定，来论证概念推论之虚妄，否定能够通过理性来把握诸法实相，更不存在有一个由语言概念构成的真实的超验世界。

## 二 "四句否定"的辩证思维方法

"四句否定"是印度佛教特有的思维方式，也是龙树倚重的思维方法。"四句否定"又叫穷举证法，即先列举某一命题包摄的一切可能情况，然后用归谬法一一加以否定，从而否定概念的实体性，② 其基本模式是"正""反""合""离"。"四句否定"将概念运用于判断、推理，部分合理地运用了逻辑形式并表现出一定的辩证形态，但"四句否定"之根本目标是截断人类理性思维之所有路径、否定人类理性思维的任何可能性，其本质是反逻辑、反理性的。《中论》中有多处使用了这种句法：

---

① 龙树：《中论》卷2，（后秦）鸠摩罗什译，《大正藏》卷30，第15页中。
② 华方田：《试论〈中论〉的思维方法》，《哲学研究》1980年第10期。

　　　　如来灭度后，不言有与无，亦不言有无，非有及非无。①
　　　　如来现在时，不言有与无，亦不言有无，非有及非无。②
　　　　诸法不自生，亦不从他生，不共不无因，是故知无生。③
　　　　一切实非实，亦实亦非实，非实非非实，是名诸佛法。④

　　其中，"诸法不自生，亦不从他生，不共不无因，是故知无生"即
"四门论生"，《中论》通过辨析"生"与"不生"的概念矛盾，彻底破
斥因果关系，全面瓦解经验知识和理性对形而上学的探求，逼显诸法实
相、缘起性空。而"一切实非实，亦实亦非实，非实非非实，是名诸佛
法"，则是"四句否定"的典型表达方式，意思是：一切事物都是真实，
一切事物都不是真实，一切事物同时是真实和非真实，一切事物既不是
真实也不是非真实。龙树从这四个层面穷尽人类理性分析事物的极限和
认识事物的态度：肯定，否定，两者并取，或者两者都不取。⑤"四句否
定"的句式可用如下公式表述：

　　　a. p；b. 非 p；c. p 且非 p；d. 非 p 非非 p

　　从逻辑上看，第一句和第二句是互相矛盾的；第三句是第一句和第
二句矛盾的综合和突破，对双边肯定但仍含有对立，是相对统一；第四
句是对第三句的超越，是对双边的否定，是绝对统一。前一种统一模式，
说明矛盾依因缘而生，依因缘而灭，所以有生有灭。这个统一是不彻底
的，因为矛盾的对立依然存在。后一种统一模式，说明矛盾依因缘而存
在，依因缘而不存在，所以它本无自性，无自性即"空"，是非有非无
的矛盾统一体。⑥
　　"四句否定"显然具有消解矛盾的辩证思维，但"四句否定"是不
是辩证法的关键在于对第四句的理解。对于第四句，有学者将 p 与非非

　①　龙树：《中论》卷4，（后秦）鸠摩罗什译，《大正藏》卷30，第35页下。
　②　龙树：《中论》卷4，（后秦）鸠摩罗什译，《大正藏》卷30，第35页下。
　③　龙树：《中论》卷1，（后秦）鸠摩罗什译，《大正藏》卷30，第2页中。
　④　龙树：《中论》卷3，（后秦）鸠摩罗什译，《大正藏》卷30，第24页上。
　⑤　吴汝钧：《印度中观学的四句逻辑》，《中华佛学学报》1992年第5期。
　⑥　巫白慧：《印度哲学》，东方出版社，2000，第362页。

p 等值，得出四句是否定之否定的观点。① 从纯形式逻辑上，非非 p 等于 p，那么第三句 p 且非 p 与第四句非 p 非非 p 相同。但龙树对因果关系和概念自性地破斥表明其显然不是要在逻辑上为人类理性寻求一个支点。因此，本书认为，"四句否定"的第四句彰显的是以智慧之心灵来破斥任何思维形式之约束，破除主体任何的执着，这也是对逻辑本身的消解，体现了"四句否定"的宗教意蕴。

若以黑格尔辩证法的"正、反、合"论证模式与龙树"四句否定"论法做一比较，第四句的破执之意向更为明显。第一句正命题"一切事物都是真实"，指见世间万有以为真有，此说偏于有而不见非有，见现象而不见本质。第二句反命题"一切事物都不是真实"，指见世间万有为非有，此说偏于非有而不见有，见本质而不见现象。第三句合命题"一切事物同时是真实和非真实"，指同时看到世间万有的有与非有，既见本质也见现象；但与此同时，心灵亦生有、非有、见本质亦见现象之观念。第四句则破斥执着于见有亦见非有、见本质亦见现象之观念，以智慧之心灵综合超越有无、本质与现象，心相寂灭、无有分别，卓然鉴照诸法实相，明缘起即性空而通达毕竟空义，此即为中观抑或观中。正如黄心川所指出的，龙树的这种辩证法是唯心的和不彻底的，与黑格尔一样，最终预设了没有矛盾的最高真实存在，在黑格尔那里是绝对精神或绝对智，而在龙树那里则是寂灭相、毕竟空、实相涅槃。空即无自性既非实体的存在，也无时空、因果等固定概念，用龙树自己的话来讲，是一种"相即相入，浑然一体"不可思议的境界，这充分表现了龙树辩证法的宗教性格。②

"四句否定"在思维形态上穷尽了人类思维的四重维度，本质上是用一元性思维整体把握世间万法。在思维方式上，前三句都有不断递进的层次，每一层次的递进都包含着对前一认识所产生矛盾的综合，这表现出人类认识的辩证的渐进过程。第四句则是通过否定前三重认识成果，克服任何认识结论所导致的 A 与非 A 之别——无论何种认识结论，A 一旦产生即有非 A，如此则无穷无尽。此义如维特根斯坦所言：

---

① 参见杨惠南《龙树的中论用了辩证法吗?》，《台大哲学评论》1982 年第 5 期。
② 参见黄心川《东方佛教论》，中国社会科学出版社，2002，第 34 页。

　　　　逻辑充满着世界；世界的界限也是逻辑的界限。因此我们在逻辑中不能说：这世界有的，而那是世界上没有的。因为这显然以我们排斥一定的可能性为前提，而这是不可能的，因为否则逻辑就必须超出世界的界限；这就是说如果它也能从另一方面来考察这些界限的话。我们不能思考的东西，我们就不能思考；因为我们不能说我们不能思考的东西。[①]

　　维特根斯坦所言的不能思考的、只能显现的，在龙树这里就是"言语道断、心行处灭"现观宇宙全体大全、体悟诸法实相，这也是对语言概念以及由人类理性运用概念思维探求形而上世界的彻底否定。

## 三　单极含摄多元的整体辩证思维模式

　　《中论》以"八不中道"的概念辩证思维为中心，运用"双边否定""四句否定"的辩证思维方法，通过彻底否定诸法万相、语言概念及思维形式之自性，逼显出诸法实相无相，旨在阐明以般若智慧现观诸法实相当体明空而毕竟空。从辩证思维方法论角度，本书把《中论》以概念辩证思维来否定理性思辨、最终回归以一元性整体思维直观诸法实相的思维模式称为单极含摄多元的整体辩证思维模式。

　　所谓单极，指《中论》依凭般若智慧以一元性整体思维对纷纭复杂的诸法万相进行直观性把握，既以无分别观念对待诸法万相，同时这种直观性把握也无任何意义指向而当体明空、毕竟空。所谓多元，指《中论》以论证"八不中道"为核心，通过概念辩证思维、以因果关系为纽带构建的多维的、立体的、多层次的二元对立结构，同时对诸法万相进行否定而形成的语言概念及思维形式。但是，《中论》以概念思辨构建的这种多元的二元对立结构恰恰是要彻底否定人类理性思维之任何刻画，体现出《中论》以概念反概念、以逻辑反逻辑、以理性反理性的思维特征。

　　《中论》单极含摄多元的整体辩证思维模式是指，《中论》一方面不断彻底解构、否定这种通过纯粹理性思辨构建的多维的、立体的、多层

---

　　[①]〔奥〕维特根斯坦：《逻辑哲学论》，郭英译，商务印书馆，1992，第61页。

次二元对立结构的语言概念和思维形式，扫除对任何分别的执着；另一方面又在这一解构、否定过程中凸显以一元性整体思维直观世间万有宇宙大全。在不离语言概念和思维形式又超越语言概念和思维形式的过程中，单极和多元以现观为枢纽形成一个辩证的综合。①

## 四　正反相销、递减明空的辩证思维意趣

无论"双边否定"还是"四句否定"显然都超出了魏晋玄学"有无之辨"的架构，有无问题的探讨容易走入"偏而不即"，而有无双遣双非则显示主体心灵对缘起性空的当下直观。这也决定了中观的空的表达方式和整体视域，以及对形而上学的拒斥。对于龙树的否定式辩证思维，唐君毅以之为"正反相销归实之辩证法"：

> 佛家所谓诸法实相、真如，可说即诸法之"真实的如是如是"。对此"真实的如是如是"，有不同深度的讲法。最切近方便的讲法是说，我们之生活与心灵之直接所对之其自身，在真实意义上，只是一"如是如是"。而我们所用之生、灭、一、异等概念，却都是我们之心思跨过"这"而兼顾到"非这"之"那"而构作之概念。凡概念之规定"这者"，兼规定到"这"以外的同类之"那"，即都与"这"不真相应，反面之概念亦然。故此"这"，实非正亦非反，此中人之用正概念，唯所以抵消反概念，人用反概念，唯所以抵消

---

① 对于《中论》这种以现观为宗教实践基础、不离语言概念和思维形式又超越语言概念和思维形式的思考方式，吕澂的如下之说可以作为说明："龙树这种理论在哲学上的意义是怎样呢？他以为用平常的概念是不可能认识世界实相的。但是，人的认识又离不开概念。……他主张息戏论，用般若（智慧）与对象直接交通，中间没有任何间隔，也无须任何媒介，这种作用，他们名之为'现观'。……从这方面讲，龙树的'现观'就带有神秘直观色彩。但是他将般若并不局限于'根本般若'上，他是主张先掌握了'根本般若'后再发展它，这也是合乎人们思想规律的。他们把这发展了的认识叫'后得智'。所谓'后得'就是在'根本'以后还要有一种认识，而这种认识同概念又有联系了。所以，从'根本'上说是'无所得'，这与概念没有关系，但'根本'之后还是'有得'，这与概念有联系。还可以推想，为什么'根本'是'无所得'呢？那是因为'根本'之前的所得是戏论，戏论灭自然是'无所得'，所以要先扫除戏论（息灭诸戏论），到达根本无所得阶段——这是要经过实践的，然后再与概念联系对世界认识，那时才能得到实相。……假名还是与概念联系着的，但这种概念已是恰如其分的假名，是与空联系着的假名，而不是实有之类的戏论，这就是中观"（吕澂：《印度佛学源流略讲》，上海人民出版社，2005，第101～102页）。

正概念，必待正反概念全相抵消后，心灵乃有构作之概念落下，而如实知"这"，然此时之"这"之呈现于心灵，又不同于"这"之呈现于先概念之感觉；此时之"这"概念之呈现于心灵，可说是呈现于"知有概念并知运用概念于这"，而又将其所运用之正反的概念，使之互斥、相消，形成一空明，以重直接观照此空明中之"这"之心灵。①

唐君毅认为龙树否定式辩证思想的旨趣是，我们不能用任何概念来表述"这"——诸法实相，因为我们在运用概念的时候已经有了分别——"我们之心思跨过'这'而兼顾到'非这'之'那'而构作之概念"，而唯有打掉任何表述诸法实相的思维企图，心灵才能洞观诸法实相。这一过程是经过理性思考之后对思维的否定，从而自觉地将所有分别观念互斥相消，以空明之心灵直观体证诸法实相。

确如唐君毅所指出，龙树彻底否定式辩证思维旨在阐明，人类运用理性思维通过分析、推论传达的并非诸法实相，而是虚幻之戏论。因为当我们运用思维来寻求诸法实相时就已经有了分别观念以及非此即彼的二元对立思维，同时具有了执着于对一个事物的规定就不能成为另一个事物的规定之观念。但是，正如孩童之铅笔在杀手眼里就是锐利之夺命武器，生养万物之天地在嵇康看来不过是其下榻之房舍，一旦囿于自性的牢笼，就有了分别观念和二元思维，而这是戏论产生的根源。所以龙树说，"诸法不可得，灭一切戏论，无人亦无处，佛亦无所说"；②"自知不随他，寂灭无戏论，无异无分别，是则名实相"；③ 一切分别皆为虚妄，是人为的主观臆想；对一切二元对立思维必须双遣双非。

戏论试图通过语言来表述超越语言的"东西"，虚构了实体以及实体与实体之间的结构，最后变成了一种无所指示而又被人视为实有所指的"东西"。而且语言总是具有一种内在的意向性指向和外在以概念、命题为基础的逻辑建构。语言一方面是一种实指和命名作用，一方面又蕴含着逻辑结构。当用来实指的时候，总有一种意向性构成，总是静态

---

① 唐君毅：《辩证法之类型》，《民主评论》，1961 年第 11 期。
② 龙树：《中论》卷 4，（后秦）鸠摩罗什译，《大正藏》卷 30，第 36 页中。
③ 龙树：《中论》卷 3，（后秦）鸠摩罗什译，《大正藏》卷 30，第 24 页上。

的、封闭的、单一的、具有不变本质的内涵；但外在事物并不一定如其所示，故只是假名。外在的事物也没有语言所示的那些逻辑结构或范畴如生灭、来去、一异、常断、因果关系等。所以，在言及般若和实相时，龙树总要用"灭诸戏论""言语道断、心行处灭"这类语言来表达。"言语道断"是指不能用直接陈述的方式加以表达，"心行处灭"则表示要截断一切攀援的心思包括感性直观、知性统觉和概念、范畴之构造以及理性的统一性企图。比如说到空，我们总是试图用一个标签、概念或在头脑中的图形来建构并加以对照，否则就感觉茫然无踪，但这仍然是言象。形而上学则总是试图用理性对一切分别进行综合之后的超越；而龙树的辩证思维则是追求消解一切分别之后的超越，这是完全不同的两个过程。我们可以形象地说，一个是彻底的加法，一个是彻底的减法，这种彻底的减法涤荡的是心灵的任何执着。

　　当认识某一事物则必有一观念，有此观念则就有分别，就有此与非此之两种执着。中观学辩证思维的旨趣在于，一旦心灵有了 A 观念，即便此观念是"空"，则需非 A 来破斥；若此时即放下 A 观念，亦即无分别；但人类理性总是有追寻终极真理的倾向，若你正面综合涵盖 A 与非 A 的更高的概念 B，则中观学辩证思维以非 B 来驳斥消解，依次类推，直至逼显出诸法实相毕竟空，心无执念，泊然永寂。①

---

① 此种心灵之境界如葛兆光所阐述"这个完全超越时间与空间，不能在经验世界中呈现的绝对本原，既然不能在思想与语言中正面把握，人们就必须不断地瓦解意识和理智的习惯视角与执着立场，'不生众生想'、'不生我想'、'不生彼我想'，这样才能'应无所倚'，不落入任何限制，处于一种绝不执着境界。就这样，佛教般若学经典中想方设法地从思维的立场步步后撤，在意识中不断否定的过程最终趋向，就是终极的'空'，这就是所谓的'了义'，而任何有落脚处的思索和表述都是'不了义'"（葛兆光：《中国思想史》第 1 卷，复旦大学出版社，2004，第 411～412 页）。

# 第四章 僧肇的辩证思维及其佛学思想

## 第一节 《肇论》"中道思维"的辩证主旨
## 与逻辑结构

《肇论》四篇，各以一对鲜明的辩证范畴为轴心彰显一个主题，形成一个前后呼应、完整的佛教思想体系，阐明般若中观学诸法实相原理以及在"中道思维"原则下如何以般若智慧认识、证悟诸法实相。《宗本义》具有对《肇论》思想概括综合之义，在方法论上则凸显了"中道思维"原则：

> 言不有不无者，不如有见常见之有，邪见断见之无耳。若以有为有，则以无为无。有既不有，则无无也。夫不存无以观法者，可谓识法实相矣。是谓虽观有而无所取相。然则法相为无相之相，圣人之心为住无所住矣。①

"非有非无"既不像持有见、常见之观点，视"有"为"真有"；也不像持邪见、断见之观点，视"无"为"真无"。假若以"有"为"真有"，那么会把"无"视为"真无"。"有"既然不是"真有"，"无"也非"真无"。不执无为"无"，才能真正认识诸法实相。所以说，虽然观有但不执取其名相。诸法实相无相，圣人之心既住于其相又不住于其相。

僧肇剖析了"执有""偏无"思维方法的弊端，指出"非有非无"的中道思维是认识诸法实相的思维准则，并以此为其辩证思维的基本方法论贯穿《物不迁论》、《不真空论》、《般若无知论》及《涅槃无名论》之中。

---

① 石峻、楼宇烈等编《中国佛教思想资料选编》第 1 卷，中华书局，1981，第 141 页。

## 一 《物不迁论》的"迁"与"不迁"

《物不迁论》的主旨即为"物不迁"。① "物不迁"之语源出《庄子·德充符》："审乎无假，而不与物迁。"庄子"不与物迁"之本意在阐明至人冥心造物，任物自迁之德性。僧肇以"物不迁"立论，以疏解"迁"与"不迁"的辩证关系为核心，侧重破斥现象之自性，重点对治世人迷惑于假象而以诸法为动以及执着于动静二分的观念，阐明诸法非动非静、即动即静、不生不灭义。

---

① 学术界对僧肇思想的不同定位，引发对《物不迁论》的主旨有不同的理解，延伸至对"不迁"的涵义有不同的看法。从动静关系讨论"不迁"而言，学术界大致有四种观点。其一，以"缘起性空"论"不迁"，认为万物性空无实体流转故"不迁"[唐澄观认为："大乘之法，缘生无性，生即不生，灭即不灭，故迁即不迁"（《大正藏》卷36，239 页中）。明镇澄认为："缘生性不有、缘生故不迁，此无物可迁也"（《卍续藏经》，第 54 册，第 918 页中）]。其二，以"动静相即"论"不迁"，以及由之衍生出缘起事物"刹那生灭"论"不迁"[吕澂说："僧肇之所谓不迁，并非是主张常来反对无常，而是'动静未尝异'的意思"（吕澂：《中国佛学源流略讲》，中华书局，1979，第 103页）。汤用彤认为："全论在证明动静一如，住即不住……称为《物不迁》者，似乎是专言静。但所谓不迁者，乃言动静一如之本体。"（汤用彤：《汉魏两晋南北朝佛教史》，北京大学出版社，1997，第 235 页）；洪修平认为："'物不迁'是对动本性的揭露而不是对动这一假象存在的否定，它形式上是非动非静的……《物不迁论》就是既不住、又不去"（洪修平：《论僧肇哲学》，《法藏文库·中国佛教学术论典》第 19 册，佛光山文教基金会，2001，第 414～417 页）]。其三，认为流动属"俗谛"，"不迁"属于"真谛"，静止是本质，运动是假象 [任继愈认为"流动只是为了导俗用的假说，属于'俗谛'；不迁才是唯一的真理，亦即真谛……不动才是世界的本质"（任继愈：《中国佛教史》第 2 卷，中国社会科学出版社，1985，第 481 页）；方立天认为"僧肇肯定动静相即，两者不可分离，但又以真谛俗谛加以区别，'不迁'属于真谛，'流动'属于俗谛，从而在实质上肯定了静止，否定了运动"（方立天：《中国佛教哲学要义》下卷，中国人民大学出版社，2002，第 664～665 页）]。其四，认为心物一体、不生不灭，今昔一念、"心不迁"则"物不迁"。[明镇澄认为"今昔一念也，是之谓物不迁"（《卍续藏经》第 54 册，第 914 页中）；唐君毅认为"直谓在吾人所谓物之运动之观念中，即预设一物不迁之意"（唐君毅：《中国哲学原论·原道篇》卷三，学生书局，1986，第 15 页）]。本文认同第二种观点，整体来看，以罗什对僧肇"解空第一"的评价，僧肇应该是准确地把握了般若空义，即空是毕竟空，只能直观而非能用任何语言思维所描述。那么，如果以"静"来指征、描述空，那么都面临"静"成为空的一种属性的问题，这个能被描述的空就不是空；如果以"静"来指征、描述空，则成为一种肯定式的表述，这也违背了《中论》坚决贯彻的遮诠式表达方式。但僧肇"各性住于一世"的思想与般若性空之学存有差距，也为"不迁"是事物的真性留下了空间，从这个意义上看，不迁不化是事物的本质。

1．"迁"与"不迁"的时空关系

所谓"迁"即流转变化，"不迁"即非流转变化。僧肇讨论的"迁"有两种含义。

第一种含义是指实体在空间上前后位置的转移，如事物由此至彼，在空间位置发生变化的同时，此物与与之相依存之物的存在关系发生变化也即参照系的变化，此即为狭义的"迁"——运动，与之相反即静止。此论的前提是物体是有自性的，有自性才能占有空间，有如康德所言："吾人固能思维空间为空无对象，然绝不能想象空间之不存在。故必须视空间为'所以使现象可能'之条件，而不视之为'依存于现象'之规定。"① 而且，单纯从空间和位置而言，事物可做往复运动而不变（存在状态），由此及彼再由彼及此。我们通常也以此物在空间和位置上前后序列的变化来度量时间，也就是把时间空间化。但是一旦附着时间观念，时间的不可逆性也就附着于物体在空间上的前后位置序列，所以可以由古至于今，但不能由今至古。

第二种含义是指一物在相对不变的空间位置中在时间坐标系内的自身存在状态的无时无刻的变化。无论是有机物的新陈代谢还是无机物的组织结构，都处在这种永不停止的瞬时变化中。在这种瞬时变化中，一物相对自身的空间位置发生着瞬时的变化，但通常我们需要在较长时间段内才能观察到此物的变化而以其为不变，如日月穿梭，春秋交替。而且，事物这种在空间位置的瞬时变化让其根本无法在时空坐标系下找到相应的坐标点，我们只能以概念的逻辑规定"不迁"指征这处在时间点上不断的瞬间变化。

可见，僧肇的"迁"是与时空关系紧紧联系在一起的。从广义即绝对变化上看，经验世界之事物同时处在自身不断变化与空间位置变化之中；从狭义即相对静止上看，并非所有的物体时刻都处在位置的运动中。但是，正如任继愈指出，古人虽然对事物发展、变化、运动往往有很精辟的见解，但"古人讲到变与不变、运动和静止，经常用'静'和'动'来表达；至于发展的观点，就更不明确了。"② 《物不迁论》中的

---

① 〔德〕康德：《纯粹理性批判》，蓝公武译，商务印书馆，1960，第52页。
② 任继愈：《关于〈物不迁论〉——一篇形而上学的佛学论文》，载《汉唐佛教思想论集》，人民出版社，1998，第361页。

"静"和"动"除了空间位置的运动与静止之外，更侧重第二层含义的"迁"——发展变化，而且和其时空观紧紧联系在一起的。正是《物不迁论》中的"迁"的这两重含义，历来注家对《物不迁论》的理解歧义颇多。

2. "迁"与"不迁"辩证关系的主旨

《物不迁论》开篇即言："夫生死交谢，寒暑迭迁，有物流动，人之常情。余则谓之不然。"① 僧肇在本论中大量描述了"人之常情"之所见，无论"生死交谢，寒暑迭迁""四象风驰、璇玑电卷""江河竞注、野马飘鼓"，还是"庄生之所以藏山，仲尼之所以临川""梵志出家，白首而归"②，莫不处于流转变迁之中。然而，对于这种基于事实的经验现象，僧肇却说"余则谓之不然"，认为"物不迁"。佛陀以依缘起法立诸法无常之法印，缘起之物因恒常流转变化而无自性，僧肇何以得出貌似有违诸法无常的结论？

僧肇对"迁"的否定——"不迁"立意在何？"不迁"是不是否定缘起之物的流转变化？如果僧肇否定缘起之物的流转变化，那么是否意谓缘起之物的本质是非流转变化的？如果这样，僧肇岂非肯定了缘起之物非流转变化的本质，也就肯定了缘起之物是有自性？以"秦人解空第一人"的僧肇对般若空义的造诣，应该断然不会下如此结论。

那么僧肇"物不迁"的立意是什么？作为罗什门下高足，僧肇是深谙般若空义，精通《中论》论法的。罗什译《中论》以"生灭"为核心范畴论证"八不中道"，是通过对"生"的否定来论证"不生"，因为"不生"故"不灭"，以证万法"不生不灭"。如果循此思路，僧肇对"迁"的否定来论证"不迁"，有"迁"就有生灭，"不迁"故无生灭，"不迁"与"不生不灭"同义，故僧肇说："不灭不来，则不迁之致明矣。"③ 据此而言，僧肇对"迁"的否定旨在说明缘起之物的本质是无自性，有自性才有流转变化，无自性故无流转变化。也就是说，一个非实存、相依待、无自性的缘起之物怎么能说它自身是在流转变化的呢？可见，与龙树否定视作实体性的"生"一样，僧肇也是反对经验世界缘起

---

① 石峻、楼宇烈等编《中国佛教思想资料选编》第 1 卷，中华书局，1981，第 142 页。
② 石峻、楼宇烈等编《中国佛教思想资料选编》第 1 卷，中华书局，1981，第 142~143 页。
③ 石峻、楼宇烈等编《中国佛教思想资料选编》第 1 卷，中华书局，1981，第 144 页。

之物的实体性，也即否认缘起之物之自性。

但是常人常识之"迁"的表象是事实存在的，如何面对"迁"与"不迁"的矛盾呢？或者说僧肇揭示"迁"与"不迁"矛盾的目的是什么？僧肇说：

> 夫谈真则逆俗，顺俗则违真。违真故迷性而莫返，逆俗故言淡而无味。①

> 谈真有不迁之称，导俗有流动之说，虽复千途异唱，会归同致矣。②

僧肇认为，从真谛言"不迁"，是指诸法"不生不灭"故无变化；从俗谛言"迁"，是为了引导世俗之理解故有变化。虽有真俗二谛之别，实则殊途而同归，真俗二谛不即不离。在《注维摩诘经》中，僧肇进一步指出：

> 小乘观法生灭为无常义，大乘观法以不生不灭为无常义。③

僧肇指出，小乘观法是以经验世界中的生灭变化为无常，而大乘观法是以不生不灭为无常。对于"迁"与"不迁"而言，俗谛以"迁"为无常，而真谛是以"不迁"为无常，也就是世俗所见经验现象之流转变化即为圣人所见之"不迁"。从这个意义上讲，"迁"即"不迁"，"无常"即"常"。此义正如吕澂所言：

> 《物不迁论》，从题名看，似乎是反对佛家主张"无常"的说法，但事实上并非如此。他之所谓"不迁"，乃是针对小乘执着"无常"的人而说的……依佛家无常说，应该讲迁，现在反讲不迁，正是针对声闻缘觉执着无常不懂得真正意义者而言……僧肇之所谓不迁，并非主张常来反对无常，而是"动静未尝异"的意思，决不能片面地去理解。④

---

① 石峻、楼宇烈等编《中国佛教思想资料选编》第 1 卷，中华书局，1981，第 142 页。
② 石峻、楼宇烈等编《中国佛教思想资料选编》第 1 卷，中华书局，1981，第 143 页。
③ （后秦）僧肇：《注维摩诘经》卷 3，《大正藏》卷 38，第 354 页上。
④ 吕澂：《中国佛教源流略讲》，中华书局，1979，第 103 页。方立天也认为《物不迁论》是"运用大乘佛教中观学派的中观学说反对小乘佛教偏重无常的倾向"（参见方立天《中国佛教哲学要义》下卷，中国人民大学出版社，2002，第 685 页）。

所以，《物不迁论》"不迁"旨在说明缘起之世间万象本质是无自性，故"不生不灭"，亦"不迁"，无常；而世俗之见执着于经验现象之流转变化而以之为常而不见无常。僧肇以中观学派真俗二谛相即义来统一"迁"与"不迁"的矛盾，真俗二谛不即不离，"迁"与"不迁"也不即不离，只是俗谛所表达的是对现象的认识而非对事物本质的认识。

3. "迁"与"不迁"辩证关系的论证

僧肇把"迁"与"不迁"的辩证关系转换为动静辩证关系，以"动静未始异"论证"物不迁"。《物不迁论》说：

> 《放光》云：法无去来，无动转者，寻夫不动之作，岂释动以求静？必求静以于诸动。必求静于诸动，故虽动而常静。不释动以求静，故虽静而不离动。然则动静未始异，而惑者不同。①

《放光般若经》说，事物不生不灭，没有变化。但佛经所谓不变，并不是教人离开了变化而寻求不变，而是在变化中认识不变。事物虽然变化但本质无自性，不生不灭。站在事物本质不生不灭的高度来看事物的变与不变，那么变化和不变本来没有区别，惑者才以之有别。

僧肇引《放光般若经》表达的是，世俗之人由于执着于动静二分的认识方法，执动为动、执静为静、动静有别，割裂了动静关系。僧肇运用双遮双遣的方法阐明"动静未始异"，论证诸法实相不生不灭故"不迁"。

（1）动而非静，静而非动

《物不迁论》说：

> 夫人之所谓动者，以昔物不至今，故曰动而非静；我之所谓静者，亦以昔物不至今，故曰静而非动。动而非静，以其不来；静而非动，以其不去。②

从空间向度看，"昔物不至今"，即过去存在的事物现在不存在了，所以，事物是变化的而非静止的。这就是常识所见的"动而非静"。这种变化是我们通过对一事物在空间位置上前后序列不可逆的存在状态的

---

① 石峻、楼宇烈等编《中国佛教思想资料选编》第 1 卷，中华书局，1981，第 142 页。
② 石峻、楼宇烈等编《中国佛教思想资料选编》第 1 卷，中华书局，1981，第 142 页。

比较而来，同时也隐含着事物变化的过程中我们体验到时间真实流淌的存在，而这前后序列不可逆的存在状态的变化本质上是一事物占据空间和位置的变化。比如一个事物存在，它有它的位置和空间，一个事物消逝，它不再占据它曾经的位置和空间；或一个事物运动或属性如大小、相状等的变化也就是它占据位置和空间的变化；或者一事物自身性质在变化而我们感知不到其变化，但这种变化总是要变现出来，仍然在空间中表现出来。也就是说，常人常识在时空坐标下是以单一的空间的变化来度量"迁"与"不迁"的。这种事物在空间变化的前提是事物是有自性的，所以能够占据空间和位置。一切有为法皆依赖空间而变现。正如康德所表达的，我们可以想象一个没有事物的纯粹空间，但绝对不能想象一个不占有空间的事物。

但是，僧肇认为，从时间向度看，"昔物不至今"也可以推出如下结论：

> 既知往物而不来，而谓今物而可往。往物既不来，今物何所往？何则？求向物于向，于向未尝无；责向物于今，于今未尝有。于今未尝有，以明物不来；于向未尝无，故知物不去。覆而求今，今亦不往。①

既然"昔物不至今"，那就说明过去存在的事物只是过去存在；现在不存在过去的事物，所以过去的事物并没有延续到现在；以此类推，现在的事物只存在于现在，不会延续到将来。这样，过去的事物、现在的事物以及将来的事物都是完全独立而又不相关联的个体。换言之，如果事物可以自由穿梭于时间洪流之中，今古就无悬隔，过去的事物可以来到现在，现在的事物可以返回过去，这当然是不可能的。所以僧肇说：

> 是谓昔物自在昔，不从今以至昔；今物自在今，不从昔以至今。②

既然事物今昔彼此不能往来，哪里还有运动呢？

之所以得出这样的结论，实际上是因为僧肇在时空坐标下以单一的时间矢量来度量"迁"与"不迁"。僧肇在时空坐标系上完全剥离了事

---

① 石峻、楼宇烈等编《中国佛教思想资料选编》第 1 卷，中华书局，1981，第 142 页。
② 石峻、楼宇烈等编《中国佛教思想资料选编》第 1 卷，中华书局，1981，第 142 页。

物，也就是把时间的内容"空"了，时间只是一个无任何内容的纯形式的矢量，时间的流动中不带有任何事物。① 在每一个时间坐标点下，僧肇把事物存在状态的变化无数分解、放在对应的无数个瞬时时间点上，不同的瞬时时间点上对应此事物不同的存在状态，并且每一个瞬时时间点与此时间点前后事物存在状态没有任何由此及彼的联系。这样，僧肇就给我们呈现了这样一幅图景："时间的长河就好比是长长的电影胶带，绚丽多彩的世界万物就好比是胶带上不同的画面。胶带快速移动，静止的一张张画面依次瞬息生灭，人们就看到了事物在变动的假象。实际上，它们不过是一张张静止的画面而已。每张画面不断移动，'无一念顷住'，这是'不住'；每张画面又都永远固定在胶带的某一段上，既不会离开胶带而去，也不可能在胶带上往来移动，它们'各性住于一世'，这是'不去'。"②

僧肇所要表达的是，常人常识从现象中看到事物由此及彼貌似有空间和位置的变化，以为"动而非静"，其实只是一种假象；实际上，每个瞬时时间点上的事物各自定格在特定的空间里，事物根本没有保持自性在空间和位置上变化，故"静而非动"。

（2）即动即静

僧肇通过批判常人常识"动而非静"的观念得出了"静而非动"的结论。但是，"静而非动"仍有问题，那就是定格、静止在特定时间点上的事物仍然占据着空间，仍然有自性。僧肇认为这个"静"非静，每个瞬时时间点上的事物的存在状态仍然处在永不停息的变化之中。

> 故仲尼曰：回也见新，交臂非故。③

"回也见新，交臂非故"出自《庄子·田子方》："丘以是日徂。吾终身与汝交一臂而失之，可不哀与？"意指事物无时无刻地发生着变化。《注维摩诘经》又言：

---

① 葛兆光认为："僧肇的'空'则是瓦解时间的，当时间也成为虚幻，一切也就成为转瞬即逝的幻觉"（葛兆光：《中国思想史》第 1 卷，复旦大学出版社，2004，第 411 页）。

② 洪修平：《论僧肇哲学》，《法藏文库·中国佛教学术论典》第 19 册，佛光山文教基金会，2001，第 417 页。

③ 石峻、楼宇烈等编《中国佛教思想资料选编》第 1 卷，中华书局，1981，第 142 页。

新新生灭，交臂已谢，岂待白首，然后为变乎？①

诸法如电，新新不停。一起一灭，不相待也。弹指顷有六十念过，诸法乃无一念顷住，况欲久停。无往即如幻，如幻则不实，不实则为空，空则常净。②

僧肇是讲，貌似静止的每一时空坐标点上的事物的存在状态随时都在发生变化，此起彼伏，念念不住，我们根本找不到与这种似有而无、方生即灭的瞬间变化相应的对应物。如"梵志出家，白首而归，邻人见之曰：昔人尚存乎？梵志曰：吾犹昔人，非昔人也"③。邻人以为过去的梵志还是那个梵志，僧肇却说现在的梵志已经不是过去的梵志，梵志时时刻刻在变，事物本质是缘起性空无自性，根本不具内在的质的稳定性！事物在刹那之间方生即灭、即灭又生、亦生亦灭、变幻无常，更无法在时空坐标下找到与之相应的对应物。所以僧肇说：

是以言常而不住，称去而不迁。不迁，故虽往而常静；不住，故虽静而常往。虽静而常往，故往而弗迁；虽往而常静，故静而弗留矣。④

到这里，僧肇的即动即静的观点才真正表达出来：缘起之物的无自性决定了其在时空坐标点上亦生亦灭、不生不灭，既是动又是静，既非动又非静，动静皆无自性，故"动静未始异"。因不生不灭，时间在此永恒，空间在此无限。

## 二　《不真空论》的"真"与"不真"

《不真空论》⑤是最为接近罗什中观思想与方法的一篇论文。僧肇基于般若中观学诸法实相原理和中道思维原则，以"诸法性空"作为

---

① （后秦）僧肇：《注维摩诘经》卷4，《大正藏》卷38，第361页中。
② （后秦）僧肇：《注维摩诘经》卷3，《大正藏》卷38，第356页中。
③ 石峻、楼宇烈等编《中国佛教思想资料选编》第1卷，中华书局，1981，第143页。
④ 石峻、楼宇烈等编《中国佛教思想资料选编》第1卷，中华书局，1981，第143页。
⑤ 学界或以为"不真空"有"不真故空""不是真空"两种含义，或以为两种含义俱有。本书认为两种含义互涉并存，且重点在于以"不是真空"诠释般若中观学缘起性空和性空幻有义。

"真"的判断标准，将魏晋玄学"有无"问题纳入"真假"视域之中，通过剖析"真"与"不真"辩证关系，批判"六家七宗"解空的"偏而不即"，阐明般若中观学有无相即、真俗不二义。

1. "真"与"不真"辩证关系的内涵与主旨

《不真空论》一文中"真"字共出现 37 处，根据文义，"真"与"不真"辩证关系具有"真实"之"真"和"真假"之"真"两个维度，僧肇"不真空"义也包含"不真故空"和"不是真空"两层含义。

(1)"真实"之"真"与"不真故空"

"真实"之"真"是依缘起法立义，真实即有自性，不真实即无自性，无自性则空，所以"不真故空"。僧肇说：

> 诸法缘生，聚散非己，会而有形，散而无像，法自然耳。①
> 万物纷纭，聚散谁为？缘合则起，缘散则离。②
> 说法不有亦不无，以因缘故，诸法生。③

一切事物皆由因缘和合而成，缘聚则生，缘散则灭，无恒常不变的主宰，故非真实、无自性、性空。僧肇认为，有、无皆无自性，既无"真实之有"，也无"真实之无"。僧肇说：

> 夫有若真有，有自常有，岂待缘而后有哉？譬彼真无，无自常无，岂待缘而后无也？若有不能自有，待缘而后有者，故知有非真有。有非真有，虽有不可谓之有矣。不无者，夫无则湛然不动，可谓之无。万物若无，则不应起，起则非无，以明缘起，故不无也。④

如果"有"是"真实之有"，那么此"真实之有"应该是恒常存在，不需待因缘和合后成为"有"；但是"有"自身不能成为自身的根据，必须依赖外在条件，所以，"有"不是"真实之有"。同样，如果"无"

---

① （后秦）僧肇：《注维摩诘经》卷 5，《大正藏》卷 38，第 377 页中。
② （后秦）僧肇：《注维摩诘经》卷 5，《大正藏》卷 38，第 376 页中。
③ 石峻、楼宇烈等编《中国佛教思想资料选编》第 1 卷，中华书局，1981，第 145 页。
④ 石峻、楼宇烈等编《中国佛教思想资料选编》第 1 卷，中华书局，1981，第 145 ~ 146 页。

是"真实之无",那么此"真实之无"应该是湛然不动、恒常存在,不需待缘散而灭后才成为"无";但是如果万物是"真实之无",那么万物则不应显现,而万物事实上在呈现,所以"无"不是"真实之无"。

在"真实"之"真"的含义下,"有"不是"真实之有","非有"否定的是有之自性如心无宗"心无色有"而以有为有;"无"不是"真实之无","非无"否定的是存在着支撑万物生灭变化、本体化如本无宗"以无为本"而执无为无。既然有、无皆非真实、无自性,所以"不真故空"。

(2)"真假"之"真"与"不是真空"

"真假"之"真"是依"即万物之自虚"立义,以般若中观学"诸法性空"为真命题对"有"与"真有"、"无"与"真无"以及二者之关系所做的真假判断,从空有相即、本质与现象不二来阐明般若中观学诸法实相义。

般若中观学"诸法性空"是运用中道思维从缘起性空和性空幻有两个维度同时阐释诸法实相,也即诸法实相无相毕竟空,现象与本质相即不二。僧肇用"即万物之自虚"这一命题来表达般若中观学诸法性空之义,汤用彤也以之为本论"通篇主旨,而用之以自别于从来之异执也"[1]。在《不真空论》中,僧肇三次重复了这一命题:

> 是以至人通神心于无穷,穷所不能滞;极耳目于视听,声色所不能制者,岂不以其即万物之自虚,故物不能累其神明者也。[2]
> 夫圣人之于物也,即万物之自虚,岂待宰割以求通哉?[3]
> 是以圣人乘千化而不变,履万惑而常通者,以其即万物之自虚,不假虚而虚物也。[4]

对于万物本质,《不真空论》开宗明义:"夫至虚无生者,盖是般若玄鉴之妙趣,有物之宗极者也。"[5] 万物的"宗极"是"至虚无生"也即

---

① 汤用彤:《汉魏两晋南北朝佛教史》,北京大学出版社,1979,第236页。
② 石峻、楼宇烈等编《中国佛教思想资料选编》第1卷,中华书局,1981,第144页。
③ 石峻、楼宇烈等编《中国佛教思想资料选编》第1卷,中华书局,1981,第145页。
④ 石峻、楼宇烈等编《中国佛教思想资料选编》第1卷,中华书局,1981,第146页。
⑤ 石峻、楼宇烈等编《中国佛教思想资料选编》第1卷,中华书局,1981,第144页。

"性空"。僧肇以"即万物之自虚"阐述万物之"宗极"。"万物"即有，性空即"虚"，"即万物之自虚"是指事物本身即性空故"自虚"。"即万物之自虚"既非小乘佛教将事物宰割剖析来"析色明空"，也非否定万物而明空，而是不待任何思虑分析直悟缘起即性空，即现象即本质即空而当体明空。圣人正是洞彻"即万物之自虚"之理，所以"物不能累其神明"而不受外物干扰。

在"真假"之"真"的含义下，以般若中观学"诸法性空"为真命题，僧肇认为，"有"即缘起事物现象存在，"无"即缘起事物本质性空。缘起事物现象存在但不是真的存在，故非真有；缘起事物本质性空但不是绝对虚空（真的无），故非真无。僧肇说：

> 然则万物果有其所以不有，有其所以不无。有其所以不有，故虽有而非有；有其所以不无，故虽无而非无。虽无而非无，无者不绝虚；虽有而非有，有者非真有。若有不即真，无不夷迹，然则有无称异，其致一也。[1]

万物本质性空所以"不有"，现象存在所以"不无"。万物本质性空，所以虽然现象存在但非有；万物现象存在，所以虽然本质性空但非无。虽然本质性空但现象存在，所以无不是绝对虚空（真的无）；虽然现象存在但本质性空，所以有不是真的有。如果说，有非真有，无不是消除形迹（真无），那么，有无虽称谓有异，归旨则一。

僧肇认为，空有是诸法实相的一体两面，只有运用中道思维从空有相即、现象与本质不二的角度，以"亦有亦无、非有非无"的方法对待有无关系，才能真正地把握诸法实相。此层"真"义才是《不真空论》"立文之本旨"。僧肇说：

> 欲言其有，有非真生；欲言其无，事象既形。象形不即无，非真非实有。然则不真空义，显于兹矣。[2]
>
> 寻夫立文之本旨者，直以非有非真有，非无非真无耳。何必非

---

① 石峻、楼宇烈等编《中国佛教思想资料选编》第 1 卷，中华书局，1981，第 145 页。
② 石峻、楼宇烈等编《中国佛教思想资料选编》第 1 卷，中华书局，1981，第 146 页。

有无此有，非无无彼无？①

缘起事物本质性空，故非有；缘起事物的现象存在但不是真的存在，故非真有；"非有非真有"是否定缘起事物有之自性而并非否定有之现象。缘起事物的现象存在，故非无；缘起事物本质性空但不是绝对虚空，故非真无；"非无非真无"是否定绝对虚空而并非否定缘起事物本质性空。所以，缘起事物是亦有亦无，非有非无，有非定有，无非实无，故"不是真空"。

2. "真"、"不真"与"真谛"、"俗谛"

"真"与"不真"在认识论上表现为"真谛"与"俗谛"的辩证关系。《不真空论》依据诸法实相原理和中道思维原则，以"二谛相即"来阐释"真谛"与"俗谛"的辩证关系。

(1) 二谛相即

"真谛"以缘起事物本质性空为真，"俗谛"以缘起事物假有之现象为真，是为二谛。真俗二谛构成认识论上"真"与"不真"的辩证关系。二谛理论并非般若中观学独有，但般若中观学以"二谛相即"来认识诸法实相。也就是说，相对于真俗二谛而言，"二谛相即"才是真正的真谛、第一义谛。《中论》云：

> 诸佛依二谛，为众生说法，一以世俗谛，二第一义谛。若人不能知，分别于二谛，则于深佛法，不知真实义。若不依俗谛，不得第一义；不得第一义，则不得涅槃。②

般若中观学认为，虽然真俗二谛各以其真为"真"，但真俗二谛并非截然对立，而是相反相成。执着于俗谛则为假象所惑，执着于真谛则陷入恶趣空、真谛亦转为俗谛。"二谛相即"则是既明鉴缘起事物的现象虚幻不真，同时又洞察缘起事物本质无自性，这样才能辨明"真"与"不真"，而朗鉴诸法最高真实。

吕澂指出："《肇论》的思想以般若为中心，比较以前各家，理解深

---

① 石峻、楼宇烈等编《中国佛教思想资料选编》第1卷，中华书局，1981，第144页。
② 龙树：《中论》卷4，（后秦）鸠摩罗什译，《大正藏》卷30，第32页下。

刻，而且能从认识论角度阐述。这可以说，是得着罗什所传龙树学的精神的。"①《不真空论》充分运用般若中观学中道思维，以空有相即不著两边，二谛相即真假并观来认识诸法实相。在《不真空论》中，僧肇引经文"真谛""俗谛"来阐明"二谛相即"之义：

> 《中论》云，诸法不有不无者，第一真谛也。寻夫不有不无者，岂谓涤除万物，杜塞视听，寂廖虚豁，然后为真谛者乎?②
>
> 故《放光》云，第一真谛，无成无得；世俗谛故，便有成有得。③
>
> 故经云，真谛俗谛，谓有异耶？答曰：无异也。此经直辩真谛以明非有，俗谛以明非无。岂以谛二而二于物哉?④
>
> 然则非有非无者，信真谛之谈也。⑤

真俗二谛没有差别，岂能说有真俗二谛的观点便有二种真理呢？——"岂以谛二而二于物哉?"真谛从本质认识缘起事物，缘起事物本质性空，现象只是假有，所以"真谛以明非有"；俗谛从现象认识缘起事物，肯定了假有的现象，否定了绝对的空，所以"俗谛以明非无"。

"二谛相即"则同时从本质和现象来认识缘起事物，也是对真、俗二谛的否定性超越。从本质上看，缘起事物本质性空，故非有；从现象看，缘起事物现象存在，故非无；从本质与现象同时来认识诸法实相，那么，缘起事物本质性空，故非有，但现象存在，故亦有，只不过现象之有非"真有"，所以"非有非非有"；从现象上看，缘起事物现象存在，故非无，但本质性空，故亦无，只不过本质性空非"真无"，所以"非无非非无"。"二谛相即"就是以"亦有亦无、非有非无"的中道思维来认识诸法实相。

（2）超言绝象

僧肇认为，"二谛相即"才能真正认识诸法实相无相，现象与本质

---

① 吕澂：《中国佛学源流略讲》，中华书局，1979，第102页。

② 石峻、楼宇烈等编《中国佛教思想资料选编》第1卷，中华书局，1981，第145页。

③ 石峻、楼宇烈等编《中国佛教思想资料选编》第1卷，中华书局，1981，第145页。

④ 石峻、楼宇烈等编《中国佛教思想资料选编》第1卷，中华书局，1981，第145页。

⑤ 石峻、楼宇烈等编《中国佛教思想资料选编》第1卷，中华书局，1981，第145页。

相即不二，但"二谛相即"这种认识却非语言概念所能表述。对于语言概念，僧肇说：

> 夫文字之作，生于惑取，法无可取，则文相自离，虚妄假名，智者不著。①

僧肇认为"法本非有，倒想为有"②，诸法虚妄不真，惑者倒想为有。语言概念皆是惑取于主观之分别，诸法实相无相本无所取，所以语言概念和诸法实相本不对应。智者明了语言概念的虚妄，不会执着于以语言概念来认识诸法实相。

僧肇进一步通过名不当实、实不当名来论证语言概念的虚妄不真。《不真空论》说：

> 故《放光》云：诸法假号不真。譬如幻化人，非无幻化人，幻化人非真人也。夫以名求物，物无当名之实；以物求名，名无得物之功。物无当名之实，非物也；名无得物之功，非名也。是以名不当实，实不当名。名实无当，万物安在？故《中观》云：物无彼此。而人以此为此，以彼为彼，彼亦以此为彼，以彼为此。此彼莫定乎一名，而惑者怀必然之志。然则彼此初非有，惑者初非无。既悟彼此之非有，有何物而可有哉？故知万物非真，假号久矣。③

《放光般若经》说，"诸法假号不真"。譬如有"幻化人"的概念，并非有真的"幻化人"。从事物的概念去认识事物，没有符合概念的事物。从事物要求概念与之相符合，但概念无法体现事物的功用。没有和事物概念相符合的事物，所以事物不是概念的事物；概念不能体现事物的功用，所以概念不是事物的概念。因此，名不当实，实不当名。既然名实不当，何有所谓万物。所以《中论》指出：事物没有彼此的分别，但是人们以此为此，以彼为彼。同样，人们也可以以此为彼，以彼为此。

---

① （后秦）僧肇：《注维摩诘经》卷3，《大正藏》卷38，第352页下。
② （后秦）僧肇：《注维摩诘经》卷3，《大正藏》卷38，第352页下。
③ 石峻、楼宇烈等编《中国佛教思想资料选编》第1卷，中华书局，1981，第146页。

此和彼并非有固定的概念，而惑者却执于有固定的概念。彼和此本来不存在，惑者却认为并非不存在。既然明白彼与此都不存在，还有什么可以认为是存在的呢？所以，万物非真，万物的概念只是假名而已。

既然名不当实、实不当名、名实俱空，一切概念和事物都非真实，怎么又能用语言概念来认识诸法实相呢？——"然则真谛独静于名教之外，岂曰文言之能辩哉？"① 既然语言概念不可能认识诸法实相，对诸法实相的认识就应该超越语言概念的限制，以主客合一、超言绝象的般若智慧直观诸法实相无相、即有即空。

3. "真"与"不真"辩证关系的归趣

在《不真空论》中，僧肇借圣人三唱"即万物之自虚"辨析"真"与"不真"的内涵及主旨，阐明以般若智慧"二谛相即"直观诸法实相无相、本质与现象相即不二，并且把圣人证悟"即万物之自虚"作为本论的最终旨趣所在。

（1）契神于有无之间

僧肇认为，圣人"契神于有无之间"，所以能够通达"即万物之自虚"。僧肇说：

> 自非圣明特达，何能契神于有无之间哉！是以至人通神心于无穷，穷所不能滞；极耳目于视听，声色所不能制者，岂不以其即万物之自虚，故物不能累其神明者也。是以圣人乘真心而理顺，则无滞而不通；审一气以观化，故所遇而顺适。②

圣人以般若智慧"契神于有无之间"，故能够接应无穷万物而不为万物所滞；极致于耳目视听而不为声色所惑，故不受万物困扰。所以圣人以"即万物之自虚"之理通达于万物；万物皆空俱一、没有分别，故可以随处顺适万物。"契神于有无之间"既能明鉴现象之假有而不断性空，又能洞察本质性空而不灭假有，故既不偏有，也不重无，而是空有相即、圆融无碍，本质是以般若智慧超越主客对立、泯灭一切差别，而直观诸法实相。

---

① 石峻、楼宇烈等编《中国佛教思想资料选编》第 1 卷，中华书局，1981，第 145 页。
② 石峻、楼宇烈等编《中国佛教思想资料选编》第 1 卷，中华书局，1981，第 144 页。

（2）立处即真

在《不真空论》的最后，僧肇引经总结了本论的旨趣：

> 是以圣人乘千化而不变，履万惑而常通者，以其即万物之自虚，不假虚而虚物也。故经云：甚奇世尊！不动真际，为诸法立处。非离真而立处，立处即真也。然则道远乎哉？触事而真。圣远乎哉？体之即神。①

圣人之所以乘顺现象的千变万化而不受影响，身处世间万般惑见之中而始终通达无碍，是因为圣人洞鉴"即万物之自虚"，非以否定万物来明空。所以佛经说：世尊，真是奇怪！诸法实相才是诸法的依据。不变的真际（诸法实相）是诸法的依据。并非离开真际（诸法实相）而为诸法别寻依据，诸法当下即真际（诸法实相）。既然如此，道是否遥不可及？诸法当下即诸法实相。圣人是否遥不可及？若能体悟诸法当下即诸法实相，随时随处就可洞鉴圣人玄妙的精神。

僧肇阐明的是，既然诸法即现象即本质即空，诸法实相并非外在于事物，而就在事物自身中呈现，任何一事物都体现诸法实相；那么，世俗世界和真实世界亦无悬隔，证道成佛也并非遥不可及，只要洞彻诸法实相妙理，随时随处即可体道成圣。通过即空即有、真俗不二的中道思维，僧肇把神圣真实的彼岸世界拉回世俗生活的此岸世界，同时也具有把世俗生活的此岸世界转化为神圣真实的彼岸世界的可能！潘桂明指出："从《不真空论》的这几句结束语，可以看出僧肇中道思想的真实意图，即通过非有非无、即真即俗的论述，将世俗世界与真实世界联系起来，使《维摩诘经》的'不二法门'落实于当下社会人生……由于真俗的相即，世间事物或现实人生无不反映、体现最高真实，所以体悟真实、证取涅槃不必远离现实人生。"②

## 三　《般若无知论》的"知"与"不知"

《般若无知论》是僧肇的第一篇般若学论文。僧肇以"知"与"不

---

① 石峻、楼宇烈等编《中国佛教思想资料选编》第1卷，中华书局，1981，第146页。

② 潘桂明：《中国佛教思想史稿》第1卷上，江苏人民出版社，2009，第314页。

知"为核心辩证范畴，辨析般若智慧亦有亦无、非有非无，"知而不知、不知而知"的体性与特征，破斥世俗主客二分、执着分别的认识方式，阐明般若智慧双离于"知"与"不知"两边而见乎中道，以无分别而又非执着于无分别的思维直观朗鉴诸法实相义。

1. "知"与"不知"辩证关系的内涵与主旨

《般若无知论》开篇首言般若智慧的重要地位，"夫般若虚玄者，盖是三乘之宗极也，诚真一之无差"①。般若智慧幽深高远、真实无异，是三乘修行者宗奉的最高真理。但长期以来却存在对般若智慧的诸多误解，"然异端之论，纷然久矣"②。僧肇认为，般若智慧——"圣智"和世俗认识——"惑智"在体性上有本质的差异，所以在认识对象、认识方法、认识目的、认识境界上表现出根本的不同。

（1）有相有知，有知即有所不知

有相即有"我相""法相"，则内既有主观思维之构造，外亦有客观可取之相。世俗之知是有相有知，认识主体凭借耳目视听、通过语言概念、运用逻辑推理等思维方法来界定某一事物的相状、性质与特征，获取此事物是什么与不是什么的具体"知识"。《般若无知论》以设难的方式表述了世俗之知的认识方式。

> 难曰：夫圣人真心独朗，物物斯照；应接无方，动与事会。物物斯照，故知无所遗；动与事会，故会不失机。会不失机，故必有会于可会；知无所遗，故必有知于可知。必有知于可知，故圣不虚知；必有会于可会，故圣不虚会。既知既会，而曰无知无会者，何耶？③

僧肇表达的是，世俗认识是在主客二元、能知与所知对待的结构下获得知识，所以"必有会于可会""必有知于可知"，故圣智应该有知有会，不能说圣智无知无会。僧肇认为，这种知识的获取是将一切法二分，本质是二元对立、非此即彼的思维方法。僧肇说：

① 石峻、楼宇烈等编《中国佛教思想资料选编》第 1 卷，中华书局，1981，第 146 页。
② 石峻、楼宇烈等编《中国佛教思想资料选编》第 1 卷，中华书局，1981，第 146 ~ 147 页。
③ 石峻、楼宇烈等编《中国佛教思想资料选编》第 1 卷，中华书局，1981，第 148 页。

> 智之生也，起于分别。①
> 夫智以知所知，取相故名知。②
> 夫有所知，则有所不知。③

世俗之知的缺陷在于：首先，确定 A 是什么，也即肯定了 A 的自性，把事物幻有的自性当作本质；其次，确定 A 是什么但缺乏对非 A 的认识，更不能从 A 与非 A 的整体高度观照 A；因而"有所知，则有所不知"，是一种有限的认识。僧肇把这种世俗认识称为"惑取之知"。之所以有"惑取之知"，根本在于其采用主客二分的思维模式，主体或缘取事物形象或滞于主观情境，执着于非此即彼而有所取，有所取则有分别，有分别则有执着，有执着则有偏见，有偏见则颠倒妄想而无明。

（2）无相无知，无知乃无所不知

僧肇认为，相对于有相有知的世俗认识，般若智慧是无相无知。《般若无知论》说：

> 《放光》云：般若无所有相，无生灭相。《道行》云：般若无所知，无所见。此辨智照之用，而曰无相无知者，何耶？果有无相之知，不知之照，明矣。④
>
> 然其为物也，实而不有，虚而不无，存而不可论者，其唯圣智乎。⑤
>
> 然经云般若清净者，将无以般若体性真净，本无惑取之知，本无惑取之知，不可以知名哉？岂唯无知名无知，知自无知矣。⑥

般若智慧不从缘起、无相无名、实而不有、虚而不无，体性真净，是"亦有亦无，非有非无"，因而无"我相""法相"。正因为本身无任何质的规定性，般若智慧才不会困锁于自性的牢笼内，既不主观攀援，也非执取假有幻相，所以"本无惑取之知"。僧肇说：

---

① （后秦）僧肇：《注维摩诘经》卷5，《大正藏》卷38，第373页上。
② 石峻、楼宇烈等编《中国佛教思想资料选编》第1卷，中华书局，1981，第149页。
③ 石峻、楼宇烈等编《中国佛教思想资料选编》第1卷，中华书局，1981，第147页。
④ 石峻、楼宇烈等编《中国佛教思想资料选编》第1卷，中华书局，1981，第147页。
⑤ 石峻、楼宇烈等编《中国佛教思想资料选编》第1卷，中华书局，1981，第147页。
⑥ 石峻、楼宇烈等编《中国佛教思想资料选编》第1卷，中华书局，1981，第148页。

以圣心无知，故无所不知。不知之知，乃曰一切知。故经云：圣心无所知，无所不知。信矣！①

诸法无相，故智无分别；智无分别，即智空也。②

僧肇认为，相对于世俗之知以主客二分、非此即彼的思维方式获得具体知识而言，般若智慧是以一元性整体思维，无分别对待世俗之知的知与不知，在 A 与非 A 的动态因果网络系统中超越 A 与非 A 的对立而直观诸法实相无相，洞彻宇宙人生最高真实，虽无世俗认识有限、具体的知识，但般若智慧是无所不知。

（3）无知而知、知而无知

般若智慧虽然无所不知，但"无所不知"仍然是"知"，执着于"无所不知"仍然是边见，同时，这种肯定式的表达，也有违般若中观学彻底否定的思维方式。所以，在"知"与"不知"的辩证关系上，僧肇把般若智慧直观真谛的过程表述为"无知而知，知而无知"。

般若智慧非有非无，而"真谛自无相"③，所以"圣人以无知之般若，照彼无相之真谛"。④ 但如果把真谛当作般若智慧的认识对象，则势必又将一切法二分在主客对待的架构下把真谛作为认识对象而陷入有相之境地。僧肇说：

夫知与所知，相与而有，相与而无。相与而无，故物莫之有；相与而有，故物莫之无。物莫之无，故为缘之所起；物莫之有，故则缘所不能生。缘所不能生，故照缘而非知；为缘之所起，故知缘相因而生。是以知与无知，生于所知矣。何者？夫智以知所知，取相故名知。真谛无自相，真智何由知？所以然者，夫所知非所知，所知生于知。所知既生知，知亦生所知。所知既相生，相生即缘法。缘法故非真，非真故非真谛也。⑤

---

① 石峻、楼宇烈等编《中国佛教思想资料选编》第 1 卷，中华书局，1981，第 147 页。
② （后秦）僧肇：《注维摩诘经》卷 5，《大正藏》卷 38，第 373 页上。
③ 石峻、楼宇烈等编《中国佛教思想资料选编》第 1 卷，中华书局，1981，第 149 页。
④ 石峻、楼宇烈等编《中国佛教思想资料选编》第 1 卷，中华书局，1981，第 148 页。
⑤ 石峻、楼宇烈等编《中国佛教思想资料选编》第 1 卷，中华书局，1981，第 149 页。

僧肇依据缘起法从"知"与"所知"的辩证关系上论证了真谛非缘起故无相、非所知，般若和真谛都是无生无灭、非有非无，所以，般若智慧和真谛不是主客对待的关系。① 对于般若智慧对真谛的直观，僧肇说：

> 夫圣心者，微妙无相，不可为有；用之弥勤，不可为无。不可为无，故圣智存焉；不可为有，故名教绝焉。是以言知不为知，欲以通其鉴；不知非不知，欲以辨其相。辨相不为无，通鉴不为有。非有，故知而无知；非无；故无知而知。是以知即无知，无知即知。②

僧肇表达的是，般若智慧无名无相、世俗名教无法表述，故非有；般若智慧始终有鉴照真谛之功用，故非无。般若智慧非有，虽能鉴照真谛但无名无相无世俗之知，故"知而无知"；般若智慧非无，虽然无名无相无世俗之知但能鉴照真谛，故"无知而知"；因而"知即无知、无知即知"。"知即无知、无知即知"也就是"亦知亦不知，非知非不知"。

僧肇辨析般若智慧以"知而无知""无知而知"观照真谛的主旨在于，"知而无知"的寂体与"无知而知"的照用是般若智慧的一体两面——"用即寂，寂即用。用寂体一，同出而异名，更无无用之寂而主于用也。"③ 一方面，般若智慧因照用之功，故不离诸法万相而和现实世界相联系；般若智慧体性虚寂，故能洞鉴诸法真实而不为外物所扰。另一方面，般若智慧既是主观又是客观，既非主观又非客观，所以双离于无分别的观念和执着于无分别的观念——"若能无心分别而分别于无分别者，虽复终日分别而未尝分别也，故曰分别亦空"④，而游刃于真实世界与世俗世界、主观与客观、真谛与俗谛、空与有的两端而直观洞鉴诸法最高真实。

2. "知"与"不知"辩证关系的意趣

僧肇把般若智慧"知而无知""无知而知"观照真谛的方式最终落

---

① 具体论证详见本书第五章第二节之"僧肇以概念的相待性破斥概念自性的运用"。
② 石峻、楼宇烈等编《中国佛教思想资料选编》第 1 卷，中华书局，1981，第 149 页。
③ 石峻、楼宇烈等编《中国佛教思想资料选编》第 1 卷，中华书局，1981，第 151 页。
④ （后秦）僧肇：《注维摩诘经》卷 5，《大正藏》卷 38，第 373 页中。

实于圣人修心以空观诸法实相的过程中，这也是《般若无知论》之意趣之所在。

（1）虚不失照，照不失虚

在《般若无知论》中，般若智慧"知而无知""无知而知"直观真谛体现在圣人"虚不失照，照不失虚"的空观实践过程之中。僧肇说：

> 欲言其有，无状无名；欲言其无，圣以之灵。圣以之灵，故虚不失照；无状无名，故照不失虚。照不失虚，故混而不渝；虚不失照，故动以接粗。是以圣知之用，未始暂废。求之形相，未暂可得。①
>
> 经云：般若义者，无名无说，非有非无，非实非虚。虚不失照，照不失虚，斯则无名之法，故非言所能言也。言虽不能言，然非言无以传。是以圣人终日言，而未尝言也。②

般若智慧"体性虚寂"故能虚通万物，所以圣人随时随处应会世间万物，遍观诸法万相纷呈皆本质性空而不失一相，所以是"虚不失照"。般若智慧有照用之功，圣人虽随缘应会千差万别的诸法万相但"体性虚寂"，所以是"照不失虚"。

（2）圣人无心

"空观实践的关键在于修智。"③ 僧肇把圣人"虚不失照，照不失虚"的空观实践最终落实于圣心的修炼上。僧肇说：

> 圣人无无相也。何者？若以无相为无相，无相即为相。舍有而之无，譬犹逃峰而赴壑，俱不免于患矣。是以至人处有而不有，居无而不无，虽不取于有无，然亦不舍于有无。所以和光尘劳，周旋五趣，寂然而往，泊尔而来，恬淡无为而无不为。④
>
> 是以圣人虚其心而实其照，终日知而未尝知也。故能默耀韬光，虚心玄鉴，闭智塞聪，而独觉冥冥者矣。然则，智有穷幽之鉴，而

---

① 石峻、楼宇烈等编《中国佛教思想资料选编》第1卷，中华书局，1981，第147页。
② 石峻、楼宇烈等编《中国佛教思想资料选编》第1卷，中华书局，1981，第148页。
③ 吕澂：《中国佛学源流略讲》，中华书局，1979，第46页。
④ 石峻、楼宇烈等编《中国佛教思想资料选编》第1卷，中华书局，1981，第150页。

无知焉；神有应会之用，而无虑焉。神无虑，故能独王于世表；智无知，故能玄照于事外。智虽事外，未始无事；神虽世表，终日域中。所以俯仰顺化，应接无穷，无幽不察，而无照功。斯则无知之所知，圣神之所会也。然其为物也，实而不有，虚而不无，存而不可论者，其唯圣智乎！①

圣心寂灭而又"虚心玄鉴"，于"和光尘劳，周旋五趣"无不"俯仰顺化，应接无穷，无幽不察"，所察所知是诸法实相无相，故知而无知；圣心寂灭并非杜塞视听，只是圣心止息世俗之知而无思无虑，故无知而知。所以，"圣人虚其心而实其照"，双离于"知"与"不知"两边而见乎中道——"处有而不有，居无而不无""终日言而未尝言""终日知而未尝知"。

僧肇认为，只要把圣心修炼为既不滞有亦不偏空，既非主观亦非客观，既不肯定诸法亦不否定诸法，既反对分别的观念又否定执着于无分别的观念的"无心之心"，即可物物朗照、应接无方——"无知而无所不知、无所不知而无知"，圆融无碍地出入世间与出世间、真谛与俗谛、主观与客观、空与有之间而洞鉴诸法实相，触事而真。

### 四　《涅槃无名论》的"涅槃有"与"涅槃无"

《涅槃无名论》是僧肇最后一篇佛学论文。本论以"涅槃有"与"涅槃无"的辩证关系为中心，通过论证涅槃非有非无、不离有无，言语道断、心行处灭的体性，破斥小乘佛教执着于涅槃而将涅槃与世间截然对立，阐明般若中观学涅槃与世间相即不二义。

1. "涅槃有"与"涅槃无"辩证关系的内涵与主旨

《涅槃无名论》前附《奏秦王表》，论分"九折十演"，僧肇借"无名"回应诘难者"有名"的质疑，演述涅槃的体性、涅槃的修证、涅槃的境界等问题。本论第一章"开宗"提纲挈领总论全文，认为有余涅槃、无余涅槃都是接应万物之假名，涅槃非有非无、非言诠所及，故涅槃无名。

---

① 石峻、楼宇烈等编《中国佛教思想资料选编》第 1 卷，中华书局，1981，第 147 页。

（1）有余涅槃、无余涅槃与涅槃有名、涅槃无名

诘难者认为"名号不虚生，称谓不自起"①，有名必有实、名与实相应，所以"有余可以有称，无余可以无名"②，有余涅槃、无余涅槃都是"返本之真名，神道之妙称者也"③，并且有余涅槃、无余涅槃各有其名，各具其意，各怀其功：

> 有余缘不尽，余迹不泯，业报犹魂，圣智尚存，此有余涅槃也。④
>
> 至人灰身灭智，捐形绝虑，内无机照之勤，外息大患之本，超然与群有永分，浑尔与大（太）虚同体，寂焉无闻，怕尔无兆，冥冥长往，莫知所之，其犹灯尽火灭，膏明俱竭，此无余涅槃也。⑤
>
> 无名立，则宗虚者欣尚于冲默；有称生，则怀德者弥仰于圣功。⑥

诘难者认为，有余涅槃指虽然了断生死但余缘未尽、圣智尚存，可使景仰圣德者更加信仰有余涅槃之功德；无余涅槃指灰身灭智、灯尽火灭、永绝生死，可使宗奉虚空者更加崇尚无余涅槃之寂默。

对于诘难者认为有余涅槃、无余涅槃名实俱有的观点，僧肇回应，"有余无余者，盖是涅槃之外称，应物之假名耳"⑦，认为有余涅槃、无余涅槃都是涅槃的外在称号，接应万物的假名。僧肇说：

> 存称谓者封名，志器象者耽形。名也，极于题目；形也，尽于方圆。方圆有所不写，题目有所不传，焉可以名于无名，而形于无形者哉？⑧

僧肇认为，关注于名称者囿于名称，留意于相状者沉溺于相状。任何名称不能超越语言概念的范围，一切相状不能超越曲直的界限。但是，

---

① 石峻、楼宇烈等编《中国佛教思想资料选编》第 1 卷，中华书局，1981，第 158 页。
② 石峻、楼宇烈等编《中国佛教思想资料选编》第 1 卷，中华书局，1981，第 159 页。
③ 石峻、楼宇烈等编《中国佛教思想资料选编》第 1 卷，中华书局，1981，第 158 页。
④ 石峻、楼宇烈等编《中国佛教思想资料选编》第 1 卷，中华书局，1981，第 159 页。
⑤ 石峻、楼宇烈等编《中国佛教思想资料选编》第 1 卷，中华书局，1981，第 159 页。
⑥ 石峻、楼宇烈等编《中国佛教思想资料选编》第 1 卷，中华书局，1981，第 159 页。
⑦ 石峻、楼宇烈等编《中国佛教思想资料选编》第 1 卷，中华书局，1981，第 159 页。
⑧ 石峻、楼宇烈等编《中国佛教思想资料选编》第 1 卷，中华书局，1981，第 159 页。

有的相状非曲直所能描述，有的义理非语言概念可以表述，所以语言概念和相状是有限的，名实之间也并非相应。涅槃则超越语言概念和相状的范围——"不在方，不离方；非有为，非无为；不可以识识，不可以智知；无言无说，心行处灭"；① 因此不能用"无名""无形"指称涅槃。

僧肇认为，正是视有余涅槃、无余涅槃名实俱有，所以惑者或执于有余涅槃，或执于无名涅槃而不见涅槃。僧肇说：

> 而惑者睹神变，因谓之有；见灭度，便谓之无。有无之境，妄想之域，岂足以标榜玄道而语圣心者乎？②
>
> 亡不为无，虽无而有；存不为有，虽有而无。虽有而无，故所谓非有；虽无而有，故所谓非无。然则涅槃之道，果出有无之域，绝言象之径，断矣！③

惑者见圣人示现功德于世间，以之为有而以"有名"名之；见圣人灭度，以之为无而以"无名"名之；其实有名、无名只能表述现象之幻相而不能把握涅槃实相。僧肇认为，圣人虽然灭度，但并不是断灭为绝对虚无，其功德常存且随时随处接应世间万物，故"亡不为无，虽无而有"；圣人虽在世间，但寂默淡泊无形无相，故"存不为有，虽有而无"。有余涅槃、无余涅槃都是涅槃的不同称谓，实质无异，二者是"出处之异号，应物之假名耳"。④

（2）涅槃不出有无、非有即无与涅槃非有非无、不离有无

对于涅槃的体性，僧肇说：

> 夫涅槃之为道也，寂寥虚旷，不可以形名得；微妙无相，不可以有心知。超群有以幽升，量太虚而永久。随之弗得其踪，迎之罔眺其首，六趣不能摄其生，力负无以化其体。潢漭惚恍，若存若往。五目不睹其容，二听不闻其响，冥冥窅窅，谁见谁晓？弥纶靡所不

---

① 石峻、楼宇烈等编《中国佛教思想资料选编》第 1 卷，中华书局，1981，第 160 页。
② 石峻、楼宇烈等编《中国佛教思想资料选编》第 1 卷，中华书局，1981，第 160 页。
③ 石峻、楼宇烈等编《中国佛教思想资料选编》第 1 卷，中华书局，1981，第 160 页。
④ 石峻、楼宇烈等编《中国佛教思想资料选编》第 1 卷，中华书局，1981，第 158 页。

在，而独曳于有无之表。①

　　寻夫经论之作，岂虚搆哉？果有其所以不有，故不可得而有；有其所以不无，故不可得而无耳。何者？本之有境，则五阴永灭；推之无乡，而幽灵不竭。幽灵不竭，则抱一湛然；五阴永灭，则万累都捐。万累都捐，故与道通洞；抱一湛然，故神而无功。神而无功，故至功常存；与道通洞，故冲而不改。冲而不改，故不可为有；至功常存，故不可为无。②

　　僧肇认为，涅槃无形无相，超越于世间之外，非世俗以有无概念所能表述。如果以涅槃为有，但涅槃五阴永灭，虚空无碍，故非有；如果以涅槃为无，但涅槃灵知独照，至功常存，故非无。涅槃不可为有，不可为无，不能用语言概念来指称表述，所以"涅槃非有亦复非无，言语道断，心行处灭"。③

　　诘难者以有无二分的思维来理解涅槃，认为："有既有矣，不得不无；无自不无，必因于有。"④ 事物既然存在是有就不能是无，无是因为有才得以存在，有与无相互对待又相互依赖，所以有与无这一对范畴可以穷尽诸法之理。因此，涅槃必然能被有无所把握。"有名"说：

　　果若有也，虽妙非无。虽妙非无，即入有境。果若无也，无即无差。无而无差，即入无境。总而括之，即而究之，无有异有而非无，无有异无而非有者，明矣。而曰有无之外别有妙道，非有非无，谓之涅槃。⑤

　　如果涅槃是有，则属于有的范畴；涅槃是无，则属于无的范畴。所以，涅槃非有即无，非无即有。因此，涅槃在有无之外、非有非无的观点是不能成立的。对此，僧肇回应说：

　　有无之数，诚以法无不该，理无不统。然其所统，俗谛而已。

---

① 石峻、楼宇烈等编《中国佛教思想资料选编》第1卷，中华书局，1981，第158页。
② 石峻、楼宇烈等编《中国佛教思想资料选编》第1卷，中华书局，1981，第158页。
③ 石峻、楼宇烈等编《中国佛教思想资料选编》第1卷，中华书局，1981，第158页。
④ 石峻、楼宇烈等编《中国佛教思想资料选编》第1卷，中华书局，1981，第161页。
⑤ 石峻、楼宇烈等编《中国佛教思想资料选编》第1卷，中华书局，1981，第161页。

经曰：真谛何耶？涅槃道是。俗谛何耶？有无法是。何则？有者有于无，无者无于有。有无所以称有，无有所以称无。然则有生于无，无生于有，离有无无，离无无有。有无相生，其犹高下相倾，有高必有下，有下必有高矣。然则有无虽殊，俱未免于有也。①

以有无统摄诸法虽然"法无不该，理无不统"，但有无相依相待，"有无所以称有，无有所以称无"；而且，"然则有无虽殊，俱未免于有也"，有无虽有差别，都是表述现实世界的存在而已；所以，以有无统摄诸法只属于俗谛。僧肇认为：

是以论称出有无者，良以有无之数，止乎六境之内。六境之内，非涅槃之宅，故借出以祛之。庶怖道之流，仿佛幽途，托情绝域，得意忘言，体其非有非无，岂曰有无之外，别有一有而可称哉？经曰：三无为者，盖是群生纷绕，生乎笃患。笃患之尤，莫先于有；绝有之称，莫先于无。故借无以明其非有，明其非有，非谓无也。②

涅槃非有非无、超言绝象，非俗谛所能言诠，"岂曰有无之外，别有一有而可称哉？"并不是说在有无之外存在一个真实的涅槃。言涅槃无，是借以阐明并非存在一个真实的"涅槃"，"故借无以明其非有"；说涅槃非有，也不是彻底否定涅槃不存在，是真的无，故"明其非有，非谓无也"；所以涅槃非有非无而又不离有无，并非离开有无之外另寻一个涅槃妙道。

2."涅槃有"与"涅槃无"辩证关系的立意

涅槃是佛教修行的最终目的，也是解脱的最高境界。僧肇通过辨析"涅槃有名""涅槃无名"的辩证关系，阐明涅槃超越有无又不离有无的体性，并进一步论述了涅槃非有非无又不离有无的存在状态——"妙存"。僧肇说：

净名曰：不离烦恼，而得涅槃。天女曰：不出魔界，而入佛界。然则玄道在于妙悟，妙悟在于即真。即真则有无齐观，齐观则彼己莫二。所以天地与我同根，万物与我一体。同我则非复有无，异我

---

① 石峻、楼宇烈等编《中国佛教思想资料选编》第 1 卷，中华书局，1981，第 161 页。
② 石峻、楼宇烈等编《中国佛教思想资料选编》第 1 卷，中华书局，1981，第 162 页。

则乖于会通，所以不出不在而道存乎其间矣。①

　　僧肇引《维摩诘经》阐述不离烦恼而得涅槃、不出魔界而入佛界，涅槃与世间相即不离。而"妙悟即真"则立可证悟既超越世间又不离世间的涅槃。僧肇使用了庄学"有无齐观""彼己莫二""天地与我同根，万物与我一体"的表达方式来阐述"妙悟即真"的思维方式。世俗采用主客对立、有无二分的认识方法，故有彼己、异同的分别观念；"妙悟即真"则以无分别的"有无齐观""彼己莫二"统摄诸法万相，世间万物与我根本同一，没有差别——"天地与我同根，万物与我一体。"既然物我同一，则涅槃不出有无亦不在有无。对于圣人之妙悟，僧肇说：

　　　　夫至人虚心冥照，理无不统。怀六合于胸中而灵鉴有余，镜万有于方寸而其神常虚。至能拔玄根于未始，即群动以静心，恬淡渊默，妙契自然。所以处有不有，居无不无。居无不无，故不无于无；处有不有，故不有于有。故能不出有无，而不在有无者也。②

　　妙悟涅槃的圣人虚心冥照诸法实相、应会世间万物故妙契自然；但圣人其神虚静，恬淡渊默。圣人虽处于世间但非世俗认识的有，圣人虽超越世间但非世俗认识的无，"所以处有不有，居无不无"。圣人虽超越世间但不离世间灵鉴世间万象，故"居无不无，故不无于无"；圣人虽处于世间但又超越世间而其神常静，故"处有不有，故不有于有"，所以涅槃不离有无又超越有无，圣人不离世间又超越世间。

　　般若中观学基于中道思维原则将涅槃与世间的关系表述为"涅槃名无为，有无是有为"③，"涅槃与世间，无有少分别；世间与涅槃，亦无少分别"④，涅槃与世间相即不二。显然，僧肇辨析"涅槃有"与"涅槃无"辩证关系的立意是延承了《中论》的中道实相原理，破斥小乘佛教将涅槃和现实世界决然对立，执着于灰身灭智、断灭生死而苦求涅槃；僧肇认为涅槃和现实世界之间并不存在不可逾越的鸿沟，涅槃与现实世

---

① 石峻、楼宇烈等编《中国佛教思想资料选编》第1卷，中华书局，1981，第162页。
② 石峻、楼宇烈等编《中国佛教思想资料选编》第1卷，中华书局，1981，第162页。
③ 龙树：《中论》卷4，（后秦）鸠摩罗什译，《大正藏》卷30，第35页下。
④ 龙树：《中论》卷4，（后秦）鸠摩罗什译，《大正藏》卷30，第36页上。

界相即不离。

## 五　《肇论》"四句否定"的逻辑结构

般若中观学"诸法实相"原理是通过"缘起性空"和"性空幻有"两个同时互存的命题阐明诸法本质与现象之间的关系,在方法论上则体现为"亦有亦无、非有非无"的中道思维原则。

根据前文论述,《物不迁论》以"迁"与"不迁"的辩证关系为核心,侧重破斥现象之自性,重点对治世人迷惑于假象而以诸法万相为动以及执着于动静二分的观念,阐明诸法不生不灭,非动非静,即动即静义。《不真空论》以"真"与"不真"的辩证关系为核心,批判"六家七宗"解空的"偏而不即",阐明般若中观学有无相即、真俗不二义。《般若无知论》以"知"与"不知"的辩证关系为核心,破斥世俗主客二分、执着分别的认识方式,论述般若智慧亦有亦无、非有非无,以无分别而又非执着于无分别的思维直观诸法实相。《涅槃无名论》以"涅槃有"与"涅槃无"的辩证关系为核心,破斥小乘佛教执着于涅槃而将涅槃与世间截然对立,论述涅槃非有非无不离有无,涅槃与世间相即不二。这样,《肇论》四篇就呈现如下逻辑结构:

### 《物不迁论》

a. 迁　　　b. 不迁　　　c. 亦迁亦不迁　　　d. 非迁非不迁

或 a. 动　　　b. 静　　　c. 亦动亦静　　　d. 非动非静

### 《不真空论》

a. 真　　　b. 不真　　　c. 亦真亦不真　　　d. 非真非不真

或 a. 有　　　b. 无　　　c. 亦有亦无　　　d. 非有非无

### 《般若无知论》

a. 知　　　b. 不知　　　c. 亦知亦不知　　　d. 非知非不知

或 a. 知　　　b. 不知　　　c. 知而无知　　　d. 无知而知

### 《涅槃无名论》

a. 涅槃有　b. 涅槃无　c. 涅槃亦有亦无　d. 涅槃非有非无

显然,《肇论》四篇的逻辑结构与"四句否定"(a. p; b. 非p; c. p

且非 p；d. 非 p 非非 p）保持着高度一致性。①

　　虽然《肇论》四篇无明确的"四句否定"的表达方式，但从《肇论》四篇以"迁"与"不迁"、"真"与"不真"、"知"与"不知"、"涅槃有"与"涅槃无"这四对核心辩证范畴所讨论的中心议题看，"四句否定"完全贯穿《肇论》四篇之中，使《肇论》四篇整体上具有稳定的内在逻辑结构。虽然僧肇曾醉心于老庄玄学，在《肇论》四篇中也运用了许多玄学的语言、表达方式甚至类似中观学的直觉和否定式思维方式；② 但是，从《肇论》足具"四句否定"的逻辑结构和其表达的思想主旨来看，僧肇准确地把握了般若中观学诸法实相原理，并且娴熟地将玄学的语言、表达方式乃至思维方式纳入中道思维模式下来阐发般若中观学思想。从这个角度而言，僧肇会通华梵，其思想在整体上是契合大乘空宗般若中观学思想体系，从而"开国人演述佛理的成功者之先河"。③

## 第二节　僧肇"中道思维"与其禅修思想

　　"禅"是梵文 Dhyāna 音译"禅那"的简称，汉译为"思维修""静虑"等，即沉思、冥想。"定"对应的梵文 Samādhi 音译为"三昧""三摩地"等，意指专注于特定的境界或对象，集中而不散乱的精神状态。在中国佛教的修持实践中，与"定"相当的一个用语是"止"，通常"止"又与"观"对说，称为"止观"。④ 止观都是梵文的意译，其意为心注一境、观照察析真理。中国佛教学者通常把"定"也叫作"禅"或"禅定"；把"止观"也名"禅观""定慧""禅慧"。本书所论的禅修思想是指佛教戒定慧"三学"之"定学"，也即佛教修定或禅修之学。其包括两个层面，广义上是指佛教义理与修证即教理二门；狭义上是指禅

---

① 相对于《物不迁论》《不真空论》《般若无知论》较为严格依照"四句否定"展开论证，《涅槃无名论》的论证方式虽略有差异，但整体仍然是按照中道思维来展开论证的。
② 关于僧肇引老庄的句法和语词研究可参见如下资料。许抗生：《僧肇评传》，南京大学出版社，1998；蔡缨勋：《僧肇般若思想（以不真空论为主）之研究》，《台湾师范大学国文研究所集刊》第 30 期，1986；涂艳秋：《僧肇思想研究》，东初出版社，1996；唐秀连：《僧肇的佛学理解和格义佛教》，宗教文化出版社，2010。
③ 李润生：《僧肇》，东大图书公司，1989，第 234 页。
④ 方立天：《中国佛教哲学要义》（下卷），中国人民大学出版社，2002，第 900 页。

修实践的方式方法。① 作为体现佛教实践根本特征的定学，既是佛教哲学理论与宗教实践之间过渡与转承的重要环节，也是佛教哲学理论在宗教实践上的反映与归宿。② 定学与佛教哲学（特别是真理观）保持着密切而复杂的关联，而这种密切而复杂的关联使佛教哲学的方法论也渗透于禅修思想之中。③

在鸠摩罗什系统译介大乘空宗般若中观学之前，在中国影响流行的禅法主要是安世高传译的小乘禅数学以及支娄迦谶介绍的"般舟三昧""首楞严三昧"这两种大乘禅法。随着大小乘佛教的广泛传播，特别是般若学与中国固有文化的深层交涉融合，这一时期的佛教呈现大小乘禅法融合、禅学与般若学融合以及禅学与中国固有文化融合的多元样态。④ 鸠摩罗什基于般若中观学诸法实相理论倡导以般若智慧统摄大小禅法的"实相禅"，在中国禅学思想史上具有重要的意义。⑤ 作为罗什门下高足，僧肇的禅修思想延续了罗什"实相禅"以般若智慧观照诸法实相的基本理路，同时也保

---

①　本书所使用的禅学侧重广义上的禅修思想即佛教义理与修证；本书所使用的禅法侧重狭义上的禅修思想即禅修实践的方式方法。

②　杜继文指出："佛教的定学，最充分地利用了注意力集中的这一心理功能，将其与佛教义理和宗教构画紧密结合起来……如果不能进入'定'这个领域，就不可能把握佛教实践的根本特征，无法认识它的宗教世界观和哲学体系得以构成的源泉"［杜继文：《汉译佛教经典哲学》（上卷），江苏人民出版社，2008，第 73 页］。

③　定学与佛教哲学之间密切而复杂性的关联主要表现为：1. 佛教一些基本概念、义理以及宗教图景都与"禅定"中的一些宗教体验相关；2. 佛教哲学又论证了由"禅定"中的一些宗教经验形成的佛教基本概念、义理以及宗教图景；3. "禅定"是获得佛教最高智慧"现观"佛教哲学真理的基本途径，而这种"实证"则是佛教哲学在宗教实践上的解脱目标、归宿；4. "禅定"获得佛教最高智慧与佛教不同教派的教理以及不同类型、层次的真理观紧密联系；5. 禅修方法万千、禅修个体差别万千、个体禅修体验差别万千，而个体修持进程和提升层次（即由戒生定、由定生慧；而所得之慧又规范、制约、促进了戒学、定学修养的提升）过程中的体证也差别万千，这也是定学与佛教哲学之间存在密切而复杂关联性的重要原因；6. 佛教哲学的理论境界不等同于禅修实践的境界［以上观点主要参考杜继文《汉译佛教经典哲学》（上卷）第一章第六节，江苏人民出版社，2008］。

④　参见方立天《中国佛教哲学要义》（下卷），中国人民大学出版社，2002，第 906～908 页。

⑤　方立天认为："鸠摩罗什编译的《坐禅三昧经》，虽然在禅定的修持方法和观观的组织方法方面，基本上是承袭小乘说一切有部的禅学体系，但是又以大乘般若学为统率，强调在禅观中要用般若智慧去观照诸法实相，这就较为成功地实现了大小乘禅学的结合。在这一过程中，鸠摩罗什既揭示了大小乘禅法在修行目标和修行方法上的区别，又疏通了两者的关联。鸠摩罗什倡导的禅学深刻地影响了尔后中国禅学的发展轨迹与方向，在中国禅学思想史上具有重要的意义"（方立天：《中国佛教哲学要义》下卷，中国人民大学出版社，2002，第 909～910 页）。

留了小乘禅法的修定实践，以上较为集中体现在其对《维摩诘经》① 的注释与疏解之中。②

## 一　以定生慧，渐修渐悟，实相即涅槃

诸法实相是般若中观学对世界本质的最高认识，也是追求的最高境界，僧肇说："实相之相，即如来相"③，"大觉之道，寂灭无相"。④ 证悟诸法实相无相就是般若中观学之"实相涅槃"，僧肇以之为通达解脱大道的"不可思议""不二"法门——"大乘之行，无言无相"⑤，"无相之道，即不可思议解脱法门，即第一义无二法门"。⑥

1. 诸法实相无相，菩提非有非无

实相即诸法性空，实相无相。然而，"实相幽深，妙绝常境，非有心之所知，非辨者之能言，如何以生灭心行而欲说乎？"⑦ "实相，慧眼之

① 《维摩诘经》简称《维摩经》，全名是《维摩诘所说经》，亦名《不可思议解脱经》，或称《维摩诘所说不思议经》。维摩诘是梵文 Vimalakirti 的音译，维摩意即"净名""无垢"，诘即"称"，故《维摩诘经》又名《净名经》或《说无垢称经》。《维摩诘经》是中国佛教史上继《般若经》之后译出的一部传译注疏不断、有较大影响的大乘经典。该经基于般若性空原理，通过刻画一位深契佛理而又游戏人间、充满辩证色彩的在家居士维摩诘与文殊师利等菩萨妙论佛法、示现神通，强调世间与出世间相统一的"不二法门"，弘扬大乘菩萨实践方法。据智昇的《开元释教录》记载，该经前后共有七种译本：严佛调译《古维摩诘经》二卷，支谦译《维摩诘经》二卷，竺叔兰译《异毗摩罗诘经》三卷，竺法护译《维摩诘所说法门经》一卷，祇多蜜译《维摩诘经》四卷，（后秦）鸠摩罗什《维摩诘所说经》三卷，玄奘译《说无垢称经》六卷。以上七种传译中，现存仅有支谦、罗什、玄奘三种译本，而以罗什之译本，读诵较多，最为通行。

② 《维摩诘经》对僧肇的佛学思想有十分重要的影响。僧肇早年因读阅支谦的旧译《维摩诘经》，才舍老庄而归佛法；其后，僧肇作为罗什门下高足参与了此经的重译，并作《维摩诘经序》称赞该经"穷微尽化，妙绝之称也。其旨渊玄，非言象所测；道越三空，非二乘所议。超群数之表，绝有心之境，眇莽无为而无不为，罔知所以然而能然者，不思议也"（《出三藏记集》卷8《维摩诘经序》，第309页）。对于《维摩诘经》对僧肇思想的影响，任继愈指出，"僧肇接受的主要是《维摩经》的思想……就根本上讲，他是用《维摩经》去会通其他经论的……僧肇对于《维摩经》特别看重，是风气使然。他对《维摩经》的注解汪洋恣肆，发挥极多，《肇论》中讲得简略模糊处，从《维摩经注》中大都可以得到澄清。他的《维摩注》应看作《肇论》的组成部分"（参见任继愈主编《中国佛教史》第1卷，中国社会科学出版社，1985，第472页）。

③ （后秦）僧肇：《注维摩诘经》卷9，《大正藏》卷38，第410页上。

④ （后秦）僧肇：《注维摩诘经》卷1，《大正藏》卷38，第333页上。

⑤ （后秦）僧肇：《注维摩诘经》卷5，《大正藏》卷38，第379页下。

⑥ （后秦）僧肇：《注维摩诘经》卷8，《大正藏》卷38，第396页下。

⑦ （后秦）僧肇：《注维摩诘经》卷3，《大正藏》卷38，第353页下。

境，非肉眼所见。"① 诸法实相之所以难以为常人常识所认识，是因为常人常识以"生灭心"执着于有或空的边见。基于中观学派中道正观，僧肇认为：

> 欲言其有，有不自生。欲言其无，缘会即形。会形非谓无，非自非谓有。且有有故有无，无有何所无。有无故有有，无无何所有。然则自有则不有，自无则不无，此法王之正说也。②

诸法实相本质性空，但不能割裂空有来认识实相。缘起事物虽然存在但无自性故本质性空，缘起事物虽然本质性空但不能执着于其空性而否定其假有。所谓"欲言有耶，无相无名。欲言无耶，备应万形"③，"即有而无，故能起无相。即无而有，故能不舍"④，诸法实相的原理是"在有不有、在空不空"⑤，"亦有亦无、非有非无"。

诸法实相虽然常人常识难以认识，但并非不可把握，"实相难测，而能深达"。⑥ 但是，要证悟实相，则必须依凭通过禅定修持所获得的般若智慧——"佛慧深远，非定不趣"。⑦ 佛慧即菩提即实相智也即般若智慧。僧肇说："菩提者，盖是正觉无相之真智乎！"⑧"无相之相，是菩提相也。"⑨"菩提之道，以无相为相。"⑩"在佛名一切智，在菩萨名般若，因果异名也。然一切智以无相为相，以此起般若，般若亦无相，因果虽异名，其相不殊也。"⑪

般若智慧之所以能够洞彻诸法实相就在于其无相无知而无所不知的体性。在《注维摩诘经》中，僧肇延续了其在《般若无知论》中对般若

---

① （后秦）僧肇：《注维摩诘经》卷 8，《大正藏》卷 38，第 339 页上。
② （后秦）僧肇：《注维摩诘经》卷 1，《大正藏》卷 38，第 332 页下～333 页上。
③ （后秦）僧肇：《注维摩诘经》卷 9，《大正藏》卷 38，第 411 页中。
④ （后秦）僧肇：《注维摩诘经》卷 4，《大正藏》卷 38，第 369 页上。
⑤ （后秦）僧肇：《注维摩诘经》卷 3，《大正藏》卷 38，第 354 页中。
⑥ （后秦）僧肇：《注维摩诘经》卷 5，《大正藏》卷 38，第 370 页下。
⑦ （后秦）僧肇：《注维摩诘经》卷 4，《大正藏》卷 38，第 369 页下。
⑧ （后秦）僧肇：《注维摩诘经》卷 4，《大正藏》卷 38，第 362 页下。
⑨ （后秦）僧肇：《注维摩诘经》卷 4，《大正藏》卷 38，第 362 页上。
⑩ （后秦）僧肇：《注维摩诘经》卷 10，《大正藏》卷 38，第 414 页下。
⑪ （后秦）僧肇：《注维摩诘经》卷 4，《大正藏》卷 38，第 369 页上。

智慧这种体性的表述："无阂知见，即实相智也"；① "虽曰无见，而无所
不见，此真慧眼之体"；② "智之生也，起于分别。而诸法无相，故智无
分别。智无分别，即智空也"；③ "无相则无知，而方遍知众生心行也"；④
"菩提不有，故无生灭。菩提不无，故了知众生心也"。⑤

　　般若智慧无相无知、不有不无，无有分别；虽能鉴照真谛但无名无
相不执着于一物一相的世俗之知，故 "知而无知"；虽无世俗之知但鉴
照真谛、体性虚寂、不为外物所扰，故 "无知而知"。般若智慧双离于
"知" 与 "不知" 两边而见乎中道，故 "无知而无不知，无为而无不为
者，其唯菩提大觉之道乎！"⑥

　　2. 以定生慧，渐修渐悟

　　证悟诸法实相必须依凭般若智慧，而禅定则是获取般若智慧的根本
途径，也是通达解脱大道的必要条件。僧肇十分重视以定生慧的禅法原
理和渐修渐悟的禅定修行实践。

　　僧肇说 "内既常静，外乱无由生焉"⑦，"七住以上，其心常定，动
静不异"⑧，"禅定之海，深广无际，自非如来清净真心，无能度者"⑨。
僧肇把止观解释为 "系心于缘谓之止，分别深达谓之观"⑩，所谓止，是
将心系于缘起法上；所谓观，是分别深达诸法实相；认为 "止观助涅槃
之要法，菩萨因之而行，不顺之以堕涅槃也"⑪，止观是证悟涅槃的核心
法门，并以定释止、以慧释观——"止定；观慧"⑫，且 "定慧互有其
用"。⑬

　　在《注维摩诘经》中，僧肇从禅法的内容、方式、作用等不同角度

---

① （后秦）僧肇：《注维摩诘经》卷2，《大正藏》卷38，第347页中。
② （后秦）僧肇：《注维摩诘经》卷8，《大正藏》卷38，第399页上。
③ （后秦）僧肇：《注维摩诘经》卷5，《大正藏》卷38，第373页上。
④ （后秦）僧肇：《注维摩诘经》卷5，《大正藏》卷38，第380页中。
⑤ （后秦）僧肇：《注维摩诘经》卷4，《大正藏》卷38，第363页上。
⑥ （后秦）僧肇：《注维摩诘经》卷4，《大正藏》卷38，第362页下。
⑦ （后秦）僧肇：《注维摩诘经》卷4，《大正藏》卷38，第363页中。
⑧ （后秦）僧肇：《注维摩诘经》卷5，《大正藏》卷38，第379页上。
⑨ （后秦）僧肇：《注维摩诘经》卷1，《大正藏》卷38，第332页下。
⑩ （后秦）僧肇：《注维摩诘经》卷5，《大正藏》卷38，第381页上。
⑪ （后秦）僧肇：《注维摩诘经》卷5，《大正藏》卷38，第381页上。
⑫ （后秦）僧肇：《注维摩诘经》卷2，《大正藏》卷38，第343页中。
⑬ （后秦）僧肇：《注维摩诘经》卷9，《大正藏》卷38，第408页上。

对"不净观"、"数息观"、"四禅八定"及"首楞严三昧"等大小禅法进行了疏解。僧肇将"不净观"的"背舍"解释为"观青为黄,观黄为青,舍背境界,从心所观,谓之背舍";① 将"灭尽定"解释为"心驰动于内,息出入于外。心想既灭,故息无出入也";② 指出"二禅以上,以无觉观故"③ "四禅高床,修净命之所成"④;强调"非三昧之力,无以运神足之勋"。⑤ 这表明,僧肇对于大小乘禅定修行法门是有较深的理解和体会。

僧肇认为,禅定的目标就是"入实相定"⑥ 获得"以无相为相"的般若智慧证悟诸法实相无相之般若学性空妙理,但这需要经历一个"渐悟渐修"的过程。在《注维摩诘经》中,僧肇说:"群生封累深厚,不可顿舍,故阶级渐遣,以至无遣也"⑦,认为众生由于尘封累积太深,其禅修不可以"顿舍"的方式将累尘一次性完全抛弃掉,必须要经过逐渐遣除的修行过程而到达不同的修行阶位,直至与"无遣"相应的修行阶位方能解脱。在《物不迁论》《涅槃无名论》中,僧肇也表述其通过"渐修"而证悟涅槃的禅修思想:

> 苟万动而非化,岂寻化以阶道。⑧
>
> 成山假就于始篑,修途托至于初步,果以功业不可朽故也。⑨
>
> 结是重惑,而可谓顿尽,亦所未喻……然其所乘不一者,亦以智力不同故也。夫群有虽众,然其量有涯,正使智犹身子,辩若满愿,穷才极虑,莫窥其畔。况乎虚无之数,重玄之域,其道无涯,欲之顿尽耶?书不云乎:为学者日益,为道者日损。为道者,为于无为者也。为于无为而曰日损,此岂顿得之谓?要损之又损之,以

① (后秦)僧肇:《注维摩诘经》卷4,《大正藏》卷38,第364页上。
② (后秦)僧肇:《注维摩诘经》卷6,《大正藏》卷38,第384页上。
③ (后秦)僧肇:《注维摩诘经》卷2,《大正藏》卷38,第346页中。
④ (后秦)僧肇:《注维摩诘经》卷7,《大正藏》卷38,第349页下。
⑤ (后秦)僧肇:《注维摩诘经》卷9,《大正藏》卷38,第413页上。
⑥ (后秦)僧肇:《注维摩诘经》卷2,《大正藏》卷38,第344页下。
⑦ (后秦)僧肇:《注维摩诘经》卷5,《大正藏》卷38,第377页上。
⑧ 石峻、楼宇烈等编《中国佛教思想资料选编》第1卷,中华书局,1981,第143页。
⑨ 石峻、楼宇烈等编《中国佛教思想资料选编》第1卷,中华书局,1981,第144页。

至于无损耳。①

僧肇认为，禅定修行必须遵循一定的修行阶位，以渐进的方式展开，也就是"修途托至于初步""岂寻化以阶道"。一方面，众生所受"重惑"太深，所以不可"顿尽"；另一方面，涅槃"虚无之数，重玄之域，其道无涯"，而众生的认识能力是有限的，"其量有涯"，即使智慧如身子（即舍利佛，智慧第一），辩才如满愿（即富楼那，辩才第一），也不能"顿尽"。所以，只能采用"损之又损之，以至于无损"的渐修渐悟的禅修方式。

## 二　定乱一如，平等不二，烦恼即涅槃

僧肇重视禅定修持，但是反对小乘禅法执着于禅定、执着于通过遁世坐禅的方式禅观诸法性空、生死无常，寻求灰身灭智、断灭生死烦恼来获得解脱。僧肇认为，大乘实相禅法应该在"诸法实相"原理之下以中道思维对待禅定修行，不可执着于定与非定，而是亦定亦非定，定乱一如。

### 1. 执定非定，卑生死、尊涅槃

宴坐即禅定，禅定是佛教修持的根本法门，坐禅则是禅定的最重要的方式。在《维摩诘经》中，对于"宴坐林下"的小乘禅法，维摩诘说："不必是坐，为宴坐也"，②认为远离世间坐禅并非宴坐的唯一形式，并阐述了其对宴坐的见解。③ 在维摩诘阐述宴坐的基础上，僧肇进一步批评了小乘禅法存在的问题：

> 舍利弗犹有世报生身及世报意根，故以人间为烦扰，而宴坐林

---

① 石峻、楼宇烈等编《中国佛教思想资料选编》第 1 卷，中华书局，1981，第 164 页。

② （后秦）鸠摩罗什译《维摩诘所说经》卷 1，《大正藏》卷 14，第 539 页下。

③ 维摩诘说："夫宴坐者，不于三界现身意，是为宴坐。不起灭定而现诸威仪，是为宴坐。不舍道法而现凡夫事，是为宴坐。心不住内，亦不在外，是为宴坐。于诸见不动，而修行三十七品，是为宴坐。不断烦恼而入涅槃，是为宴坐。若能如是坐者，佛所印可"［（后秦）鸠摩罗什译《维摩诘所说经》卷 1，《大正藏》卷 14，第 539 页下］，认为真正意义的宴坐并非执着于坐禅入定、敛心于内、远离世间，而是不把身与心停驻于任何处而贯穿于世俗烦恼之中。维摩诘反对把坐禅教条化，反对扩大禅的范围，但并非取消禅定。

下。未能形神无迹，故致斯呵。凡呵之兴，意在多益，岂存彼我，以是非为心乎。①

小乘入灭尽定，则形犹枯木，无运用之能。②

小乘障隔生死，故不能和光。③

身为幻宅，曷为住内？万物斯虚，曷为在外？小乘防念，故系心于内。凡夫多求，故驰想于外。④

夫以见为见者，要动舍诸见以修道品。⑤

小乘入定则不食，食则不入定。法身大士终日食而终日定，故无出入之名也。⑥

不观无常不厌离者，凡夫也。观无常而厌离者，二乘也。⑦

小乘禅法之所以存在"未能形神无迹""形犹枯木，无运用之能""鄣隔生死、故不能和光""防念，故心系于内""以见为见者"等诸多问题，是将诸法万相"二分"为空有、染净、世间与出世间、烦恼与涅槃截然对立的两端，执着于禅定以求空、净、出世间、涅槃而将定与非定截然对立。

僧肇认为，一方面小乘禅法执着的这个"定"是有限的定、相对的定，因而"在定则见，出定不见"⑧，只能执着于禅观之境而不见禅观之外，更不能将禅观证悟之理顺机应用于缘起事物，所以"无运用之能""故不能和光"；另一方面，小乘禅法执着于定与非定两端，而截分本质与现象、空与有、身与心、彼与我、是与非、世间与出世间、生死与涅槃为对立的两极，"卑生死、尊涅槃"⑨，导致执着于枯禅入定、执心于内、厌离世间、自我解脱。

① （后秦）僧肇：《注维摩诘经》卷2，《大正藏》卷38，第344页中。
② （后秦）僧肇：《注维摩诘经》卷2，《大正藏》卷38，第344页下。
③ （后秦）僧肇：《注维摩诘经》卷2，《大正藏》卷38，第344页下。
④ （后秦）僧肇：《注维摩诘经》卷2，《大正藏》卷38，第345页上。
⑤ （后秦）僧肇：《注维摩诘经》卷2，《大正藏》卷38，第345页上。
⑥ （后秦）僧肇：《注维摩诘经》卷2，《大正藏》卷38，第349页上。
⑦ （后秦）僧肇：《注维摩诘经》卷5，《大正藏》卷38，第374页下。
⑧ （后秦）僧肇：《注维摩诘经》卷3，《大正藏》卷38，第355页上。
⑨ （后秦）僧肇：《注维摩诘经》卷6，《大正藏》卷38，第388页下。

2. 亦定亦非定，平等不二，烦恼即涅槃

在大乘般若中观学派"诸法实相"和中道思维背景下，诸法由本质与现象、空与有延伸而来的诸如善恶、彼此、染净、世间与出世间、烦恼与涅槃等一切对立都是不存在的，诸法即现象即本质即空，世间即出世间、烦恼即涅槃。《中论·观涅槃品》云："涅槃与世间，无有少分别，世间与涅槃，亦无少分别。……涅槃之实际，及与世间际，如是二际者，无毫厘差别。"① 僧肇也说："邪正虽殊，其性不二。"② "邪见彼岸，本性不殊。"③ "欲言此岸，寂同涅槃；欲言彼岸，生死是安。"④ "淫怒痴即是涅槃。"⑤ 既然诸法即现象即本质，空有相即、世间即出世间、烦恼即涅槃，禅定则不能执着于空与有、定与非定（乱），执着于远离世间烦恼，而别求出世间涅槃。僧肇说：

> 大士入实相定，心智永灭，而形充八极，顺机而作，应会无方，举动进止，不舍威仪，其为宴坐也，亦以极矣。⑥
>
> 大士美恶齐旨，道俗一观，故终日凡夫，终日道法也。⑦
>
> 大士齐观，故内外无寄也。⑧
>
> 小乘入定则不食，食则不入定。法身大士终日食而终日定，故无出入之名也。⑨
>
> 断淫怒痴，声闻也。淫怒痴俱，凡夫也。大士观淫怒痴即是涅槃，故不断不俱。⑩
>
> 如来未尝不定，未尝不见，故常在三昧也。⑪

僧肇认为，要证悟诸法实相必须通过禅定获得般若智慧，但不能只

① 龙树：《中论》卷4，（后秦）鸠摩罗什译，《大正藏》卷30，第36页上。
② （后秦）僧肇：《注维摩诘经》卷3，《大正藏》卷38，第350页下。
③ （后秦）僧肇：《注维摩诘经》卷3，《大正藏》卷38，第351页中。
④ （后秦）僧肇：《注维摩诘经》卷9，《大正藏》卷38，第410页下。
⑤ （后秦）僧肇：《注维摩诘经》卷3，《大正藏》卷38，第350页上。
⑥ （后秦）僧肇：《注维摩诘经》卷2，《大正藏》卷38，第344页下。
⑦ （后秦）僧肇：《注维摩诘经》卷2，《大正藏》卷38，第344页下。
⑧ （后秦）僧肇：《注维摩诘经》卷2，《大正藏》卷38，第344页下。
⑨ （后秦）僧肇：《注维摩诘经》卷2，《大正藏》卷38，第345页上。
⑩ （后秦）僧肇：《注维摩诘经》卷3，《大正藏》卷38，第350页上。
⑪ （后秦）僧肇：《注维摩诘经》卷3，《大正藏》卷38，第355页上。

执着于禅定之空境而舍弃诸法万相,"以无相为无相,无相即为相。舍有而之无,譬犹逃峰而赴壑,俱不免于患矣"①,这样会导致禅修者执着于禅定、执着于通过禅定来摒除诸法万相以及诸法万相的影响,而将空与有、世间与出世间、烦恼与涅槃截然两分,沦入小乘禅法。大士"入实相定"则不执着于定与非定,是既在定中,又不执着于定而于诸法无所不观(以空观有),虽非定中而又心智永灭寂照诸法实相(以有观空),因而能够"顺机而作,应会无方""终日凡夫,终日道法""终日食而终日定""不断不俱""未尝不定,未尝不见",而"常在三昧",所以"无出入之名"——没有"入定"与"出定"的区别,也即"亦定亦非定"。

"亦定亦非定"要求在禅修者无论"定"还是"非定"都应该以"平等""不二"的方式"齐观"诸法实相无相、空有相即。"平等"也即"不二",以"平等""不二"无分别地对待诸法就是"齐观"。僧肇说:"有我、我所,则二法自生。二法既生,则内外以形。内外既形,则诸法异名。诸法异名,则是非相倾。是非相倾,则众患以成。若能不念内外诸法行心平等者,则入空行无法想之患。"② 小乘禅法执着于由主客"二分"而来的分别,导致把本质与现象对立、把诸法的差别当作事物的本质,因而"闻一则取一相,闻无则取无相,故有二焉"③。大乘禅法则"是非齐旨,二者不殊"④,以般若智慧无分别地认识诸法现象的差异与性空本质,所以僧肇强调:"平等法坐,佛所印可。"⑤ "平等正化,莫二之道。"⑥ "平等之道,理无二迹。"⑦ 在"平等""不二"视域下,"既无彼此,则离众邪见,同涅槃也"⑧,烦恼与涅槃不一不异。禅定修持不是要"空"去烦恼才能求得涅槃,也非执着于涅槃而视涅槃为"有"而背离涅槃空性,而是以般若智慧直观烦恼即涅槃,所以僧肇

① 石峻、楼宇烈等编《中国佛教思想资料选编》第1卷,中华书局,1981,第150页。
② (后秦)僧肇:《注维摩诘经》卷5,《大正藏》卷38,第376页下。
③ (后秦)僧肇:《注维摩诘经》卷8,《大正藏》卷38,第397页中。
④ (后秦)僧肇:《注维摩诘经》卷3,《大正藏》卷38,第354页中。
⑤ (后秦)僧肇:《注维摩诘经》卷2,《大正藏》卷38,第345页中。
⑥ (后秦)僧肇:《注维摩诘经》卷3,《大正藏》卷38,第350页下。
⑦ (后秦)僧肇:《注维摩诘经》卷5,《大正藏》卷38,第372页下。
⑧ (后秦)僧肇:《注维摩诘经》卷3,《大正藏》卷38,第358页上。

说："烦恼真性即是涅槃，慧力强者观烦恼即是入涅槃，不待断而后入也。"①

## 三　无定无乱，七住悟理，非在生死、非住涅槃

虽然"亦定亦非定"以"平等""不二"的方式对待本质与现象、烦恼与涅槃，克服了小乘禅法偏执空有导致的诸多弊端，但仍然有"烦恼"与"涅槃"的名称以及由之而来的差别，而且慧力弱者不能即观烦恼即涅槃，而是经过一个区别、断除的过程；在修行实践上，"亦定亦非定"仍然有"定"的名称以及"定"与"非定"的区别，仍然是一种"定"，仍然存在对"定"执着的倾向，也仍然是一种肯定的表达方式。如果依照僧肇对般若中观学诸法实相原理、中道思维原则以及彻底否定式思维方式准确把握的逻辑发展来看，"亦定亦非定"也要被进一步地否定性超越为"亦定亦非定、非定非非定（无定无乱）"，同样，渐悟也要以不离渐悟的顿悟的方式被否定性超越。

1. 无定无乱，非在生死、非住涅槃

"亦定亦非定、非定非非定"即在肯定"定"的同时否定对"定"的任何执着，在否定"非定"的同时肯定"非定"的价值——"定"非"非定"、"定"即"非定"，也就是亦定亦乱、非定非乱。所以，僧肇也说："菩提之相，无定无乱，以此起禅，禅亦同相。"② 但是，僧肇认为，只有渐悟渐修至"七住"阶位才能"无定无乱"、无须执着任何外在的禅修形式而完全无碍地"顿悟"涅槃。僧肇说："六住以下，心未纯一，在有则舍空，在空则舍有，未能以平等真心有无俱涉。"③ "佛慧，七住所得无生慧也。"④ "七住得无生忍，心结永除。"⑤ "无生"即无生法忍，其义为无生无灭、寂灭无为。"无生慧"即心相永灭、泊然永寂，是菩萨修行达到七地时具有的一种特殊的、体悟"无生"的般若智慧。僧肇说：

　　　忍，即无生慧也。以能堪受实相，故以忍为名。得此忍，则于

---

①　（后秦）僧肇：《注维摩诘经》卷2，《大正藏》卷38，第345页中。

②　（后秦）僧肇：《注维摩诘经》卷4，《大正藏》卷38，第369页上。

③　（后秦）僧肇：《注维摩诘经》卷5，《大正藏》卷38，第379页上。

④　（后秦）僧肇：《注维摩诘经》卷1，《大正藏》卷38，第335页上。

⑤　（后秦）僧肇：《注维摩诘经》卷6，《大正藏》卷38，第384页上。

法无取无得，心相永灭，故曰无所得不起法忍也。①

　　彼岸，实相岸也。得无生以后，所修众行，尽与实相合体，无复分别也。②

　　七住得无生忍已后，所行万行，皆无相无缘，与无生同体。无生同体，无分别也。真慈无缘，无复心相。心相既无，则泊然永寂。未尝不慈，未尝有慈。故曰行寂灭慈，无所生也。③

僧肇认为，通过禅修至于"七住"法位上，便可获得"无生慧"，完全通达实相，与实相合体，体察洞彻诸法实相无相、空有相即，烦恼非涅槃、烦恼即涅槃而通达解脱彼岸。僧肇说："欲言在生死，生死不能污。欲言住涅槃，而复不灭度。是以处中道而行者，非在生死，非住涅槃。"④虽处于生死流转（非定）而不被烦恼所污染（定），虽证悟涅槃（定）而不执着于涅槃（非定）；不离生死、不住涅槃，不落两边而契于中道。

2. 渐修渐悟，七住悟理

渐悟与顿悟讨论的是证悟涅槃的途径与方法的问题。自道生"孤明先发""阐提顿悟"之说后，中国佛教史上展开了激烈的渐顿之争，但顿悟思想之萌芽，并非始于道生。⑤ 相对道生的"大顿悟"，包括僧肇在内的支遁、道安、慧远等都有顿悟思想的因素，认为修持至"七住"阶位与前六地不同，已得无生法忍，故可顿悟，其般若观照与后三地无异，后世一般称之为"小顿悟"。⑥

---

① （后秦）僧肇：《注维摩诘经》卷1，《大正藏》卷38，第329页中。
② （后秦）僧肇：《注维摩诘经》卷2，《大正藏》卷38，第343页中。
③ （后秦）僧肇：《注维摩诘经》卷6，《大正藏》卷38，第384页中。
④ （后秦）僧肇：《注维摩诘经》卷5，《大正藏》卷38，第380页上。
⑤ 任继愈主编的《中国佛教史》指出："关于顿、渐的问题，外来佛籍极少谈及。菩萨十地，本是把佛教修习过程神秘化的产物，'七住'所得'无生智'，又是一种悟空的神秘直观，据说它本身只是一种短暂的飞跃，但这一飞跃，却是几经生死，长期修习才能实现的，因此，原来也不涉及顿渐对立的问题……'顿、渐'的问题，从形式到内容，都属于中国本土所有。中国佛教史上出现的顿、渐问题的讨论乃是现实的社会关系的一种反映"（任继愈主编《中国佛教史》第2卷，中国社会科学出版社，1985，第521页）。
⑥ （晋）惠达认为："小顿悟者，支道琳师云：七地始见无生。弥天释道安师云：大乘初无漏慧，称摩诃般若即是七地。远师云：二乘未得无有，始于七地方能得也。琎法师云：三界诸结，七地初得无生，一时顿断，为菩萨见谛也。肇法师亦同小顿悟义"（《卍续藏经》第54册，第55页中）。

　　僧肇"七住悟理"之说也把成佛的修行分为渐顿两个过程，同样认为"七住悟理"后还要继续进修三位至"十住悟理"，"儒童菩萨时于七住，初获无生忍，进修三位"，[①] 然而，成佛的修行要分为渐顿两个过程的逻辑依据、"七住悟理"已经证悟诸法实相为何还要进修三位，以及如何修行十住，僧肇并没有做出明确的解释。

　　如果依照僧肇对般若中观学诸法实相原理、中道思维原则以及彻底否定式思维方式准确把握的逻辑发展来看，首先，僧肇是以诸法实相作为其禅修的理论基础，把禅法作为证悟般若中观学理论的方法，而诸法实相无相、空有相即逻辑上要求其以"亦定亦非定、非定非非定"禅修思想与之相应，或者说其禅修理论是诸法实相理论的演绎。[②] 其次，中观学以彻底否定的思维方式荡相遣执、逼显出毕竟空的这一过程逻辑上已经具有渐、顿的因素——不断否定的过程是渐、当体明空是顿。这一点，潘桂明指出："从中观学派理论在中国发展趋势看，若将般若学说贯彻到底，也必然会逻辑地得出顿悟的结论。"[③] 最后，按照中道思维模式，僧肇必然会采取不离两边、非有非无的方式对待任何对立包括渐顿，所以一方面，僧肇在强调渐修渐悟的同时也主张"七住悟理"；另一方面，僧肇认为修行至"七住"阶位可顿悟诸法实相之理，但是从践行六度及济度众生而言，"七住"进修至"十住"仍然是渐修的过程。僧肇的这一思想也可表述为"亦渐亦顿，非渐非顿"[④]，即基于中道思维防止

---

①　此为《涅槃无名论》"难差第八"中"有名"对"无名"的问难，参见石峻、楼宇烈等编《中国佛教思想资料选编》第 1 卷，中华书局，1981，第 163 页。

②　葛兆光在考察中国佛教史上般若学和禅学结合的背景下认为"由于禅学技术与般若哲学的贯通，由于禅学方法与佛性思想的融汇，禅不再是一种苦苦抑制身心的修行方式，也不再需要艰苦卓绝的漫长历程，在禅智双修的思路中，已经潜含了'顿悟'的因子"（葛兆光：《中国思想史》第 1 卷，复旦大学出版社，2004，第 423 页）。

③　潘桂明：《中国佛教思想史稿》第 1 卷上，江苏人民出版社，2009，第 330 页。

④　本文此论可以参考学界以下观点：1. 潘桂明从僧肇"平等不二""方便解脱"角度认为"七住悟理是方便，十住悟理也是方便；至七住是渐修，至十住也是渐修"（参见潘桂明《中国佛教思想史稿》第 1 卷上，江苏人民出版社，2009，第 329 页）；2. 王月秀认为"僧肇对七地以上的证涅槃者，宣说渐修的必要……对六地以下的众生，则宣说顿悟渐修的思想"[参见王月秀《僧肇思想研究——以〈肇论〉为中心》（下），花木兰文化出版社，2010，第 316 页]；3. 李润生认为，虽然僧肇认为七住之后进修三位"更非渐修莫辨"，但菩萨对"涅槃"的修证尚需渐修功夫，修行二乘之人更需渐修（参见李润生《僧肇》，东大图书公司，1989，第 217 页）；4. 罗因认为，七住以上才能真正实践六度波罗蜜的修行，所以僧肇认为菩萨修行至七住，必须进修三位才能成佛（转下页注）

任何执着于渐、顿可能出现的偏差。这既反映出僧肇对中道思维的娴熟运用，也潜在反映出僧肇以中道思维模式来解决宗教实践问题的倾向。

### 四　权智方便、二行俱备，安住生死、不乐涅槃

宗教理论最终服务于其宗教实践。相对小乘佛教偏于厌离世间的个人解脱，以《维摩诘经》为代表的大乘经典弘扬"在于生死，不为污行；住于涅槃，不永灭度"① 的思想，集中体现了大乘佛教悲悯众生、不舍众生，虽得大道而甘愿住于不净与痛苦中奉献自我、普度众生的菩萨行精神。僧肇的禅修思想也高扬菩萨行大旗，深刻地反映出其对大乘佛教精神的准确把握！

#### 1. 权智方便、二行俱备

早期般若学过于说空，冲淡了其宗教信仰内涵和对现实生活的影响力；《维摩诘经》以"不二法门"纠正了这种偏向，并以"智度无极"和"善权方便"将般若学理论和菩萨行实践加以贯通。"'方便'，指的就是世俗生活，'智度'指的是般若波罗蜜。两者结合起来，就是要求菩萨行者无条件地深入世俗生活，用般若的智慧去度脱众生……这一观点，是般若类经籍的总纲，也是《维摩经》全部立论的基础。"② 僧肇禅修思想遵循《维摩诘经》这一精神，并以"权智""方便"之说来阐发《维摩诘经》"智度无极"和"善权方便"的思想，作为其沟通世间与出世间，弘扬、实践大乘菩萨行精神的落脚点。

僧肇认为，"权智"是"此经之关要"③，"统万行则以权智为主"④。"权智"是《维摩诘经》思想的核心和枢纽，也是主导、统摄大乘菩萨行的关键。僧肇认为，权与智相即不二，"菩萨以智为母，以权为父"；⑤

---

(接上页注④)（参见罗因《般若学对魏晋玄学课题的深化与开展：以〈肇论〉为中心》，花木兰文化出版社，2010，第 120 页）。

① （后秦）鸠摩罗什译《维摩诘所说经》卷 2，《大正藏》卷 14，第 545 页中。

② 杜继文：《汉译佛教经典哲学》（下卷），江苏人民出版社，2008，第 108 页。

③ （后秦）僧肇：《注维摩诘经》卷 5，《大正藏》卷 38，第 379 页下。

④ （梁）僧祐撰，苏晋仁、萧錬子点校《出三藏记集》卷 8，《维摩诘经序》，中华书局，1995，第 309 页。

⑤ （后秦）僧肇：《注维摩诘经》卷 7，《大正藏》卷 38，第 393 页上。

而且权智各有其功用，"智为内照，权为外用"。① 同时，"权智二门"也就是"智慧方便之门"②。僧肇说："智慧远通，方便近导。异迹所以形，众庶所以成。物无不由，而莫之能测。故权智二门，为不思议之本也。"③ 智慧即般若之智，僧肇认为方便也是一种智慧——"巧便慧"，而且侧重于般若智慧的运用。他说：

> 方便者，巧便慧也。积小德而获大功，功虽就而不证。处有不乖寂，居无不失化。无为而无所不为，方便无碍也。④
>
> 到实智彼岸，善智度也。运用无方，达方便也。⑤
>
> 以平等心而处世不倦，故名方便。⑥
>
> 巧积众德，谓之方便。直达法相，谓之慧。二行俱备，然后为解耳。若无方便而有慧，未免于缚。若无慧而有方便，亦未免于缚。⑦

般若智慧观照诸法实相，方便则不执着于实相，"功虽就而不证"，而且能以般若智慧沟通空有，"处有不乖寂，居无不失化""无为而无所不为"；因而"运用无方"，"处世不倦"，济度众生。并且，般若与方便互为依凭，只有般若与方便"二行俱备"，方可通达解脱大道。

2. 安住生死、不乐涅槃

僧肇以"权智""方便"之说贯通大乘佛教理论和实践的落脚点是高扬大乘佛教菩萨行的精神。他说"禅定虽乐，安之则大道不成，菩萨不乐，故想之如地狱也"⑧，认为如果执着于追求个人解脱的禅定之乐而置众生解脱而不顾，则背离了禅法"大道"，非大乘禅法的真精神。

---

① （后秦）僧肇：《注维摩诘经》卷7，《大正藏》卷38，第393页上。
② 程恭让、韩成才在《从僧肇的〈维摩经〉诠释看其对善巧方便概念及思想的理解》一文中以《梵文维摩经》为底本比较僧肇、罗什及玄奘的译文，认为僧肇著述中"权慧"、"权道"、"权智之道"与"权智"思想相对应，"权智二门"即"智慧方便之门"，"权智"之说紧扣初期大乘佛教经典结集时代最为核心的议题，准确把握了初期大乘佛教的思想脉动（参见程恭让、韩成才《从僧肇的〈维摩经〉诠释看其对善巧方便概念及思想的理解》，《中国哲学史》2015年第4期）。
③ （后秦）僧肇：《注维摩诘经》卷6，《大正藏》卷38，第383页中。
④ （后秦）僧肇：《注维摩诘经》卷1，《大正藏》卷38，第336页上。
⑤ （后秦）僧肇：《注维摩诘经》卷2，《大正藏》卷38，第339页上。
⑥ （后秦）僧肇：《注维摩诘经》卷5，《大正藏》卷38，第379页中。
⑦ （后秦）僧肇：《注维摩诘经》卷5，《大正藏》卷38，第378页下。
⑧ （后秦）僧肇：《注维摩诘经》卷9，《大正藏》卷38，第407页中。

僧肇说：

> 大士观生死同涅槃，故能不舍。①
>
> 观无常不厌离者，菩萨也。②
>
> 菩萨因观生灭以悟道。③
>
> 虽见身苦，而不乐涅槃之乐。虽知无我，不以众生空故阙于教
> 导。虽解身空，而不取涅槃毕竟之道。故能安住生死，与众生
> 同疾。④

菩萨不离生死无常方证涅槃正果，虽然证悟涅槃正果、物我两空，但不执着于涅槃之乐，不舍弃、厌离生死众生乃至教导众生、度化众生——这也正是《维摩诘经》倡导的大乘菩萨行精神的体现。在此基础上，僧肇的禅修思想更为凸显对世俗世界肯定、对"众生"的悲悯以及积极"入世"践行菩萨行的精神。他说：

> 众结烦恼为如来种也。⑤
>
> 众生皆以烦恼为病，而诸佛即以之为药。⑥
>
> 然则土之净秽，系于众生，故曰众生之类是菩萨佛土也。⑦

相较在诸法实相原理和中道思维原则下以"平等""不二"的态度对待烦恼即涅槃即性空而言，显然，僧肇更为关注"众生"在如何获得解脱的背景下烦恼对于涅槃的重要意义和价值，解脱不但不能离开世俗世界，而且世俗世界是获得解脱的不可或缺的条件，甚至世俗世界愈污秽，成佛的功业愈宏大，"夫善因恶起，净由秽增。此土十恶法具，故十德增长"。⑧ 而这也与《维摩经》中"此土菩萨于五罚世以大悲利人民，

---

① （后秦）僧肇：《注维摩诘经》卷5，《大正藏》卷38，第374页上。
② （后秦）僧肇：《注维摩诘经》卷5，《大正藏》卷38，第374页下。
③ （后秦）僧肇：《注维摩诘经》卷8，《大正藏》卷38，第396页下。
④ （后秦）僧肇：《注维摩诘经》卷5，《大正藏》卷38，第375页上。
⑤ （后秦）僧肇：《注维摩诘经》卷7，《大正藏》卷38，第391页下。
⑥ （后秦）僧肇：《注维摩诘经》卷9，《大正藏》卷38，第404页下。
⑦ （后秦）僧肇：《注维摩诘经》卷1，《大正藏》卷38，第334页中。
⑧ （后秦）僧肇：《注维摩诘经》卷8，《大正藏》卷38，第402页中。

多于彼国百千劫行"① 表现出的思想相一致。

基于"平等""不二"禅法，烦恼即涅槃、世间即出世间在理论上既可导向世俗世界的宗教化、神圣化，也可延伸出宗教、神圣世界的世俗化。正是对大乘佛教菩萨行精神的弘扬，《维摩诘经》虽然以诸法实相原理、"世间性空，即出世间"的中道思维来贯通世间与出世间、烦恼与涅槃，但已经开始强调宗教实践的现实意义，体现为对世俗世界的重视与肯定以及菩萨行精神在世俗世界中的践行。这一点，杜继文指出："《维摩诘经》的出现，标志着大乘佛教的世俗化运动已经达到高潮；它在中国世俗社会受到特殊的优待，也指明了中国佛教的基本方向：它从哲学理论和宗教实践两个方面把出世间的佛教迁移到了世俗世界，不但让大乘僧侣的生活世俗化，而且让世俗人的生活僧侣化。"② 显然，僧肇强调、凸显世间、烦恼对于涅槃正果的重要性与积极意义和《维摩诘经》的精神取向是保持高度一致的。然而，僧肇对世间、烦恼的强调与重视不可避免与其中道思维模式以及"平等""不二"禅法之间形成一定的偏差。这种偏差，一方面在理论上潜在地流露出本质高于现象、神圣高于世俗、涅槃高于烦恼，现象回归于本质、世俗回归于神圣、烦恼回归于涅槃的倾向；另一方面，这种偏差虽然有别于中观学彻底否定的思维模式，但对世俗世界的肯定在宗教实践上正与大乘佛教高倡悲智双用、凸显在世俗世界普度众生的菩萨行精神紧紧相呼应！

虽然僧肇在具体的禅修实践中运用了玄学"天地一旨、万物一观"③ 等表达方式阐述其"平等不二"禅观，但整体上僧肇的禅修思想反映出其对诸法实相原理的深刻把握、对中道思维原则的准确理解与娴熟运用、以及对罗什所倡导以般若智慧统领禅修思想的大乘实相禅法的延承。僧肇既重视以禅定修持证得般若智慧，也强调并纠正执着于禅定修行可能形成的偏差；既主张渐修渐悟，也主张具有顿悟因素的"七住悟理"之说；是对大乘实相禅法可能出现的偏于"慧"的倾向和小乘禅法偏于"定"的趋势的一种调和与修正，也是以般若学诸法实相原理和中道思

---

① （后秦）鸠摩罗什译《维摩诘所说经》卷2，《大正藏》卷14，第532页下。

② 杜继文：《汉译佛教经典哲学》（下卷），江苏人民出版社，2008，第92页。

③ （后秦）僧肇：《注维摩诘经》卷3，《大正藏》卷38，第350页下。

维原则对小乘禅法的融汇，"相当于道生顿悟学说的过渡形态"。① 而僧肇以弘扬大乘佛教菩萨行精神为宗旨，一定程度上偏离了彻底否定的中道思维模式，转向肯定世俗世界、积极"入世"，由此强化了大乘佛教在世俗世界中实现个人与一切众生解脱的宗教情怀，也增添了大乘佛教的宗教魅力。

## 第三节　僧肇"即体即用"的辩证思维

学术界一般认为"体用"作为哲学范畴始于王弼，魏晋玄学在本体论思维模式下以"有无关系"为核心探讨形而上之"本体"与形而下之"现象"之间的关系则是"体用"范畴的重要内涵。随着"体用"内容和内涵的不断丰富，"体用"范畴也贯通于本体论、宇宙论、认识论、方法论、人生论等诸多层次，成为中国传统哲学的核心范畴。"体用"范畴的逻辑表达形态一般为体为用之体、体显现为用，用为体之用、用呈现体。整体而言，追求体用关系的圆融无碍——"即体即用"，是中国传统哲学精神的重要标的。② "即体即用"思维在本体论层面主要表现为本体与现象的相即不二、体用如一；在认识论、人生论层面一般表现为主体与客体的相即不离、主客合一。魏晋玄学家虽然主张"体用一如"，但并没有在理论上解决本体与现象的辩证关系，导致事实上存在着体用二分，最终走向了以主客合一的一元性整体思维消解本体与现象的悬隔、直观宇宙万象"物我同一"而获得自我超越的精神境界。当僧肇以般若中观学诸法实相原理和中道思维原则契入魏晋玄学"有无之辨"之时，魏晋玄学的"体用"思维也自然而然地进入了僧肇的理论视域，在般若学与玄学的交互对话中，僧肇对"体用"范畴的理解和运用既是其辩证思维方式的重要内容，也深刻地反映出其佛学思想的特质。

---

① 潘桂明：《中国佛教思想史稿》第 1 卷上，江苏人民出版社，2009，第 328 页。

② 方克立认为："中国古代和近代的哲学家，凡论体用关系者，几乎人人都讲体用统一，提法有'体用一源'、'体用一如'、'体用一贯'、'体用一致'、'体用合一'、'体用不二'、'体用玄通'、'体用相即'……主张体用统一的辩证观点在中国还是占主导地位的"（方克立：《论中国古代哲学中的体用范畴》，《中国社会科学》1984 年第 5 期）。

## 一　本质与现象之"即体即用"

汤用彤精辟指出，"肇公之学说，一言以蔽之曰：即体即用"①。"即体即用"作为僧肇思想的一大特色，应已是学界共识。但与魏晋玄学本体论思维模式下讨论"本体"与"现象"之间的关系不同，般若中观学是基于诸法实相原理和中道思维原则来阐明世界万有的本质以及世界万有的本质与现象的关系，绝非为诸法别寻一个作为诸法存在依据、本原的"本体"。

缘起性空和性空幻有是般若中观学阐释诸法实相原理的两个互为依存的核心命题。其中，缘起性空是指诸法缘起即性空，也即依凭般若智慧直观诸法即本质即现象即空，当体明空、毕竟空。缘起性空内在否定了世界万有以及世界万有的最终依据，也即具有了否定现象及本体的理论内涵。性空幻有是指缘起事物现象存在，但现象无自性本质性空。性空幻有内在具有否定现象真实存在，以及否定把事物的本质看作绝对虚空的理论内涵。因此，般若中观学在肯定现象存在和本质性空的同时，否定现象存在的真实性以及绝对虚空，在方法论上表现为反对执着空有两端，通过荡相遣执、非有非无、不落两边的中道思维来逼显诸法实相，而绝非为诸法别寻一个作为诸法存在依据、本原的"本体"。般若中观学中道思维在认识论上则体现为二谛相即，即俗谛以现象之有为真、真谛以诸法实相为真，既认识到诸法现象之有又认识到诸法本质性空，真俗二谛相互否定又相互依待。僧肇深谙般若中观学要义，其本质与现象之"即体即用"思维的内涵并非指向本体论思维模式下的现象之所以存在的最终依据或本原，而是指向诸法实相。这一点，汤用彤已经清晰地指出。

对于般若学诸法实相，汤先生指出"宇宙之实相，本无相可得。宇宙之本体，亦非超然物外"②，"一切法无相绝言者，非谓万物之外别有一独立秘密之自体也"③，"本体之道决非超乎现象以外，而宇宙万有实

---

①　汤用彤：《汉魏两晋南北朝佛教史》，北京大学出版社，1997，第234页。
②　汤用彤：《汉魏两晋南北朝佛教史》，北京大学出版社，1997，第225页。
③　汤用彤：《汉魏两晋南北朝佛教史》，北京大学出版社，1997，第225页。

不离真际，而与实相不二也"①。在诸法实相语境下，可以认为，汤先生所言"宇宙之本体"与"宇宙之实相"的内涵是相同的。对于僧肇"即体即用"思想，汤先生指出"《物不迁论》依即动即静谈即体即用，奠定肇公理论之基础"②，"故此论'即动即静'之义，正以申明'即体即用'之理论"③，但此"即体即用""非谓由一不动之本体，而生各色变动之现象。盖本体与万象不可截分"。④ 而且，汤先生亦明确指出，僧肇"即体即用"之说"虽有取于《庄》《老》玄学，但亦实得之于鸠摩罗什"。⑤ 对于其余二论，汤先生认为《不真空论》的主旨是"即万物之自虚"，意在显扬"即有即无，即体即用，乃大乘体用一如之妙谛"⑥；"体用如一，静动相即，亦为《般若无知论》之最根本义"⑦。显然，汤先生认为，"即体即用"作为僧肇学术思想精髓是取法于罗什所传般若中观学，"即体即用"延伸出的"即动即静""即有即无""即伪即真""体用一如"的主旨皆为阐明在诸法实相原理背景下的实相与现象的相即不二。

　　根据本书前文对《肇论》四篇思想的阐释，《物不迁论》以亦迁亦不迁论证缘起性空之理；《不真空论》以亦真亦不真阐明诸法本质与现象相即不二；《般若无知论》以亦知亦不知表述般若智慧"知而无知、无知而知"的体性；《涅槃无名论》通过讨论涅槃有、涅槃无的问题阐述涅槃亦有亦无之"妙存"；显然，以本质与现象相即不二的"即体即用"思维实贯穿《肇论》四篇之中。如果从《肇论》四篇的辩证逻辑结构看，如本书前文所述，《肇论》四篇虽然在行文中并没有与四句否定完全吻合，甚或形式类似的句法用例，但四篇整体在论证上却足具四句否定的论证模式。其中，即体即用对应四句否定的第三句（c.p 且非 p），也就是，《肇论》对"迁"与"不迁"、"真"与"不真"、般若"知"与"不知"、"涅槃有"与"涅槃无"这四对核心辩证范畴的双边同时进

---

① 汤用彤：《汉魏两晋南北朝佛教史》，北京大学出版社，1997，第236页。
② 汤用彤：《汉魏两晋南北朝佛教史》，北京大学出版社，1997，第236页。
③ 汤用彤：《汉魏两晋南北朝佛教史》，北京大学出版社，1997，第235页。
④ 汤用彤：《汉魏两晋南北朝佛教史》，北京大学出版社，1997，第234~235页。
⑤ 汤用彤：《汉魏两晋南北朝佛教史》，北京大学出版社，1997，第235页。
⑥ 汤用彤：《汉魏两晋南北朝佛教史》，北京大学出版社，1997，第235页。
⑦ 汤用彤：《汉魏两晋南北朝佛教史》，北京大学出版社，1997，第237页。

行肯定，来阐明其"即体即用"之理论。此外，在《注维摩诘经》中，僧肇在表述其禅修思想中也有许多基于本质与现象相即不二的阐述，"邪正虽殊，其性不二"①，"邪见彼岸，本性不殊"②，"欲言此岸，寂同涅槃；欲言彼岸，生死是安"③，"淫怒痴即是涅槃"④，这也表明，僧肇把本质与现象的"即体即用"作为一种思维模式充分运用于其宗教实践之中。⑤

## 二　主体与客体之"即体即用"

"即体即用"思维在认识论、人生论层面一般表现为主体与客体的相即不离、主客合一。体即主体，用即主体的对象化——客体，"即体即用"也就是主体客体化、客体主体化，由主客相待而主客合一。这一过程中，主体把对宇宙人生的认知与理解转化为主体自身的人格修养与精神境界，则是"即体即用"思维在人生论上的重要内涵。对于以宗教实践为最终目的的佛教哲学而言，能否成佛、如何成佛、成佛境界等关乎佛教信仰的理论问题在宗教实践上则体现为信仰主体与信仰对象之间的主客关系。上述僧肇本质与现象之"即体即用"思维整体上虽然深契般若中观学诸法实相原理，但般若中观学彻底否定的思维方式和毕竟空理论并不利于佛教信仰的确立和稳定。在此背景下，僧肇"即体即用"思维又表现出以主体体证事物永恒真性、如来不朽功业，由主客对待过渡为主客合一的致思路径。

### 1. 主客对待的宗教要求

按照印度佛教自身理论的逻辑发展线索，大乘佛教是对小乘佛教说一切有部以现象为实有的理论批判，却有偏于说"空"而陷入"恶趣空"的倾向。般若中观学"中道实相"之说虽意在补救早期大乘佛教之"恶趣空"倾向，但中观学"空"到极致，仍然无法避免涅槃主体、信仰对象乃至解脱境界都被"空"掉的理论指向，这必然会在逻

① （后秦）僧肇：《注维摩诘经》卷3，《大正藏》卷38，第350页下。
② （后秦）僧肇：《注维摩诘经》卷3，《大正藏》卷38，第351页中。
③ （后秦）僧肇：《注维摩诘经》卷9，《大正藏》卷38，第410页下。
④ （后秦）僧肇：《注维摩诘经》卷3，《大正藏》卷38，第350页上。
⑤ 参见本书第四章第二节之"定乱一如，平等不二，烦恼即涅槃"。

辑和实践上对佛教的宗教信仰产生强烈的负面冲击。① 而对佛教修行解
脱追求的最终目标和最高境界的涅槃的阐释，本质上关乎佛教的信仰
与生存，因为就信仰者而言，能否成佛和如何成佛才是他们最为关注
的问题。

　　鸠摩罗什虽然阐明了涅槃非有非无的不可思议性以及不可执着于涅
槃的观念，但其"对于涅槃问题语焉不详"②，使罗什门下杰出弟子僧
叡、僧肇、道生疑惑重重。僧叡曾求教罗什："或时有言：佛若虚妄，谁
为真者？若是虚妄，积功累德，谁为其主？"③ 表达了其对包括佛在内的
一切进行彻底否定的般若性空之学的担忧。至《大般涅槃经》译出之
后，僧叡进一步明确了涅槃佛性有的观念："佛有真我，故圣镜特宗，而
为众圣中王。泥洹永存，为应照之本。大化不泯，真本存焉"④，并以涅
槃佛性为解脱归宿。道生更是在《大般涅槃经》未译出之前，就"孤明
先发"震动当时佛教界的"一阐提皆得成佛"之说，肯定涅槃佛性有。
同样，僧肇对涅槃是否有承载主体的问题也时常感到困惑："虽屡蒙诲
喻，犹怀疑漠漠。"⑤ 在《涅槃无名论》前附《奏秦王表》中，僧肇引用

---

① 葛兆光指出，"般若学的'空'是一个相当深刻的思想依据，却也是一种十分强烈的思
　想腐蚀剂，在它的语境中，一切都失去了真实性和确定性，无论是使人堕落的世俗世
　界的声色情欲，还是为了逃避堕落而对声色情欲进行的抵抗，无论是有还是无，无论
　是妄还是真，其实都是引起固执的分别，都是无常因果链条中终究生灭的暂现，都没
　有永恒超越性。因此，当所有被否定的罪过孽业与被肯定的兴福善行都是虚妄，连如
　来佛都并不是真正的存在，而只剩下色空一如的体验和感受是唯一真实的时候，当
　'悟'与'迷'之在于心灵的'惑'与'不惑'，而'惑'与'不惑'也只是自内所
　证，佛性只是自内所证'第一义空'的时候，那些过去被认为是要从此岸艰难地向彼
　岸跋涉的种种方法，如诵经、如苦行、如兴福、如造像、如铸佛，就显得未免多余了"
　（葛兆光：《中国思想史》第1卷，复旦大学出版社，2004，第419～420页）。潘桂明
　也认为，"大乘般若学也有自身的弱点，它过于偏重形而上的哲学思辨，缺乏对现实人
　生的直接指导。深奥晦涩的哲理性探讨，主要为具有较高文化素养的人士所欣赏，而
　普通信仰者则很难理解和接受，因此有可能将大批民众拒之门外，从而在客观上冲淡
　了宗教内涵，不利于佛教自身的社会发展"（潘桂明：《中国佛教思想史稿》第1卷
　上，江苏人民出版社，2009，第184页）。
② 潘桂明：《中国佛教思想史稿》第1卷上，江苏人民出版社，2009，第306页。
③ （梁）僧祐撰，苏晋仁、萧錬子点校《出三藏记集》卷五《喻疑》，中华书局，1995，
　第236页。
④ （梁）僧祐撰，苏晋仁、萧錬子点校《出三藏记集》卷五《喻疑》，中华书局，1995，
　第235页。
⑤ 石峻、楼宇烈等编《中国佛教思想资料选编》第1卷，中华书局，1981，第157页。

了姚兴在《答安城侯姚嵩书》中对涅槃没有承载主体的质疑:"诸家通义第一谛,皆云廓然空寂,无有圣人,吾常以为殊太甚径庭,不近人情。若无圣人,知无者谁也?"① 并认同姚兴的这一观点"若无圣人,谁与道游?顷诸学徒莫不踌躇道门,怏怏此旨,怀疑终日,莫之能正"②,且称赞姚兴这一观点是"道光重映于千载!"③

从宗教信仰而言,依据吕大吉的宗教四要素说,宗教观念和宗教体验是统一于宗教意识的互为依存的两个方面,而宗教观念则是宗教四要素体系的基础和核心。④ 般若中观学派以彻底的否定式思维方式破邪显正、荡相遣执,在凸显诸法实相的殊胜义理的过程中呈现别具一格的理论优势;但是彻底否定、破而不立——"一切实非实,亦实亦非实,非实非非实"⑤ 不置可否的表述,使"诸法实相"表现出一定程度的模糊性和不确定性,当"中观学在剥离了佛菩萨崇拜之后,'实相'几乎沦为一个无法捉摸的'理念',不能给信众提供任何有益的心理支持"⑥。因此,由对涅槃承载主体的肯定、对涅槃境界的肯定而兴起的涅槃学取代般若学也成为逻辑的必然。而对涅槃承载主体、涅槃境界的肯定则意味着涅槃是一个明确存在的信仰对象和解脱目标,这也表明以中道思维对待空有、本质与现象等对立之间的"相即"关系被打破,涅槃承载主体与涅槃之间、人与佛之间已经具有了主客二元对待的因素。

2. 主客对待的哲学架构

僧肇在信仰层面主客对待的宗教要求在理论上体现为"心"的主体化、实体化倾向,涅槃具有实存性、客体化倾向以及以主体之"心"体证涅槃的主客二元致思理路。

(1)"各性住于一世"

根据本书前文论述,从《肇论》四篇的逻辑结构看,僧肇准确把握

① 石峻、楼宇烈等编《中国佛教思想资料选编》第1卷,中华书局,1981,第157页。
② 石峻、楼宇烈等编《中国佛教思想资料选编》第1卷,中华书局,1981,第157页。
③ 石峻、楼宇烈等编《中国佛教思想资料选编》第1卷,中华书局,1981,第157页。
④ 参见吕大吉《宗教学通论新编》,中国社会科学出版社,2010,第77页。
⑤ 龙树:《中论》卷3,(后秦)鸠摩罗什译,《大正藏》卷30,第24页上。
⑥ 府建明:《"性空"至"妙有"——魏晋般若学的流变与转向》,宗教文化出版社,2012,第108页。

了诸法实相原理和中道思维原则，但与罗什中观学的论法存有明显差异。① 尤其体现为《物不迁论》中"各性住于一世"的这一观点。这一点，任继愈指出："僧肇的这种观点，已大大超出鸠摩罗什的思想范围。鸠摩罗什从来不提倡有什么'古今常存'之理，更没有'各性住于一世'的提法。"② 其实，自唐澄观批判僧肇思想"滥于小乘"以来③，"各性住于一世"就是引起学者对僧肇思想理解歧义纷呈的一个重要论题。

"各性住于一世"两次出现于《物不迁论》，是僧肇论证"物不迁"的一条重要论据。僧肇说：

> 是以言往不必往，古今常存，以其不动。称去不必去，谓不从今至古，以其不来。不来，故不驰骋于古今；不动，故各性住于一世。④

> 今若至古，古应有今；古若至今，今应有古。今而无古，以知不来；古而无今，以知不去。若古不至今，今亦不至古，事各性住于一世，有何物而可去来？⑤

僧肇认为，过去的事物只存在于过去，现在的事物只存在于现在，"昔物自在昔""今物自在今"，因此事物"各性住于一世""不驰骋于古今""古今常存"，故"静而非动""物不迁"。僧肇通过批判常人常识"以昔物不至今，故曰动而非静"的观念，论证缘起事物无自性故其在时空坐标点上刹那生灭，即动即静、非动非静。

本书认为，《物不迁》以"不迁"破斥"迁"旨在破斥缘起事物之

---

① 关于僧肇《物不迁论》与《中论》论法差异，学界研究可谓人言人殊、异解纷呈。这一方面缘于《中论》论证本身的复杂性，另一方面源于对《物不迁论》思想的整体把握存有不同理解。本书认为，僧肇的推理论证中羼杂许多经验性命题，不同于《中论》通过较为纯粹概念的推论破斥任何执着来逼显毕竟空，详见本书第五章第二节之"《肇论》《中论》的'双边否定'论法之差异"。

② 任继愈主编《中国佛教史》第 2 卷，中国社会科学出版社，1985，第 478～479 页。

③ （唐）澄观法师认为《物不迁论》"既以物各性住而'不迁'，则滥小乘"（《大正藏》卷 36，第 239 页中）；（明）镇澄则更明确地说，"若谓物各性住于一世而不化者，是为定法，定法即有自性矣"（《卍续藏经》第 54 册，第 917 页下）。

④ 石峻、楼宇烈等编《中国佛教思想资料选编》第 1 卷，中华书局，1981，第 143 页。

⑤ 石峻、楼宇烈等编《中国佛教思想资料选编》第 1 卷，中华书局，1981，第 143 页。

自性，缘起事物即动即静、即生即灭，无质的稳定性本质性空，故今物昔物相同。既然万物性空，今物昔物相同，时空坐标上的事物就无今昔差别，也即无流转实体，又哪有什么"昔物不至今""各性住于一世"？相反，只有"各性住于一世"指事物在时空坐标上各具"自性"，昔物才是昔物、今物才是今物，昔物自在昔、今物自在今，古今常存方能成立。进一步推论，如果时空坐标上的事物各具"自性"，显然有违佛教诸行无常、诸法无我之法印；如果时空坐标上的事物是"性空"，则面临着这个"性空"和时空坐标上无数个"性空"的关系，同时面临"诸法性空"与各个"性空"之间的关系也就是一和多的关系问题，那么这个"性空"就非"性空"了，而具有了事物永恒存在的真性的含义。这一方面违背了般若中观学彻底否定的思维方式，另一方面也印上了小乘佛教说一切有部"法有自性""法体恒存""三世实有"的"性住"思维痕迹。

（2）"如来功流万世而常存""因昔不灭"

"各性住于一世"具有的事物永恒存在真性的涵义，显然与罗什中观学诸法实相原理产生了一定的距离，但其意是在为修习成佛提供一个坚实的逻辑保证。[1] 此外，在因果关系上，虽然僧肇否定了因与果的自性而否定了因果关系，[2] 但"因昔不灭"——过去的因存在于过去，与"各性住于一世"具有相似的内涵，而"各性住于一世"具有的事物永恒存在真性逻辑地支撑"因"非空而得以成立。洪修平认为僧肇"认识到因因而果，先因后果，这有正确的成分。但由于他不懂得因果的辩证关系，否认因果的相互转化，把因果的对立和时间的先后绝对化，认为

---

① 中观学要求以彻底否定的方式破除对"人空""法空"的任何执着体证"诸法实相"而当体明空，获得对宇宙人生真实意义的体悟，但中观学"空"到极致，解脱主体、解脱场所乃至解脱境界都有被"空"掉的倾向，这必然会在逻辑上对佛教的宗教信仰产生负面的冲击。虽然中观学"空"到极致只能以"言语道断、心行处灭"直悟毕竟空义，然而在事实上仍然无法回避"法性""真如""真际"等表述"诸法实相"，但这绝非对"诸法实相之法"的表述，一旦把"诸法实相"作为最高真实之"法"，也就违背了中观学彻底否定的思维方式和诸法实相的原理。显然，本书所论"各性住于一世"的含义与中观学"诸法实相"是存在差距的，若按照僧肇对"诸法实相"的整体把握推断，"各性住于一世"具有的事物永恒存在真性的含义一定程度上使信仰目标偏向"诸法实相之法"。

② 具体论证详见本书第五章二节之"僧肇以概念的相待性破斥概念自性的运用"。

发生在过去的原因既不会消失，也不会延续到今天，这就走向了形而上学。而僧肇却认为这正证明了物不迁的原理，并以此来为'功业'的不朽作论证"。①

从"各性住于一世"具有的事物永恒存在真性为修习成佛提供了逻辑支撑的角度看，② 僧肇认为佛的"功业"是真实存在的，且本质不变、万古长存、"不迁"。僧肇说："是以如来功流万世而常存，道通百劫而弥固"③，"虽复古今不同，时移俗易，圣圣相传，其道不改矣"④。修习成佛就是认识到"谈真有不迁之称，导俗有流动之说"⑤，即以般若智慧体证佛的这种不迁"功业"，彻底觉悟而通达涅槃之道、成就不朽之"功业"——"成山假就于始篑，修途托至于初步，果以功业不可朽故也。"⑥

（3）"圣人无心"

般若中观学主张"二无我"也即"人空""法空"，彻底破除一切遮蔽诸法空性的执着。僧肇对"六家七宗""偏而不即"的批判即对此观点的彰显，此外在《注维摩诘经》中也有大量对"二无我"的表述⑦：

> 诸法皆从缘生耳，无别有真宰主之者，故无我也。夫以有我，故能造善恶，受祸福，法既无我，故无造无受者也。⑧

① 洪修平：《论僧肇哲学》，《法藏文库·中国佛教学术论典》第19册，佛光山文教基金会，2001，第420页。
② 虽然"各性住于一世"为修习成佛提供了逻辑保证，但"各性住于一世"还面临着佛教实践的困境，即"各性住于一世"破斥了事物的同一性，同一个生命在生命历程中被分割成不同的生命个体，那么少壮与白首果真判若两人？如此三世不相往来，佛教三世因果之说则面临困境（参见李润生《僧肇》，东大图书公司，1989，第183页）；另外，从成佛角度看，同一个生命在生命历程中分割成不同的生命个体都有成佛可能性，到底是哪个个体成佛，这个成佛的个体又是谁？（参见路传颂《〈物不迁论〉的时间观念及其双重困境》，《哲学研究》2019年第5期）。
③ 石峻、楼宇烈等编《中国佛教思想资料选编》第1卷，中华书局，1981，第144页。
④ （后秦）僧肇：《注维摩诘经》卷1，《大正藏》卷38，第333页中。
⑤ 石峻、楼宇烈等编《中国佛教思想资料选编》第1卷，中华书局，1981，第143页。
⑥ 石峻、楼宇烈等编《中国佛教思想资料选编》第1卷，中华书局，1981，第144页。
⑦ 僧肇对"我空""法空"的论述可参见卢桂珍《慧远、僧肇圣人学研究》之"乙编僧肇圣人学"之第二章第二节"空观三进境"（卢桂珍：《慧远、僧肇圣人学研究》，台湾大学出版委员会，2002）。
⑧ （后秦）僧肇：《注维摩诘经》卷1，《大正藏》卷38，第333页上。

妙主常存，我也。身及万物，我所也。我所，我之有也。法既无我，谁所有也？①

有我、我所，则二法自生。二法既生，则内外以形。内外既形，则诸法异名。诸法异名，则是非相倾。是非相倾，则众患以成。②

僧肇认为，心与法相缘而生皆无自性，故"有由心生、心因有起"。③ 如果按照般若中观学实相原理和中道思维原则，"心"应该是亦有亦无、非有非无、不生不灭。僧肇亦说：

心者何也？惑相所生。行者何也？造用之名。夫有形必有影，有相必有心，无形故无影，无相故无心。然则心随事转，行因用起，见法生灭，故心有生灭，悟法无生，则心无生灭。④

如果联系僧肇以即动即静之观点论证缘起事物无自性，那么"心"与诸法虽然表现为心随事转，心有生灭，但本质上都是即生即灭、非永恒存在，故无自性、无住。然而，僧肇"各性住于一世"具有的事物永恒存在真性的含义，赋予了这个刹那生灭的"心"真性的内涵。僧肇说：

生灭者，生灭心也。圣人无心，生灭焉起？然非无心，但是无心心耳。又，非不应，但是不应应耳。是以圣人应会之道，则信若四时之质。直以虚无为体，斯不可得而生，不可得而灭也。⑤

当僧肇把现象的刹那生灭与心的刹那生灭联系起来考察时，进一步明确保留了"无心"之"心"，这也使"心"具有了应会万物和承载实相、体证佛的不朽功业的性质和功用，具有了主体性和实体化的倾向。一旦"心"具有了主体性和实体化的倾向，万物的有无、相状、差别乃至意义都与"心"紧紧联系在一起了。僧肇说：

---

① （后秦）僧肇：《注维摩诘经》卷 8，《大正藏》卷 38，第 397 页上。
② （后秦）僧肇：《注维摩诘经》卷 5，《大正藏》卷 38，第 376 页下。
③ （后秦）僧肇：《注维摩诘经》卷 5，《大正藏》卷 38，第 372 页下。
④ （后秦）僧肇：《注维摩诘经》卷 3，《大正藏》卷 38，第 353 页下。
⑤ 石峻、楼宇烈等编《中国佛教思想资料选编》第 1 卷，中华书局，1981，第 150 页。

夫有也无也，心之影响也。①

万事物形，皆由心成；心有高下，故丘陵是生也。②

万法云云，皆由心起，岂独垢净之然哉?③

净土盖是心之影响耳。④

僧肇认为，诸法万相、高下净垢，皆由心生，只要把"心"修炼成《般若无知论》阐述的"无心"的"圣心"——既反对分别的观念，又否定执着于无分别的观念，双离于"知"与"不知"两边，"悟法无生，则心无生灭"，则万法皆无差别，净土即在眼前。

（4）涅槃"妙存"

僧肇在《涅槃无名论》中阐述了涅槃非有非无而又不离有无，并非离开有无之外另寻一个涅槃妙道——"岂曰有无之外，别有一有而可称哉?"并且把涅槃非有非无又不离有无的存在状态称为"妙存"。但对于涅槃之"妙存"，僧肇并没完全采用中观学彻底否定的思维方式来表达，相反，僧肇对涅槃"妙存"特别是涅槃的功用有许多肯定性的表述，"量太虚而永久"⑤，"弥纶靡所不在，而独曳于有无之表"⑥，"至功常存"⑦，认为涅槃超越有无、永恒存在且无所不在。在《涅槃无名论》中，僧肇通过回应涅槃有无始终以及众生能否证得涅槃的问题，进一步肯定了涅槃的永恒性。《涅槃无名论》说：

藏冥运之即化，总六合以镜心，一去来以成体。古今通，始终同，穷本极末，莫之与二，浩然大均，乃曰涅槃。⑧

夫涅槃之道，妙尽常数，融冶二仪，涤荡万有。均天人，同一异，内视不己见，返听不我闻，未尝有得，未尝无得。⑨

---

① （后秦）僧肇：《答刘遗民书》，石峻、楼宇烈等编《中国佛教思想资料选编》第1卷，中华书局，1981，第152页。
② （后秦）僧肇：《注维摩诘经》卷1，《大正藏》卷38，第338页上。
③ （后秦）僧肇：《注维摩诘经》卷3，《大正藏》卷38，第356页上。
④ （后秦）僧肇：《注维摩诘经》卷1，《大正藏》卷38，第337页中。
⑤ 石峻、楼宇烈等编《中国佛教思想资料选编》第1卷，中华书局，1981，第158页。
⑥ 石峻、楼宇烈等编《中国佛教思想资料选编》第1卷，中华书局，1981，第158页。
⑦ 石峻、楼宇烈等编《中国佛教思想资料选编》第1卷，中华书局，1981，第158页。
⑧ 石峻、楼宇烈等编《中国佛教思想资料选编》第1卷，中华书局，1981，第166页。
⑨ 石峻、楼宇烈等编《中国佛教思想资料选编》第1卷，中华书局，1981，第166页。

涅槃之道融贯古今、统摄万物、均平天人，齐同一异，所以涅槃是无始无终、无古无今、永恒存在。僧肇在《涅槃无名论》最后总论全文："故梵志曰：吾闻佛道，厥义弘深，汪洋无涯，靡不成就，靡不度生。然则三乘之路开，真伪之途辨，贤圣之道存，无名之致显矣！"① 进一步明确了圣贤之道可证、涅槃之道永恒！

3. 主客合一的致思理路

当僧肇确立了以"无心"的"圣心"作为涅槃承载的主体，并以肯定式的表述明确涅槃之道永恒存在时，也就意味着建构了"圣心"与涅槃的主客关系。对于主体如何认识、体证涅槃，僧肇在《般若无知论》中阐明了般若智慧双离于"知"与"不知"两边直观诸法实相，并且明确使用了"体用"范畴——般若智慧之寂体与照用"体用一如"来表达般若智慧"知而不知、不知而知"的体性与特征。僧肇说：

> 用即寂、寂即用。用寂体一，同出而异名，更无无用之寂而主于用也。是以智弥昧，照逾明；神弥静，应逾动。岂曰明昧动静之异哉？②

僧肇认为，般若智慧不可二分为寂体与照用，寂体与照用是"同出而异名""不一不异"，没有无用之体而为用之体——"更无无用之寂而主于用也"；体用关系不是主辅关系，③ 而是体用一如，即体即用。对于般若智慧空观诸法实相，僧肇说：

> 是以般若之与真谛，言用即同而异，言寂即异而同。同故无心于彼此，异故不失于照功。是以辨同者同于异，辨异者异于同，斯则不可得而异，不可得而同也。何者？内有独鉴之明，外有万法之实。万法虽实，然非照不得。内外相与以成其照功，此则圣所不能

---

① 石峻、楼宇烈等编《中国佛教思想资料选编》第1卷，中华书局，1981，第167页。
② 石峻、楼宇烈等编《中国佛教思想资料选编》第1卷，中华书局，1981，第151页。
③ 陈森田认为"体愈暗昧、愈是静，用却能于明亮、愈是动。僧肇这样说只是要否定体用论的观念，倘若体是主，用为辅，则若体暗昧，用应同是暗昧，不应该更明亮。在般若来说，它观照和应会的功用以及它的体，根本没有明与昧、动与静的不同，这即是'岂曰明昧动静之异哉？'的意思"，本书认同上述观点（参见陈森田《〈肇论〉的哲学解读》，花木兰文化出版社，2010，第98～99页）。

同，用也。内虽照而无知，外虽实而无相，内外寂然，相与俱无，此则圣所不能异，寂也。①

从功用而言，般若智慧有鉴照之功，所以般若智慧和真谛"即同而异"；从体性而言，般若智慧和真谛都体性空寂，故"即异而同"。诸法若无般若智慧则不能鉴照其实相，真谛若无般若智慧鉴照则不能体证实相。般若智慧照而无知，真谛实相无相，所以般若与真谛之间不属于主客对待、能所二分的认识方式。

对于般若空观的过程，吕澂指出："般若，就其客观方面说是性空，就其主观方面说是大智（能洞照性空之理的智慧），把主观和客观两方面联系起来构成一种看法，谓之'空观'（当时译为'本无'）。空观的过程，就是用大智洞照性空的实践过程，空观实践的关键在于修智。"②般若智慧是从主客观两个方面同时论"空"，空观的过程本身就内具主客合一的内涵——般若智慧既是照用的主体又是照用的对象，既是能知又是所知；当僧肇以"体用如一"论述般若智慧之寂体与照用，则进一步为主客合一的思维方式提供了理论资源。

综上所述，一方面，在诸法实相与现象关系上，僧肇"即体即用"思维立足于般若中观学诸法实相原理和中道思维原则旨在阐明本质与现象相即不二。另一方面，僧肇"各性住于一世"蕴含事物具有永恒不变的真性的内涵，以及由之衍生出的"如来功流万世而常存""因昔不灭"；加上僧肇肯定心的实存性、明确涅槃之道的永恒性，形成了以"无心"之"圣心"洞鉴事物永恒真性、体证涅槃、如来不朽功业的主客二元致思理路。而僧肇对般若智慧的寂体与照用"体用合一"的表述为主客二元过渡到主客合一提供了理论资源，以"圣心"体证诸法实相成就佛的"不朽功业"的思维模式回向魏晋玄学体用关系架构下的"圣人"之学，形成了由玄学"体道"成圣与佛学"证空"成佛的对接与转换，由此僧肇涅槃圣境观的建构也就是逻辑的必然了。

---

① 石峻、楼宇烈等编《中国佛教思想资料选编》第 1 卷，中华书局，1981，第 150 页。
② 吕澂：《中国佛学源流略讲》，中华书局，1979，第 46 页。

## 第四节　僧肇"即体即用"思维与其涅槃圣境观

在大乘般若类经典中，涅槃或被称为法性、法身、实相，指诸法最高真实，证悟涅槃是佛教解脱的最终目标，也是佛教最高之理想境界。般若中观学以诸法实相解释涅槃，又般若中观学之诸法实相是指中道实相，故中观学派的涅槃亦名"实相涅槃""中道涅槃"。僧肇"即体即用"思维既有般若中观学本质与现象相即不二的中道实相理论因素，又具有魏晋玄学从主客二元到主客合一的体用致思理路，使僧肇以圣心体证涅槃的逻辑，以及证悟涅槃的意趣留下了般若中观学和魏晋玄学相互交织的双重思维印记。

### 一　圣心无心、圣不异理

根据前文所述，僧肇"各性住于一世"具有事物永恒存在真性的含义赋予了刹那生灭的"心"真性的内涵。僧肇把心分为"心有生灭"、杂染的"生灭心"，"心无生灭"、清净的"圣心"两个层面。僧肇说：

> 见法生灭，故心有生灭，悟法无生，则心无生灭。①
> 生灭者，生灭心也。圣人无心，生灭焉起？然非无心，但是无心心耳。②
> 心者何也？染有以生。③
> 积德不已者，欲以净心。心既净，则无德不净。④

僧肇认为："心犹水也，静则有照，动则无鉴。"⑤ "生灭心"有攀援故执着于有无分别而起妄想邪念，"缘，心缘也。相，心之影响也。夫有缘故有相，无缘则无相也"⑥，"攀缘，谓妄想微动，攀缘诸法也。妄想

---

① （后秦）僧肇：《注维摩诘经》卷3，《大正藏》卷38，第353页下。
② 石峻、楼宇烈等编《中国佛教思想资料选编》第1卷，中华书局，1981，第150页。
③ （后秦）僧肇：《注维摩诘经》卷1，《大正藏》卷38，第333页上。
④ （后秦）僧肇：《注维摩诘经》卷1，《大正藏》卷38，第337页上。
⑤ （后秦）僧肇：《注维摩诘经》卷6，《大正藏》卷38，第386页下。
⑥ （后秦）僧肇：《注维摩诘经》卷2，《大正藏》卷38，第346页中。

既缘，则美恶已分"①，"心遇外缘，烦恼横起，故名客尘"②。僧肇认为，只要把"生灭心"修炼成非有非无、无有分别的"无心"之"圣心"，即可转染为净："我染诸法，故诸法缚我。我心无染，则万缚斯解。"③对于圣心何以能够体证涅槃，僧肇说：

> 佛者，何也？盖穷理尽性，大觉之称也。④

> 大乘在有不有，在空不空，理无不极，所以究竟空义也。⑤

> 夫至人虚心冥照，理无不统。怀六合于胸中而灵鉴有余，镜万有于方寸而其神常虚。⑥

> 夫至人空洞无象，而万物无非我造，会万物以成己者，其唯圣人乎？何则？非理不圣，非圣不理。理而为圣者，圣不异理也。⑦

僧肇把般若中观学诸法实相视为"理"，把佛的觉悟、圣心直观诸法实相体证涅槃的过程表述为"穷理尽性"。"穷理尽性"本出自《周易·说卦》："穷理尽性以至于命。昔者圣人之作《易》也，将以顺性命之理，是以立天之道曰阴与阳，立地之道曰柔与刚，立人之道曰仁与义。"⑧ 意谓通过穷究天地之道——"理"，来极尽参悟人的生命之本质——"性"。僧肇认为，圣心与涅槃、圣人与佛之间并没有主客对立及差别，圣人、圣心、涅槃、佛都是诸法实相之理的体现；涅槃是圣人对诸法实相之理的体证；涅槃境界也即圣人证悟诸法实相之理而获得的对宇宙人生最高真实的体验——"非理不圣，非圣不理。理而为圣者，圣不异理。"经过"穷理尽性"这层转换，涅槃、诸法实相便转化为涅槃之理、诸法实相之理，涅槃、诸法实相也具有了客观真理的意义；同时，圣人圣心也具备了统摄主体与客观真理的内涵，这使得圣心一方面具有承载涅槃的主体性，一方面具有体证涅槃的内在超越性。至此，僧

① （后秦）僧肇：《注维摩诘经》卷5，《大正藏》卷38，第377页下。
② （后秦）僧肇：《注维摩诘经》卷5，《大正藏》卷38，第378页中。
③ （后秦）僧肇：《注维摩诘经》卷1，《大正藏》卷38，第334页上。
④ （后秦）僧肇：《注维摩诘经》卷9，《大正藏》卷38，第410页上。
⑤ （后秦）僧肇：《注维摩诘经》卷3，《大正藏》卷38，第354页中。
⑥ 石峻、楼宇烈等编《中国佛教思想资料选编》第1卷，中华书局，1981，第162页。
⑦ 石峻、楼宇烈等编《中国佛教思想资料选编》第1卷，中华书局，1981，第166页。
⑧ 《周易·说卦》。

肇之"圣心"具有了主体—本体的双重结构，在偏离了般若中观学诸法实相原理和彻底否定的思维方式的同时，也蕴含着当下心性回向本真佛性的思路，为僧肇玄学式的"体空成佛"进行了理论铺垫。

## 二　物我冥一、有无一观

僧肇本质与现象之"即体即用"取法于般若中观学诸法实相原理和中道思维原则。基于本质与现象之相即不二，僧肇认为由本质和现象衍生出的动静、有无、体用、本末、真俗、彼此乃至世俗世界和真实世界等一切对立皆无差别，诸法即本质即现象即空。在《般若无知论》中，僧肇通过辨析世俗之知因固守主客二分、有无对立，故有分别执着而生断见妄念；详述了般若智慧非有非无、"知而不知、不知而知"的体性与特征，阐明般若智慧以既不滞有亦不偏空，既非主观亦非客观，既不肯定诸法亦不否定诸法，既反对分别的观念又否定执着于无分别的观念，即可直观诸法实相。

对于般若智慧以无分别的观念直观诸法实相的"平等不二"禅法，僧肇运用了许多老庄玄学语言诸如"有无一观"[①]"是非齐旨"[②]"物我俱一"[③]"物我同根，是非一气"[④] 等来表述：

　　圣人乘真心而理顺，则无滞而不通；审一气以观化，故所遇而顺适。[⑤]

　　天地与我同根，万物与我一体。同我则非复有无，异我则乖于会通，所以不出不在而道存乎其间矣。[⑥]

　　涅槃之道，存乎妙契；妙契之致，本乎冥一。然则物不异我，我不异物。物我玄会，归乎无极。[⑦]

　　圣无有无之知，则无心于内；法无有无之相，则无数于外。于

---

① （后秦）僧肇：《注维摩诘经》卷5，《大正藏》卷38，第372下。
② （后秦）僧肇：《注维摩诘经》卷3，《大正藏》卷38，第354中。
③ （后秦）僧肇：《注维摩诘经》卷5，《大正藏》卷38，第372下。
④ 石峻、楼宇烈等编《中国佛教思想资料选编》第1卷，中华书局，1981，第144页。
⑤ 石峻、楼宇烈等编《中国佛教思想资料选编》第1卷，中华书局，1981，第144页。
⑥ 石峻、楼宇烈等编《中国佛教思想资料选编》第1卷，中华书局，1981，第162页。
⑦ 石峻、楼宇烈等编《中国佛教思想资料选编》第1卷，中华书局，1981，第166页。

外无数，于内无心，彼此寂灭，物我冥一，泊尔无朕，乃曰涅槃。①

"物我冥一""有无一观"等庄玄话语表达的是庄学"齐物"的思维方式，即以主客合一的思维方式，泯灭一切差别而体悟世间万有本无差异，都是道的显现。僧肇将庄玄之"道"置换为般若中观学之"诸法实相"，以"齐物"的思维方式来表达般若中观学诸法实相无相、本质与现象相即不二。所以，僧肇"物我冥一""有无一观"是指即有即无即空、即物即我即空，故物我俱同、有无不异。这一点正如本书在僧肇的禅修方法中所论述的，虽然僧肇在具体的禅修实践中运用了玄学"天地一旨、万物一观"②等表达方式阐述其"平等不二"禅观，但整体上僧肇禅修思想反映出其对诸法实相原理的深刻把握、对中道思维原则的准确理解与娴熟运用以及对罗什所倡导以般若智慧统领禅修思想的大乘实相禅法的延承。

对于僧肇运用庄玄"齐物"思维方式来阐明般若中观学诸法实相原理，任继愈指出："把'此彼寂灭，物我冥一'定为至人达到的境界，本是后期庄学的一种理想，在僧肇的论著中重复极多，《涅槃无名论》中亦反复过几次，象'即真则有无齐观，齐观则彼己莫二，所以天地与我同根，万物与我一体'之类，说明僧肇的理论始终没有离开玄学的外壳。但由于他把'至人'转化为佛，把'物我同根'解释为涅槃状态，他的玄学内容就完全成为佛教的了。"③

### 三　妙悟即真、体之即神

僧肇以具有主体—本体双重结构的"圣心"为载体，运用本质与现象、主体与客体"即体即用"的思维方式，最终把涅槃落实于以"圣心"体证诸法实相之理而获得的特殊精神境界。僧肇说：

> 圣人乘真心而理顺，则无滞而不通；审一气以观化，故所遇而顺适。④

---

① 石峻、楼宇烈等编《中国佛教思想资料选编》第 1 卷，中华书局，1981，第 162 页。
② （后秦）僧肇：《注维摩诘经》卷 3，《大正藏》卷 38，第 350 页下。
③ 任继愈主编《中国佛教史》第 2 卷，中国社会科学出版社，1985，第 518 页。
④ 石峻、楼宇烈等编《中国佛教思想资料选编》第 1 卷，中华书局，1981，第 144 页。

　　然则玄道在于妙悟，妙悟在于即真。即真则有无齐观，齐观则彼己莫二。①

　　庶悕道之流，仿佛幽途，托情绝域，得意忘言，体其非有非无。②

　　是以圣人乘千化而不变，履万惑而常通者，以其即万物之自虚，不假虚而虚物也。故经云：甚奇世尊！不动真际，为诸法立处。非离真而立处，立处即真也。然则道远乎哉？触事而真。圣远乎哉？体之即神。③

　　在《不真空论》中，僧肇三唱"即万物之自虚"阐明以无分别的般若智慧直观缘起即性空、诸法即现象即本质即空而当体明空——非离现象而求本质，而是在现象中直观本质，这一过程即"妙悟即真""触事而真"；而圣人在当下世界直观诸法实相无相之理——"托情绝域，得意忘言，体其非有非无"即"体之即神"。对于涅槃境界，僧肇也运用了许多老庄玄学的表述方式：

　　夫涅槃之为道也，寂寥虚旷，不可以形名得；微妙无相，不可以有心知。超群有以幽升，量太虚而永久。随之弗得其踪，迎之罔眺其首，六趣不能摄其生，力负无以化其体。潢漭惚恍，若存若往。五目不睹其容，二听不闻其响，冥冥窅窅，谁见谁晓？弥纶靡所不在，而独曳于有无之表。④

　　然则有无绝于内，称谓沦于外，视听之所不暨，四空之所昏昧。恬焉而夷，怕焉而泰，九流于是乎交归，众圣于是乎冥会。斯乃希夷之境，太玄之乡，而欲以有无题榜，标其方域，而语其神道者，不亦邈哉！⑤

　　涅槃境界"若存若往""希夷之境，太玄之乡"是超言绝象的不可思议境界。显然，僧肇对涅槃境界的描述类似老庄玄学以"齐物"直觉

---

①　石峻、楼宇烈等编《中国佛教思想资料选编》第1卷，中华书局，1981，第162页。
②　石峻、楼宇烈等编《中国佛教思想资料选编》第1卷，中华书局，1981，第162页。
③　石峻、楼宇烈等编《中国佛教思想资料选编》第1卷，中华书局，1981，第146页。
④　石峻、楼宇烈等编《中国佛教思想资料选编》第1卷，中华书局，1981，第158页。
⑤　石峻、楼宇烈等编《中国佛教思想资料选编》第1卷，中华书局，1981，第158页。

思维泯灭一切是非差别、体悟"道通为一",而获得"独与天地精神往来而傲于万物"的逍遥精神境界。

　　僧肇之所以用类似魏晋玄学"体道成圣"的方式表述涅槃境界,一方面在于僧肇对圣心、涅槃的肯定表述以及"圣不异理"的主客合一架构,这也使僧肇以圣心体证涅槃的"体空成佛"与魏晋玄学"体道成圣"具有相似的思维和内涵。但另一方面,般若学诸法非有、毕竟空义与老庄玄学之万物非无、道体恒存有着根本的差异,所以,僧肇"体空成佛"在思维方式与境界表述上虽类似于魏晋玄学的"体道成圣",但二者对宇宙人生追求的意境可谓异曲而同工。魏晋玄学表达的是以物我两忘而物我玄同而体玄冥之境;僧肇表达的是以物我俱空而物我俱一而悟涅槃空境。这一点,洪修平指出:"僧肇使用了老庄'物我俱一'的命题,表达的却是冥心真境、有无皆空的佛教般若思想。他的'物我俱一'是'相与俱无',是主客观的泯灭,也叫作'智法俱同一空'。佛教般若学虽然讲物我俱空,但一般并不讲物我为一。老庄讲物我为一,却并不说俱同于一空。僧肇的思想把老庄的命题和佛教的思想融合到了一起。"[1]

　　综上所述,在探究诸法实相与现象关系上,僧肇将魏晋玄学体用架构下本体与现象之间的关系纳入般若中观学诸法实相原理和中道思维原则下,以本质与现象之"即体即用"消解了魏晋玄学体用二分的逻辑问题;在证悟涅槃方法上,僧肇以主体与客体之"即体即用"将魏晋玄学基于体用思维下"体道成圣"的人生论、境界论渗透于般若中观学诸法实相原理下"体空成佛"的禅修解脱思想之内,从而把魏晋玄学人生论、境界论的精神追求转换为般若中观学诸法实相原理下的涅槃境界。经过上述两层异同之间的相互融摄交流,僧肇成功地实现了般若学与魏晋玄学在思维方式和内容上的深层转换,也标志着玄佛融合汇通达到了一个新的高度。

---

[1]　洪修平:《中国佛教与儒道思想》,宗教文化出版社,2004,第51页。

# 第五章　僧肇对般若中观学与中国传统
## 辩证思维的融汇与转换

　　思维方式是一种文化类型保持稳定结构的内核。不同的文化类型在追求哲学终极目标上存在的某种共通性思维方式，是它们展开深度思想对话的前提。这种深度思想对话又往往促成不同类型的文化在思维方式上形成某种融摄与转换，而进一步推动彼此在思想上互动与融合。当般若学"六家七宗"借否定式思维方式契入魏晋玄学"有无之辨"之时，般若智慧现观诸法实相内具的直觉、体验思维，已经成为中印两种文化展开深层精神交流的思维桥梁。僧肇基于对般若学与中国传统文化的深刻理解而对二者在思维方式上展开的融汇与转换，成功地使作为异质文化的印度佛教开始和中国传统文化进行真正意义上的思想对话与交流。真正意义上的思想对话与交流应该是双向的，虽然本土文化的思维方式会以其固有的优势和强大的惯性，主导、同化、消解着外来文化；但是外来文化中的一些思维优势在特定的历史背景下，也会在这种同化、消解的过程中又潜移默化地影响和改变着本土文化的思维方式。这种不同文化类型在思维方式上的互动与转化，酝酿和促成着新的学术思潮的兴起。

## 第一节　般若中观学与中国传统辩证思维的异同

### 一　先秦儒道辩证思维模式的基本特征简述①

　　不同的文化类型对哲学终极目标有着不同的理解和表达，不同的文

---

① 鉴于《老子》与《易传》是具有丰富原创性辩证思维理论的先秦儒道经典文本，考虑到本书研究的核心议题，故本书以《老子》与《易传》为代表简述先秦儒道辩证思维的典型模式。同时，因学术界对于中国古代思维方式、辩证思维的研究成果极为丰富，本书对先秦儒道辩证思维的一些归纳总结参考了以下著述：张岱年、成中英编著《中国思维偏向》，中国社会科学出版社，1991；蒙培元主编《中国传统哲学思维方式》，浙江人民出版社，1993；蒙培元《中国哲学主体思维》，东方出版社，1993；高晨阳（转下页注）

化类型也会基于自身文化特征而采用不同的辩证思维模式来实现其哲学终极目标。作为体现中国古代思维方式典型特征的辩证思维，既潜在地折射出植根于农耕文明的中华民族的生产生活方式和民族文化心理结构，也深刻地反映出中华民族对哲学终极目标探索的运思方式以及在这一过程中呈现出的精神世界。在对哲学终极目标探索中形成的以"天人关系"为中心展开的关于"天道"与"人道"关系的多层次理论思辨，不但是中国古代哲学乃至整个中国传统文化最核心的议题，也是中国古代辩证思维的智慧之源。而中国传统文化的主干、具有互补关系的儒道哲学在先秦时期对"天人关系"的理论思辨，则确立了中国传统辩证思维模式的基本框架和发展趋向。同时，中国古代哲学对哲学终极目标探索形成"道不离器""理在气中"、本体与经验世界、形而上和形而下一体性的方法论特征以及对"天人合一"境界的追求，也赋予了中国古代辩证思维特有的思想和品质。

1. 先秦儒道辩证思维的典型模式

在中国古代哲学之本体与经验世界一体性的理论背景下，先秦儒道两家在"天人关系"上展开了不同路径的致思方式。宏观而言，虽然对"天"或"天道"有不同的认知，但先秦儒道两家都主张"天人合一"，儒家倾向把自然人化，道家倾向把人自然化。同时，中国古代哲学在认识经验世界过程中形成的中央四方、天圆地方、对称一体、万物相通、和谐有序的基本宇宙观念以及其潜在的象征意义，对先秦儒道展开对"天人关系"的辩证探索有着重要影响。整体上看，以"天人关系"为主轴，先秦儒道形成了以一元整体性辩证思维、具象性辩证思维、两极辩证思维、主体辩证思维为核心且交互渗透影响的辩证思维模式。

（1）一元整体性辩证思维模式

一元性整体辩证思维模式是指中国古代哲学主要运用直觉思维方法整体性地探求天道与人道、形而上与形而下之间辩证关系的思维模式。中国古代先民通过对四季交替、星辰运转、阴阳变化透露的信息的理智

（接上页注①）《中国传统思维方式研究》，山东大学出版社，1994；武占江《中国古代思维方式的形成及特点》，陕西人民出版社，2001；〔日〕中村元《东方民族的思维方法》，林太、马小鹤译，浙江人民出版社，1989；〔日〕中村元《中国人之思维方法》，徐复观译，学生书局，1995。

归纳，逐渐形成了以"中央为核心，众星拱北辰，四方环中国的'天地差序格局'"①，同时认为处在普遍联结和相互作用中的自然万物、人类社会都按照这种"差序格局"形成了一个息息相通、生生不已、浑然一体且秩序井然的世界。随着宇宙观念的哲理化，"道""太极"被抽象成为宇宙的中心、根本和依据，"拥有其他一切现象世界中各种事物都不具备的绝对性和终极性"②，因而具有了本体色彩。老子以高度抽象的"道"作为天地万物之本根和规范，并由"道"推演宇宙万物之生衍，"人法地、地法天、天法道、道法自然"③，"道生一、一生二、二生三、三生万物"；④《易传》则以"太极"之"生生不已"演述"刚柔相推而生变化"⑤ 的宇宙之大化流行以及这一过程中体现出的"一阴一阳之谓道"。⑥ 当"道""太极"的这种绝对性和终极性作为不言自明、天经地义的绝对真理和自然法则在"天地差序格局"的背景下确立，复杂多元的经验世界则被整体性地有效统摄于一元性的"道""太极"之中，把握抽象于经验世界的"道""太极"也成为认知经验世界的最高效的方法，而这一过程中天道与人道、形而上与形而下、一与多、整体与部分、主观与客观也实现了辩证的统一。

（2）具象性辩证思维模式

具象性辩证思维模式是指中国古代哲学运用取象比类思维方法通过对经验事物之间相互关系的意向性联想来推寻"天道"，并实现"天道"与"人道"之间的辩证转换。取象是指"观物取象"，即把经验事物的典型形象特征抽象为具有普遍意向性的思维符号、概念范畴来辨析经验事物之间的相互关联。比类则是在取象的基础上根据具体事物之间的类同性、相近性、相似性或相异性，进行有机联系的对照与比附，主要包括类比、比附、对比、比喻、对应等具体方法。其中，类比是根据事物部分属性相同来推求事物其他属性的思维方法，类比既是取象的基本方法，也是中国古代认识经验世界最为重要的思维方式。《易·系辞》记

---

① 葛兆光：《中国思想史》第 1 卷，复旦大学出版社，2004，第 53 页。
② 葛兆光：《中国思想史》第 1 卷，复旦大学出版社，2004，第 146 页。
③ 《老子·第二十五章》。
④ 《老子·第四十二章》。
⑤ 《周易·系辞上》。
⑥ 《周易·系辞上》。

载了包牺氏观象于天，观法于地，近取诸身，远取诸物，始作八卦，"以通神明之德，以类万物之情"①，呈现出观物—取象—意向·比类—天道，这一取象比类的思维程序。通过取象比类，纷纭复杂的经验世界被逐渐条理化、简易化，中国古代先民将这些条理化、简易化的认知进而"推而大之"，延伸至对整个世界、"天道"的认识。所以，《易传》说"易则易知，简则易从……易简而天下之理得矣。天下之理得，而位成乎其中矣"。② 老子也运用了取象类比的思维方式"以象释道"来刻画"道"之特征，如以水的特征"几于道"③ 来类推道之"守雌""贵柔"之原理；并且以更为理性的取象思维超越具体、经验性的象去把握宇宙最为根本之象，"执大象、天下往"④ "大象无形"⑤ "道之为物，惟恍惟惚，惚兮恍兮，其中有象；恍兮惚兮，其中有物；窈兮冥兮，其中有精，其精甚真，其中有信"⑥。道虽然惚兮恍兮，但仍然有可把握之象。同时，因为万物相通、天人相类，所以通过取象比类能够"天人相通"而"天人合一"，从而实现"天道"与"人道"之间的过渡与转换。

（3）两极辩证思维模式

两极辩证思维模式是指中国古代哲学以两极概念和范畴运用对立统一方法来总结概括宇宙万物、"天道"、"人道"的辩证规律的思维模式。基于万物一体、万物相通，并且任何具体事物乃至宇宙天地无不是由两个对立互补、均衡协调的部分组成的观念，中国古代哲学"用对立项的矛盾形式概括出事物的特征，便于迅速掌握事物的本质"；⑦ 或由事物无

---

① 《周易·系辞下》。
② 《周易·系辞上》。
③ 《老子·第八章》。
④ 《老子·第三十五章》。
⑤ 《老子·第四十一章》。
⑥ 《老子·第二十一章》。
⑦ 李泽厚认为，中国古代辩证法应追溯到先秦兵家的矛盾思维方式，以一种概括性的二分法即抓住矛盾的思维方式来明确、迅速、直截了当地去分别事物、把握整体，以便做出抉择。这种矛盾思维方式来源、产生于军事经验，而不是来源或产生于论辩、语言所发现的矛盾概念，所以它们本身也就与世俗生活一直保持着具体内容的现实联系，具有极大的经验丰富性。同时，这种矛盾思维方式具有的把握整体而具体实用、能动活动而冷静伶智的根本特征，正是中国辩证思维的独特灵魂。这使它不同于希腊的辩证法论辩术，成为中国实用理性的一个重要方面［参见李泽厚《中国古代思想史论》（上），安徽文艺出版社，1999，第83～88页］。

限可分、矛盾（其实是对立）无处不在然后分析寻找一个事物内部有哪两个矛盾斗争着的对立面，然后考察两者之间又斗争又统一的关系,[1]并使用阴阳、乾坤、天地、道器、有无、正反、刚柔、难易、父子、君臣、性情、形而上与形而下等一系列两极概念和范畴来归纳概括自然万物，以及人类社会对立统一、和谐稳定、相辅相成且生生不息的辩证规律。其中，阴阳是中国古代哲学最基本也是最为核心和重要的两极概念和范畴，阴阳两极相济为用，相互包涵、共存互补、对立统一。老子从错综复杂的自然世界和社会现象中总结出宇宙万物正反两极存在的普遍性，并且把"阴阳"作为普遍存在矛盾的最基本的范畴，道生万物、"万物负阴而抱阳";[2] 同时，以"反者道之动，弱者道之用"[3] 揭示事物正反两极对立统一、相互转化的总规律。"《易》有太极，是生两仪，两仪生四象，四象生八卦"[4]，"一阴一阳之谓道"[5]，《易传》把"太极"分为阴阳相反相成的对立面，阴阳交互作用逐渐衍化为天地万物。通过两极辩证思维，中国古代哲学不但可以快速、简明、准确地把握住天地万物乃至"天道""人道"的典型特征，而且能对天地万物、"天道""人道"的相似性及差异性予以宏观总结。

---

① 邓晓芒通过比较中国古代辩证思维与古希腊辩证思维在生存论上的区别认为，由事物无限可分、矛盾（其实是对立）无处不在而得出事物的变化无穷，实际上是中国古代辩证法最重要的核心。事物的运动变化，表面上似乎被归于该事物的"内因"，而实际上却被归于该事物内部两个对立因素（耦）之间的相互排斥，因而对每一方来说都是"外因"，"耦之中又有耦"（或"无限可分"），只不过是将这种"外因论"无限延伸下去，而永远无法获得运动的真正的内因和能动的本原。这种不断分析的方法，实际上是立足于一个形而上学的前提之下的，即任何事物并非一个单一而不可分的"个体"，而总是由两个事物或两个方面"组成"的；矛盾双方（两个对立面）不是由同一个事物自己和自己的矛盾而发展出来的，而是一开始就给定了的，只是还未看出来而已。这就注定了对立冲突的外在性和人为的设定性。反之，真正的辩证法则应当从同一个事物的自我否定性及所导致的"差别的内在发生"出发，来考察事物的自我分裂又自我回复的运动过程。中国古代辩证法从未真正研究过这种使一事物的自身差别内在发生的力量，即自我否定的力量。国内至今对"否定的辩证法"仍然不够重视（参见邓晓芒《思辨的张力——黑格尔辩证法新探》，商务印书馆，2008，第72~73页）。

② 《老子·第四十二章》。

③ 《老子·第四十章》。

④ 《周易·系辞上》。

⑤ 《周易·系辞上》。

（4）主体辩证思维模式

主体辩证思维模式是指在中国古代哲学中，作为主体的人在综合运用直觉、取象类比、两极等思维方法认识"天道"的过程中，自主自觉地通过持续性内省、反思与体验，将对"天道"的认识与理解转换为个人的生命智慧和精神境界，在这一过程中主体在主体与客体相互融摄中不断自我超越，逐步实现"天道"与"人道"的贯通而通达"天人合一"之境界。这种内向型思维是"从主体自身出发而又回到主体自身的意象思维，它不是把自然界对象化而是把自然界人化或者人自然化，不是在认识自然的基础上进行反思，而是在经验直观的基础上返回到自身，从主体原则出发建构思维模式"①。老子以人为"域中四大"之一，提出"为学日益、为道日损"②　"致虚极、守静笃"③，并将其作为主体体证"道"之玄妙的致思方式。"为学"需要接触经验世界，但不能把握道之无限、绝对与整体；"为道"则要"致虚守静"，"闭其兑、塞其门"，④以"损之又损"的方式去除一切外在的干扰以及不符合大道的思想，保持心灵的平静与安宁，静观、"玄览"，以体验道之玄妙，从而"不出户，知天下；不窥牖，见天道"⑤，"见素抱朴"⑥、与道为一。《易传》讲"生生之谓易"⑦"天地之大德曰生"⑧"有天道焉、有人道焉，有人道焉，兼三才而两之"⑨，凸显了人的存在意义即"顺性命之理"。人正是内在具有天所命之德——"性命之德""性命之理"，所以能够"继之者则善也""成之者则性也"，"穷理尽性以至于命"⑩，不断进行自我完善、自我超越，实现天人合德而通达"天人合一"之境界。

2. 中国古代传统辩证思维模式的特点与局限概说

通过对先秦儒道较为典型的辩证思维模式的考察可见，中国古代哲

① 蒙培元：《中国传统思维方式的基本特征》，《哲学研究》1988 年第 7 期。
② 《老子·第四十八章》。
③ 《老子·第十六章》。
④ 《老子·第五十二章》。
⑤ 《老子·第四十七章》。
⑥ 《老子·第十九章》。
⑦ 《周易·系辞上》。
⑧ 《周易·系辞下》。
⑨ 《周易·系辞下》。
⑩ 《周易·说卦》。

学形而上与形而下不分、本体与经验世界一体以及由之而展开的对"天人合一"境界追求的特征，对先秦儒道乃至中国传统辩证思维的发展走向有着极其重要的影响。

　　整体而言，中国古代哲学形而上思维与经验性思维始终交织纠缠在一起，使中国传统辩证思维一直未能进入纯粹的理论思维领域而长期处在"朴素辩证思维"阶段，这既凸显了中国古代传统辩证思维的特点，也反映出中国古代传统辩证思维的缺陷。中国古代传统辩证思维这种十分明显的优势与局限，主要体现在理论和实践两个层面。

　　（1）偏于经验性思维而疏于纯理论思辨

　　中国古代传统辩证思维常常将取象比类思维、直觉思维、两极思维、内省体验思维交互融摄在一起，通过探求"天人合一"来展开对天道与人道以及二者辩证关系的认知。但上述思维方法都立足于经验性思维基础之上，即运用的思维规则譬如类比、直觉等常常是在对经验的部分总结归纳之后的推论而缺乏必要的逻辑保障；运用的思维规则所依赖的概念范畴也与经验现象保持着千丝万缕的关系，这使得中国古代传统辩证思维具有整体性、意向性、内向性、体验性等特征，并与中国古代哲学对世界所做的一元整体性把握、追寻的诗意化精神境界、欣赏的主体对生命情感真切体验保持着高度的一致性。但类比思维的或然性①、直觉思维的非逻辑性②、主体内省体

---

　　① 武占江指出："类比诚然是一种发展知识的方法，但由于这种推理是建立在部分属性相同以推其他属性的基础上，就不免带有猜想的成分，也就是说类比一定程度上是建立在感性认识的基础之上，这样获得的知识须时刻由新的经验来验证、修改。这种知识体系就体现出经验性的特征……同时，类比是一种随机性很强的认识，在不同的场合，类比的标准、层次各有差别，因此同一种知识不免以不同的形式或在不同的角度重复出现……这就使知识体系繁杂化，有架屋叠床的缺点"（武占江：《中国古代思维方式的形成及特点》，陕西人民出版社，2001，第198页）。
　　② 蒙培元指出："直觉思维的特点是整体性、直接性、非逻辑性、非时间性和自发性，它不是靠逻辑推理，也不是靠思维空间、时间的连续，而是思维中断时的突然领悟和全体把握。这正是传统思维的特点。就是说，它不是以概念分析和判断推理为特点的逻辑思维，而是靠灵感，即直觉和顿悟把握事物本质的非逻辑思维。这当然不是说，它不运用逻辑思维，而是说，它不是自觉地或有意识地运用逻辑思维，而是把直觉作为认识本质、本体的主要方式……中国传统的哲学思维恰恰缺少了逻辑思维作为前提条件，因而具有整体的模糊性和神秘性"（蒙培元：《中国传统思维方式的基本特征》，《哲学研究》1988年第7期）。

验的局限性,① 以及以"名实相副""名象交融"的方式运用概念, 使中国古代传统辩证思维往往忽视对概念进行清晰、明确的界定, 概念系统缺乏逻辑化和形式化, 不注重具体事物的概念分析以及不同层次的矛盾的分析, 导致中国古代辩证思维又具有模糊性、任意性、宽泛性、直观性、循环性②等缺陷, 再加上中国古代哲学忽视语言的中介作用、③ 强调体验的直接性, 这使中国古代传统辩证思维始终摆脱不了直观的朴素性而不能上升到纯粹理论思辨层次, 最终以直观消解矛盾, 以境界取代认识。

（2）疏于纯理论提炼而偏于"实用理性"

中国传统辩证思维理论上偏于经验性思维而疏于纯理论思辨, 导致在实践层面疏于纯理论提炼而偏于"实用理性"。学术界早已注意到中国古代传统社会有方法而缺乏方法论的特点④,"中国古代大量的实践经验和技术发明, 一般只停留在意象性的经验层面, 而未能上升为概念性的理论"⑤,"一系列原则、原理向人伦日用直接转化, 治国平天下的儒学亦是儒术, 老庄道学亦是道术"⑥, 在政治、技术、人生各层面表现出"实用理性"的特征。对于"实用理性", 李泽厚认为,"血缘宗法是中国的传统文化心理结构的现实历史基础, 而'实用理性'则是这一文化心理结构的主要特征。所谓'实用理性'就是它关注于现实社会生活,

---

① 俞宣孟在《本体论研究》中深刻指出了这一问题:"中国哲学有自己的问题。中国哲学有一个基本的观点: 道, 或曰理, 是遍及一切的, 反过来说, 普天之下只是这一个道、一个理, 而对道或理的把握又在个人体验的境界中。这样, 一方面, 每个人所体验到的是这唯一的、共同的道, 用西方哲学的术语来说, 这里人把握了普遍、一般; 同时, 道是在个人的直接体验中的, 从理论上说, 其真切感当是不成问题的。然而, 问题在于: 个人的存在和经历总是有限的, 有限的个人怎么可能深入遍及一切的道呢? 这是有限与无限的矛盾。其次, 当一个人声称自己体验到了道的境界时, 有什么根据说他所体验的道就是这遍及一切的唯一的道呢? 这是个性与共性的矛盾"（俞宣孟:《本体论研究》, 上海人民出版社, 1999, 第107页）。

② 张岱年指出,"西洋哲学中辩证法所谓否定之否定, 表面上复返于初, 而实则前进一级。故西洋哲学所讲之辩证历程为无穷的演进历程。中国哲学所谓复, 则讲真实的复初, 故中国哲学所讲反复, 实有循环的意味"（张岱年:《中国哲学大纲》, 中国社会科学出版社, 1982, 第108页）。

③ 参见邓晓芒《思辨的张力——黑格尔辩证法新探》第一章, 商务印书馆, 2008; 李泽厚:《中国古代思想史论》（上）, 安徽文艺出版社, 1999, 第83~88页; 武占江:《中国古代思维方式的形成及特点》, 陕西人民出版社, 2001, 第229~232页。

④ 参见邓晓芒《哲学史方法论十四讲》, 重庆大学出版社, 2008, 第9~19页。

⑤ 刘文英:《中国传统哲学的名象交融》,《哲学研究》1999年第6期。

⑥ 汪建:《试析中国古代传统思维方式》,《哲学研究》1987年第2期。

不作纯粹抽象的思辨，也不让非理性的情欲横行，事事强调'实用'、'实际'和'实行'，满足于解决问题的经验论的思维水平……中国先秦哲学大都是一种政治哲学，它以'闻道'为特征，要求理论联系实际，服务于实际、解决现实社会问题、人生问题，以'救民于水火之中'和'治国平天下'"。① 正是经验性思维和对现实社会关注的"实用理性"，中国古代传统辩证思维"虽然非常丰富而成熟，但它是处理人生的辩证法而不是精确概念的辩证法。由于强调社会的稳定、人际的和谐，它们又是互补的辩证法，而不是否定的辩证法"②，所以难以上升为概念辩证思维，也难以形成自觉的辩证思维方法论意识。

3. 《中论》辩证思维与中国传统辩证思维之异同

根据前文所论，《中论》以概念反概念、以逻辑反逻辑、以理性反理性，通过理论思辨构建了具有多维二元结构的"八不中道"来彻底否定诸法万相、语言概念及思维形式之自性，旨在阐明以般若智慧现观诸法实相无相、缘起即性空。《中论》这种单极含摄多元的整体辩证思维模式具有概念辩证思维的典型特征，但其概念辩证思维却是为了彻底否定人类理性思维的任何可能，最终回向以一元性整体思维直观宇宙社会人生的最高真实。

对于《中论》的一元性整体思维与中国传统思维方式的关联，潘桂明精辟地指出："实相论的核心议题是现象与本质的关系，即一切现象之'有'归结为本质之'空'，事物本质之'空'呈现为现象之'有'。'实相'是诸法的本质，所以实相论也就相当于本质论……本质论则从经验事实出发，阐释现象世界的虚妄不实，现象与本质既有区别又相互联系，本质不在认识范围之内，而属于般若智慧的直觉。实相论的本质论既然以事物空性为本质，它也就与概念的实体无缘……而本质论采取一元的思维方式，假设现象与本质的'二而不二'的相即，然后从现象世界入手，体验本质世界的超越性、完满性。这也就是说，超越、完满的本质世界不在现实世界之外，它就在当下烦恼、污染的现实人生之中，所以对本质世界的追求就在当下的心性体验（如'诚之''顿悟''致良

---

① 李泽厚：《中国古代思想史论》（下），安徽文艺出版社，1999，第1148页。
② 李泽厚：《中国古代思想史论》（上），安徽文艺出版社，1999，第308页。

知'），将形而上的理论思维转化为自觉的道德修养。这样，本质论的一元思维既可以上溯到'天人合一'的思维习惯，又可推及'内圣外王'的人生境界……"①

　　中国古代哲学的辩证智慧源自对"天人关系"的辨析，在多层次辨析"天""人"关系的历程中，以一元性整体思维审视"天道"与"人道"的辩证关系，追求实现"天人合一"的精神通道。从思想史的角度宏观上比较，《中论》和中国古代哲学的辩证思维都是在对经验世界分析的基础上以一元性整体思维直观诸法万相宇宙大全，并在这一过程中以生命体验的方式实现人生意义的超越与圆满。这种思维方式以及追求人生境界的内在相似性，正是《中论》能够深层契入中国传统文化，《中论》辩证思维能够在中国佛教学者中产生深层思想共鸣的根本原因。但是，《中论》的一元性整体思维最终归旨是通过彻底否定经验世界、现实社会来体证诸法本质性空而彻底觉悟解脱；而中国古代哲学则是在肯定经验世界、现实社会的基础上，主体通过一元性整体思维直观把握"天道""人道"，并以"体道"的方式与道为一，而贯通"天道""人道"，实现个人精神境界的自由与超越。正是"解脱之道"与"天人合一"之"道"的不同，《中论》和中国古代哲学的一元性整体思维在认识论、方法论以及对哲学终极目标思考的运思方式上表现出明显的差异，而这种差异又为佛教与中国古代哲学在思想上深层交流、融合提供了契机。

　　另外，《中论》运用概念辩证思维、以论证"八不中道"为核心，彻底否定诸法万相、语言概念及思维形式的论法与中国古代传统辩证思维的论法，又风格迥异。中国古代传统辩证思维虽然善于通过构建两极概念和范畴、运用对立统一规律，快速、简明、准确地掌握事物的本质或概括性地宏观总结出事物发展变化的规律；但是，这些两极对立的概念和范畴往往源于对经验的直观，并且大都基于感性经验，多采用类比的方法来推论出这些概念和范畴之间的关系，诸如乾阳坤阴、义阳仁阴、阳动阴静、阳刚阴柔等，而缺乏清晰的概念辨析、可靠的逻辑保证；此外，这些两极对立的概念、范畴之间通常是单维、单向、直线、演绎性地由单极逐渐向外辐射扩散，如太极浑然一体、太极生两仪、两仪生四

① 潘桂明：《中国佛教思想史稿》第 1 卷上，江苏人民出版社，2009，第 334 页注。

象、四象生八卦、八卦分衍为六十四卦而逐渐向外发散，这种思维方式进一步强化了中心对边缘、单极对多元的绝对地位。① 《中论》则是通过概念的自我否定，以概念"生"否定"不生"为逻辑起点，以概念的相待性破斥因果关系进而破除对常断、一异、去来的边见，推导出"生灭""一异""常断""去来"范畴之间的必然逻辑关系，形成以"八不中道"为核心构建的多维的、立体的、多层次的二元对立结构，同时对世间万有进行否定，无论在概念和范畴的清晰化、逻辑化，在思维结构的多维度、立体化，还是在理论思维上揭示矛盾的广度和深度方面，都优越于中国古代传统辩证思维方式而散发出独特的思辨魅力，自然也深深吸引着中国佛教知识僧侣的目光。并且，在其后的中国学术史上，直到宋明理学诞生之前，佛教一直凭借其精确的概念分析、严密的逻辑推理和深刻的抽象思辨傲立于中国学术之林，并且深刻地影响着中国学术发展的轨迹。所以，汤用彤认为，自"六家七宗"始，"天下学术之大柄，盖渐为释子所篡夺也"②。而佛教的理论思辨最初又是凭借其特有的辩证思维，通过对魏晋玄学充满辩证因素的核心命题的阐发而逐步浸润、融汇、流淌于中国学术的生命长河之中。

## 第二节　僧肇"中道思维"与中国传统辩证思维之关联

虽然尚无直接的证据表明僧肇研读过梵文本《中论》③，但根据前文

---

① 任遂虎指出："中国农业社会的大一统和单一化，限制了思维结构的立体发展。古代思想家总是崇尚一体，保持单维，排斥思想的多样性。'一'成了权威的标志和神圣的象征，'多'被看作混乱的代称和可怕的迹象……这种单维的思想取向，在解释万事万物时，都以单线分衍和单因单果为程序"（任遂虎：《中国古代思维方式的特性及评价》，《甘肃社会科学》1992 年第 4 期）。

② 汤用彤：《汉魏两晋南北朝佛教史》，北京大学出版社，1997，第 171 页。

③ 唐秀连在李华德、服部正明、冢本善隆、鲁宾逊的相关研究之上，考证了《肇论》及《注维摩诘经》对《中论》之引用后提出："僧肇征引《中论》的手法，差不多毫无例外地限于义引与重述。《中论》的译本，是出于 409 年。肇公著述里引用《中论》典籍最频繁的两论——《物不迁》与《不真空》，撰写于 409 年或以后，当时《中论》汉译的完整版已告问世，何解在僧肇的著述里，独欠一字不差地援用汉本译文的例子呢？"唐秀连认为："比较合乎情理的推论大概是：僧肇较为关心怎样撷取《中论》的观点和论法，再将之融入自己的哲学思考中，加以重构与活用。他孜孜于将龙树学的精髓化为己用，似有过于细致地钻研《中论》里的逻辑推理规则之兴趣。"（参见唐秀连《僧肇的佛学理解与格义佛教》，宗教文化出版社，2010，第 248～253 页）本书认为这一看法是中肯的。

对《肇论》《注维摩诘经》思维方式的考察，僧肇整体上运用了"双边否定"和"四句否定"的辩证思维方法，比较准确地阐明了般若中观学诸法实相原理和中道思维原则，并将之落实于宗教修行实践之中。但"历观经史，备尽坟籍"的学问素养，不仅使老庄辞藻流淌于僧肇之著述、玄学体用架构渗透于僧肇之思维，而且中国古代哲学固有的经验性思维、直言判断思维也以其强大惯性潜在地影响着僧肇对"中道思维"的运用。这使得僧肇在整体上延承了般若中观学"四句否定""双边否定"辩证思维的同时，在辩证思维方法论上与般若中观学又存在着明显的分际。宏观上看，这种分际表现为：其一，僧肇更为重视般若中观学"双边否定""四句否定"的逻辑形式和遮诠式表达方式，以及经过严格论证的中观学的核心结论；但对般若中观学概念辩证思维的理论、"八不中道"的具体论证过程却缺乏系统和全面的关注。其二，僧肇把中观学派经过严格论证的核心结论作为其阐发自己思想的逻辑起点和判断标准时，虽然仍然运用了中观学派"四句否定"和"双边否定"的辩证思维方法，但事实上已经不自觉地将中观学彻底否定式思维方式转变为肯定式思维方式，① 而这又暗合于僧肇在肯定"心"、肯定涅槃境界的背景下以体用架构展开对涅槃圣境讨论。

## 一　《肇论》《中论》的"双边否定"论法之差异

### 1. 僧肇与《中论》破斥概念自性的论法差异

《中论》通过对相互依赖又相互对立的概念同时进行否定，论证经验世界的日常语言概念和超验世界的逻辑概念之虚妄，否定由语言概念推导出诸法实相的可能性。僧肇也常常对许多相依相待的概念诸如有无、动静、古今、真俗、去来、因果、净秽、有名与无名、知与无知等进行双遣双遮来阐明般若空义；但是，在僧肇的论述中，真正如《中论》严格地从概念自身的辩证本性出发，系统地通过概念的相待性破斥概念的自性来阐明中观思想，并不多见。

---

① 因为无论判断的结果是肯定还是否定，这一判断的过程是以演绎和肯定的方式来展开——肯定其所是、其所非。

（1）僧肇以概念的相待性破斥概念自性的运用

①有与无

在《不真空论》中，僧肇基于诸法实相原理和中道思维原则，以"诸法性空"作为"真"的判断标准，将"有无"问题纳入"真假"视域之中，比较集中地批判了"六家七宗"对待"有无"关系的"偏而不即"，阐明般若中观学有无不二、即有即空义。前文已详论，兹不赘述。除此之外，僧肇也运用了纯粹的概念辩证思维讨论"有无"关系，通过揭示"有无"概念的相待性来破斥"有无"概念的自性，驳斥执有执无的边见。

在《涅槃无名论》中，僧肇以"有无"概念的相依相待来破斥执着于涅槃非有即无、非无即有的观点。僧肇说：

> 有者有于无，无者无于有。有无所以称有，无有所以称无。然则有生于无，无生于有，离有无无，离无无有。①

"有"是相对于"无"而为有，"无"是相对于"有"而为无。正是有"无"，"有"才可以为有；正是无"有"，"无"才可以为无。"有无"相依相待，没有孤立存在的"有"与"无"。所以，执着于涅槃有或涅槃无的观点不能成立。

同样，僧肇运用"有无"概念的相依相待批判本无宗执无为无：

> 本无者，情尚于无多，触言以宾无。故非有，有即无；非无，无亦无。寻夫立文之本旨者，直以非有非真有，非无非真无耳。何必非有无此有，非无无彼无？此直好无之谈，岂谓顺通事实，即物之情哉？②

从"有""无"概念的相待性而言，逻辑上所有"有"的否定就是"无"，所以本无宗认为"非有，有即无"的观点是成立的；但若把"无"的否定也作为"无"是存在问题的，因为把"无"作为一个真无，"无"就成为"有"，所以僧肇认为本无宗"非无，无即无"的观点是

---

① 石峻、楼宇烈等编《中国佛教思想资料选编》第 1 卷，中华书局，1981，第 161 页。

② 石峻、楼宇烈等编《中国佛教思想资料选编》第 1 卷，中华书局，1981，第 144~145 页。

"好无之谈"、偏而不即。

②因与果①

与《中论》以"生"的自我否定为逻辑起点,通过辨析"生"与"不生"概念之间的关系来破斥外道的因果关系不同,僧肇是将因果关系放在时间连续性和间断性的视域中来考察。僧肇说:

> 果不俱因,因因而果。因因而果,因不昔灭;果不俱因,因不来今。不灭不来,则不迁之致明矣。②

首先,果不俱因,因因而果。果和因不能同时存在,如果因和果同时存在,那么就会面临因既是果、果既是因的矛盾。因为有因才有果,果因为因才为果。因果具有相待性。

其次,因因而果,因不昔灭;果不俱因,因不来今。因为因才有果,所以在时间序列上有过去的因才有现在的果,过去的因不会消失;果和

---

① 与讨论《物不迁论》动静关系类似,学术界因对僧肇思想定位不同而对《物不迁论》的主旨有不同的理解,引发对僧肇的"因果关系"形成了不同的看法。此外,"因果关系"对于中观学派还面临着的理论问题是,如果承认因果关系的必然性,则违背佛教"无常"之说;如果否定因果关系的必然性,则面临善恶报应的宗教实践问题。归纳学术界对僧肇因果关系的看法,大致有以下四种观点:其一,僧肇肯定因果关系。任继愈认为,僧肇用"物之不迁"支持因果不灭,以因果不灭论证了三世因果的必然性和修习成佛的可能性;李润生认为,僧肇运用"异时因果"强化了"物不迁"的理论依据以及善恶因果之说(参见任继愈主编《中国佛教史》第2卷,中国社会科学出版社,1985,第481~482页;李润生《僧肇》,东大图书公司,1989,第184~185页)。其二,僧肇否定因果关系。方立天认为,僧肇从因果的相对性割断因果联系,否定因果的互相转化而否定了因果的必然性;洪修平认为,僧肇否认因果的相互转化,把因果的对立和时间的先后绝对化,认为发生在过去的原因既不会消失,也不会延续到今天,这就走向了形而上学。而僧肇却认为这正证明了物不迁的原理,并以此来为"功业"的不朽作论证[参见方立天《中国佛教哲学要义》(下),中国人民大学出版社,2002,第665页;洪修平《论僧肇哲学》,《法藏文库·中国佛教学术论典》第19册,佛光山文教基金会,2001,第420页]。其三,僧肇哲学上否定因果关系,但并不否定以人为主体的因果关系,即现象事物虽虚幻不实,但常人所造之业,却永恒常在,必得果报(参见刘贵杰《僧肇思想研究——魏晋玄学与佛教思想之交涉》,文史哲出版社,1985,第71~72页)。其四,僧肇否定的是常人自性因果的观念即由因生果、果成因灭,世间虽然非动非静,而常人作业不灭,如来功业不朽,因果相宛然,归结于"缘起即空、空即缘起"的龙树中观思想(参见黄百仪《僧肇〈物不迁论〉思想研究》,《法藏文库·中国佛教学术论典》第99册,佛光山文教基金会,2001,第387~388页)。

② 石峻、楼宇烈等编《中国佛教思想资料选编》第1卷,中华书局,1981,第144页。

因不能同时存在，所以在时间序列上因存在于过去不会延续到现在，果存在于现在而不会存在于过去，因与果在时间序列上各自独立，没有联系。

僧肇认为，因果相互依存，同时因果在时间序列上具有先后的关系。至此，僧肇实际上把因果关系转换为时间的连续性和间断性问题。从时间的连续性看，因果有先后序列；从时间的间断性来看，因是因，果是果，因与果是不能相互转化的。僧肇从时间间断性来分析因果概念，因不会消逝、不会延续，也就没有果，因就不成为因；因不成为因，果就不能为之果。这样，因和果都无自性，就没有什么相待性，也就没有因果关系，所以"物不迁"——"不灭不来，则不迁之致明矣"。①

③知与所知

"知"即认识主体的认识活动，"所知"即认识对象。僧肇依据缘起法通过剖析"知"与"所知"概念的相互依存来否定"知"与"所知"的自性，论证般若智慧"亦有亦无、非有非无"。僧肇说：

> 夫知与所知，相与而有，相与而无。相与而无，故物莫之有；相与而有，故物莫之无。物莫之无，故为缘之所起；物莫之有，故则缘所不能生。缘所不能生，故照缘而非知；为缘之所起，故知缘相因而生。是以知与无知，生于所知矣。何者？夫智以知所知，取相故名知。真谛无自相，真智何由知？所以然者，夫所知非所知，所知生于知。所知既生知，知亦生所知。所知既相生，相生即缘法。缘法故非真，非真故非真谛也。②

"知"与"所知"相依共存、有则同有、无则同无。"知"与"所知"若同无，所以不能认为事物存在；"知"与"所知"若同有，所以不能认为事物不存在。事物因缘起故不能说不存在；缘起事物非真实故不能说其存在。缘起事物非真实，所以无认识对象而"非知"；认识对象由缘起事物所生起，所以"知"是从它的所缘之相而生起。因此，"知"与"无知"都取决于"所知"。为什么？世俗之知是以认识认识对

---

① 石峻、楼宇烈等编《中国佛教思想资料选编》第1卷，中华书局，1981，第141页。
② 石峻、楼宇烈等编《中国佛教思想资料选编》第1卷，中华书局，1981，第149页。

象的具体知识而名"知",真谛无相非世俗之知的认识对象,故般若"无知"。这是因为,世俗之知的认识对象不同于般若智慧的认识对象,"所知"与"知"并非独立存在而是互相依存。既然"所知"与"知"是互相生起,所以它们都属缘起法,因此不是真实的,故非真谛。①

（2）僧肇上述论法与《中论》的差异

比较僧肇与《中论》以概念的相待性破斥概念自性的论法可以发现,《中论》的概念辩证思维是通过对概念"生"的否定为逻辑起点,通过辨析"生"与"不生"的概念关系,以概念的相待性破斥因果关系进而破除对常断、一异、去来的边见,推导出"生灭""一异""常断""去来"范畴之间的必然逻辑关系,形成以"八不中道"为核心构建的多维的、立体的、多层次的二元对立结构,同时对世间万有进行否定,形成了较为成熟且一以贯之的以概念的相待性破斥概念自性的方法论。而检视僧肇的著述,本书只发现上述三例是较为严格意义上的以概念的相对性来破斥概念的自性,而且,这上述三例所驳斥的也非《中论》以驳斥因果关系为中心,而是各有独立的主题——论证有、无的相待性是破斥偏于有无的边见,论证因与果的相待性是破斥常人"物迁"的认识,论证知与所知的相待性是破斥执着涅槃有、涅槃无的观念;并且没有涉及有无、因果、知与所知这三例范畴之间的逻辑关系。所以,本书认为,僧肇只是部分运用了《中论》以概念的相待性破斥概念自性的具体论证方法,并没有达到《中论》的方法论高度。

2. 僧肇与《中论》破斥逻辑推论的论法差异

《中论》在论证缘起性空的超验领域,以纯粹概念的逻辑推论对正反相对的两个问题之每一个问题都同时进行否定,来论证纯粹概念的逻

---

① 对于僧肇关于"知"与"所知"的概念辨析,唐秀连认为:"于此最值得留意的是,知与所知的相互依存关系,乃是纯粹在逻辑上,分析概念之相待性以言的,而非从时间的前后连贯性上展开说明。印度小乘学派对待缘起观念,一直倾向理解为十二支的前后相续缘起,而中观学派则剔除了小乘缘起观挟带的时间性颗粒,将缘起理法之应用,推展到从逻辑分析的角度,检视各种事物,或概念之间的相依关系。而作为中国佛教学者的僧肇,模仿《中论》而立足于缘起观点,实行逻辑分析的方法,检讨各类概念的相待关系,最后居然跟《观因缘品》的第九偈遥相呼应,归结为所缘缘（作为认识对象的缘）系非实有的观点,这就不得不让人感到叹服"（唐秀连:《僧肇的佛学理解与格义佛教》,宗教文化出版社,2010,第268～269页）。

辑推论之虚妄，进而否定能够通过理性来把握万法实相，更不存在一个由语言概念构成的、真实的超验世界。从纯粹概念的逻辑推论推导出正反相对的两个结论这一点而言，《中论》是较为符合严格意义上的"二律背反"的①，这也是《中论》辩证思维的重要特征之一。僧肇《物不迁论》充分运用了《中论》此种论法，但同时又表现出了与《中论》此种论法的差异。

（1）《物不迁论》中经验与逻辑的"二律背反"②

根据本书第四章第一节分析，"动而非静"与"静而非动"是《物不迁论》提出的最为重要的正反相对的两个结论。而推导这两个正反相对的结论的共同前提是"昔物不至今"。《物不迁论》说：

> 夫人之所谓动者，以昔物不至今，故曰动而非静。我之所谓静者，亦以昔物不至今，故曰静而非动。动而非静，以其不来；静而非动，以其不去。③

所谓"昔物不至今"的完整表达是"过去的事物在过去的时空中，不至现在的时空中"。这个命题包含着时间、空间、物以及去来这四个基本概念。但是僧肇只是截取了其中的部分概念来论证其动静观。

第一，动而非静

常人是以经验事实为判断的标准，即站在现在的立场上看过去的事物，过去的事物现在不存在了，所以事物是变化的而非静止的。这种判断是基于常人日常经验的积累，涉及的只是事物在空间的变化，即单纯以空间概念考察动静。

第二，静而非动

僧肇从时间向度上看待"昔物不至今"，实质上是依据了《中论》时间三相不相因的逻辑来破斥"动而非静"的经验认识。过去存在的事

---

① 《中论》与康德二律背反的差异，参见本书第三章第三节之"对逻辑概念的双边否定"。
② 学术界常以"二律背反"来指征矛盾，有时并没有在西方哲学的语境下考察"二律背反"的含义。严格意义上"二律背反"是指康德通过论证四对由纯粹概念逻辑推导的矛盾命题中的每一对的正题和反题都能成立，揭示理性超出经验范围的运用而导致的矛盾，即"先验幻象"。
③ 石峻、楼宇烈等编《中国佛教思想资料选编》第 1 卷，中华书局，1981，第 142 页。

物只在过去存在，现在不存在过去的事物，过去的事物并没有延续到现在，所以事物是静止的而非变化的。

《中论》中时间的连续性是指"过去中有现在和未来"，时间三相是相因的；时间的非连续性是指《中论》中"过去、现在和未来是独立的"，时间三相是不相因的。"时间三相相因"和"时间三相不相因"均由纯粹概念的逻辑推论而来，属于严格意义的"二律背反"。对于时间的非连续性，僧肇论证如下：

> 今若至古，古应有今；古若至今，今应有古。今而无古，以知不来；古而无今，以知不去。若古不至今，今亦不至古，事各性住于一世，有何物而可去来？①

第一，依据"时间三相相因"的逻辑，那么应该是"今若至古，古应有今"，即如果从现在能够联系到过去，那么过去中应有现在；同样"古若至今，今应有古"，即如果从过去能够延续到现在，那么现在中应有过去。

第二，基于经验事实，"今而无古，以知不来；古而无今，以知不去"，即从经验事实观察，现在不是过去，可知过去没有延续到现在；过去不是现在，可知现在不会延续到将来；因此时间是非连续性的。

因为时间是非连续性的，所以"若古不至今，今亦不至古"，即如果过去没有延续到现在，现在也不会回到过去，那么过去是过去，现在是现在，将来是将来。既然过去是过去，现在是现在，将来是将来——"事各性住于一世"，那么"有何物而可去来？"——故物不迁。所以，僧肇再次表明：

> 求向物于向，于向未尝无；责向物于今，于今未尝有。于今未尝有，以明物不来；于向未尝无，故知物不去。覆而求今，今亦不往。是谓昔物自在昔，不从今以至昔；今物自在今，不从昔以至今。②

因为时间是非连续的，所以过去是过去，现在是现在，现在不包括过去的事物，过去的事物在过去的时间里存在，事物不曾延续到现在；同样，

---

① 石峻、楼宇烈等编《中国佛教思想资料选编》第 1 卷，中华书局，1981，第 143 页。
② 石峻、楼宇烈等编《中国佛教思想资料选编》第 1 卷，中华书局，1981，第 142 页。

现在的事物也不会延续到将来，所以"昔物自在昔"，"今物自在今"。

从上述僧肇的论法可以看出有趣的现象：僧肇一方面以"时间三相不相因"的逻辑推论破斥经验认识；一方面以经验认识破斥"时间三相相因"的逻辑推论。而经过这层转换，僧肇实际上是采用经验事实与逻辑推论的矛盾来制造悖论，从而构成了一个循环论证。

（2）对僧肇经验与逻辑"双边否定"方法的检讨

学术界对僧肇《物不迁论》论证方法的研究成果可谓汗牛充栋，或判定僧肇以形式逻辑的同一律，揭示矛盾的两面虚妄；或认为僧肇在论证过程证中偷换了概念；或指出僧肇在论证过程中对相关概念界定模糊不清；等等，不一而足。但是，如果从纯粹的概念辩证思维而言，比照《中论》以纯粹概念的逻辑推论来否定纯粹概念的逻辑推论，可以检视僧肇此种论法存在的问题。

第一，从《中论》较为符合严格意义上的"二律背反"的论法而言，并不存在由既定判断为出发点，然后再通过概念的逻辑推论推导出两个相反的逻辑结论。而僧肇是以"昔物不至今"为起点，推导出"动而非静"与"静而非动"的悖论，在论证形式上不符合严格意义上的二律背反，更为重要的是，作为推导的前提——"昔物不至今"，本身就不是基于对纯粹概念的分析，这是僧肇巧妙构造循环论证的根本原因。[①]"昔物不至今"这个判断包含着时间、空间、物以及去来这四个基本概念。从动静关系而言，也就是时间、空间、运动、运动者这四个概念以及这四个概念的相互关系问题，僧肇并没有对这四个概念以及这四个概念的相互关系进行严格考察，从而使"昔物不至今"表现出一种经验性、主观性、模糊性的倾向，成为其以逻辑反经验，以经验反逻辑的前提。[②]

---

① 任继愈指出："他（僧肇）用'今而无古'和'古而无今'来证明'物不相往来'……用以支持'物不迁'这一形而上学命题的主要依据，在僧肇看来，是不证自明的，可以共许的；而实际上，这个依据本身，恰巧是僧肇的一种偏见"（任继愈主编《中国佛教史》第2卷，中国社会科学出版社，1985，第479页）。

② 黄百仪指出："《物不迁论》与《中论》相比还有一项特色是著重当前的具体事物来说明，不像《中论》从分析概念的角度。这似乎是受到中国人重视现实存在的影响。因为僧肇对于时间的问题只提到现在与过去，对于未来并未说明，与《中论》三世同观的态度有很大的差异。另外，《中论》重视'不生'的论证，而僧肇却是著重在'不灭'，想必也是重视现实而不重视概念的影响"（黄百仪：《僧肇〈物不迁论〉思想研究》，《法藏文库·中国佛教学术论典》第99册，佛光山文教基金会，2001，第406页）。

第二，就时间连续性和非连续性问题，《中论》是以纯粹概念的逻辑推论推导出正反相对的两个命题都不成立来论证时间的虚妄性；而僧肇则以经验认识和逻辑推论来推导悖论，也就是截取逻辑片段来驳斥经验认识，又以经验认识来驳斥另一个逻辑片段，这种悖论不属于严格意义上的"二律背反"。从本质上看，虽然《中论》推导的"二律背反"最终是为了否定任何思虑，但是，对"二律背反"中的任一方而言，无论正题还是反题，实质上蕴含着对每一方概念推理的考量，是对真理的理性追问，体现出理性对哲学终极问题的追寻；而僧肇以经验反逻辑和以逻辑反经验的论法，忽略了考察其作为正题和反题的逻辑的本身的可靠性。从这个角度而言，僧肇的上述论法反映出其与《中论》在理论思维水平上尚存在着一定的距离。①

## 二　《肇论》对《中论》"四句否定"的运用与转换

"四句否定"是般若中观学派特别倚重的思维方式，《中论》常常运用"四句否定"的论辩方式破斥论敌，扫除边见。"四句否定"在思维形态上穷尽了人类思维的四重维度，通过彻底封闭人类理性的思维进路，荡相遣执、超越对立，凸显以一元性整体思维直观体证诸法真实本相。根据本书前文所论，作为罗什门下高足，僧肇深刻地理解了中观学派的思想精髓，所著《肇论》四篇在整体上采用了"四句否定"的思维方式阐明中观学派诸法实相原理，并且在《注维摩诘经》中将"四句否定"的思维方式落实于禅修实践之中。但是，正如唐秀连所指出的："《中论》里频密使用四句教法，僧肇却没有模仿这种龙树教法里极为普遍的论述形式，致使吾人在《肇论》里，找不到与四句教法完全吻合，甚或形式类似的句法用例。"② 那么，为什么《肇论》四篇中整体具有"四句否定"的逻辑结构，但在行文中却没有与"四句否定"完全吻合，甚或形式类似的句法用例呢？这确实是一个值得思考的问题。

---

① 唐秀连分析《物不迁论》论法后认为，"僧肇了解到逻辑悖论和二律背反引致的窘境，并且利用它来逼显敌方观点的舛误。不过从他的处理方法，却看不到龙树的四句教法和否定式的叙述法，对他产生过很深刻的影响"（唐秀连：《僧肇的佛学理解与格义佛教》，宗教文化出版社，2010，第274页）。

② 唐秀连：《僧肇的佛学理解和格义佛教》，宗教文化出版社，2010，第274页。

根据前文以《肇论》为中心的考察，本书认为，在僧肇阐述论证其思想观点的过程中，《中论》中经过严格论证的、体现般若中观学诸法实相原理的两个基本命题——"缘起性空"与"性空幻有"，是具有不证自明的真理的性质。也就是，基于对"缘起性空"和"性空幻有"的准确理解和把握，僧肇以"缘起性空"和"性空幻有"作为判断的标准，运用中道思维破除任何执着自性的边见、有无并观、空有相即，并以之为方法论贯穿其思想体系之中。

1. "真假"与"有无"

根据前文所论，在《不真空论》中，僧肇基于般若中观学诸法实相原理和中道思维原则，以"诸法性空"作为"真"的判断标准，将魏晋玄学"有无"问题纳入"真假"视域之中，通过剖析"真"与"不真"的辩证关系，批判"六家七宗"解空的"偏而不即"，阐明般若中观学有无相即、真俗不二义。

"真假"与"有无"，都是哲学所必须面对的终极思考的议题。从形式逻辑的角度，一个判断不可能既是"真"又是"不真"；但在辩证思维视域下，存在着既"真"又"不真"的辩证关系。黑格尔在《小逻辑》中这样说：

> 人们惯常说，逻辑只是研究形式，它的内容却来自别处。其实，我们可以说，逻辑思想比起一切别的内容来，倒并不只是形式，反之，一切别的内容比起逻辑思想来，却反而只是（缺乏实质的）形式。逻辑思想是一切事物的自在自为地存在着的根据。……对这些逻辑规定加以自在自为的考察，还有一层较深远的意义，即在于我们是从思维的本身去推演出这些思维的规定，并且即从这些思维规定的本身来看它们是否是真的。……关于思想规定真与不真的问题，一定是很少出现在一般意识中的。因为思想规定只有应用在一些给予的过程中才获得它们的真理，因此，离开这种应用过程，去问思想规定本身真与不真，似乎没有意义。但须知，这一问题的提出，正是解答其他一切问题的关键。说到这里，我们首先必须知道，我们对于真理应该如何理解。通常我们总是认为我们的表象与一个对象相符合叫做真理。这说法预先假定有一个对象，我们的表象应与

这对象相符合。但反之，从哲学的意义来看，概括地抽象地讲来，真理就是思想的内容与其自身的符合。①

黑格尔认为，形式逻辑的内容与形式相分离，才把我们认为的表象和对象是否一致作为判断是否是"真"的标准。一切有限事物的存在都与其对方联系着，这对方既是对此事物的否定，也是对其存在的限制，因此，一切有限事物的存在总不能和其概念相符合。概念辩证思维则是从思维的本身去推演出这些思维的规定，并且从这些思维规定的本身来看它们是不是真的。真理就是思想的内容与其自身符合。在黑格尔看来，这就是绝对精神自我呈现的过程。

显然，"僧肇的'不有不无'的'不真'之'空'……都没有提到过有既是有，同时又不是有，而是有的自我否定即无"。② 所以，僧肇并没有从思维的规定上讨论"真"与"不真"的关系，因而没有真正进入概念辩证思维的领域。同时，在"真"与"不真"的关系上，僧肇也未采用《中论》以因果关系为枢纽通过否定"生"以否定"不生"，通过对"生"与"不生"的双边否定而达到否定任何概念的论证方式。在《不真空论》中，僧肇是依"即万物之自虚"立义，以般若中观学"诸法性空"为判断标准直接对"有"与"真有"、"无"与"真无"以及二者之关系进行真假判断。但是，般若中观学"诸法性空"并非形式逻辑包含 S、P 两项以及"S 是 P"结构的命题，而是依凭般若智慧、不加任何思虑分析直观"S 即 P"——"缘起即性空"，即现象即本质即空而当体明空、毕竟空。

所以，吕澂指出："假象之象非无，但所执自性为空，这就叫做不真空：'言有是为假有以明非无，借无以辨非有，此事一称二其文。'也可说是同一体的两个不同方面。《不真空论》关于性空就讲到这种程度。"③ 从概念辩证思维角度看，吕澂的评价是中肯的。因为僧肇并没有进一步揭示有、无概念在辩证思维中的逻辑推演与转换。但是，当僧肇以般若中观学"诸法性空"的正确理解作为真假判断标准并引入"真有""真

① 黑格尔：《小逻辑》，贺麟译，商务印书馆，1980，第85~86页。
② 邓晓芒：《思辨的张力——黑格尔辩证法新探》，商务印书馆，2008，第73页。
③ 吕澂：《中国佛学源流略讲》，中华书局，1979，第105页。

无"概念，对于破斥"六家七宗"乃至魏晋玄学或以"有"为"真有"，或以"无"为"真无"的观念是具有巨大的穿透力的。因为当"有"非"真有"，"无"非"真无"时，偏执于有、无任何一方也自然失去了理论依托。同样，当僧肇在"诸法性空"的理论背景下以空有不二、本质与现象相即来对待魏晋玄学本体与现象之间的问题时，横亘于魏晋玄学"有无之辨"的逻辑矛盾，也自然迎刃而解了。

2.《肇论》"四句否定"逻辑结构的解析

本书认为，基于对诸法实相原理和中道思维的准确理解和把握，《肇论》四篇以"缘起性空"与"性空幻有"为判断标准，以"四句否定"的形式游刃有余地破除任何执着自性的边见。据此，本书将《肇论》四篇的论证方式分解试做如下推导。

《物不迁论》

| | |
|---|---|
| 判断的标准 | 缘起性空 |
| 判断的内容 | 物迁（肯定了物的自性） |
| 结论 | 物不迁 |
| 判断的标准 | 性空幻有 |
| 判断的内容 | 物不迁（否定了事物假象存在） |
| 结论 | 物迁 |
| 根据中道思维 | 亦有亦无，非有非无 |
| 结论 | 物迁亦不迁，物非迁非不迁 |

《不真空论》

| | |
|---|---|
| 判断的标准 | 缘起性空 |
| 判断的内容 | 有（肯定了物的自性） |
| 结论 | 非有（不真故空） |
| 判断的标准 | 性空幻有 |
| 判断的内容 | 无（否定了事物假象存在、非有） |
| 结论 | 非无（不是真空） |
| 根据中道思维 | 亦有亦无，非有非无 |
| 结论 | 亦有亦无，非有非无 |

《般若无知论》

| | |
|---|---|
| 判断的标准 | 缘起性空（真谛无相） |
| 判断的内容 | 世俗之知（肯定了认识对象的自性、有知） |
| 结论 | 般若无知 |
| 判断的标准 | 性空幻有（般若有照用之功故不离诸法） |
| 判断的内容 | 般若无知 |
| 结论 | 般若有知（般若无世俗之知而又无所不知） |
| 根据中道思维 | 亦有亦无，非有非无 |
| 结论 | 般若知而无知，无知而知 |

《涅槃无名论》

| | |
|---|---|
| 判断的标准 | 缘起性空 |
| 判断的内容 | 涅槃有、涅槃无（肯定了涅槃的自性） |
| 结论 | 涅槃非有非无 |
| 判断的标准 | 性空幻有（涅槃"妙存"、不否定世间） |
| 判断的内容 | 涅槃非有非无 |
| 结论 | 涅槃亦有亦无 |
| 根据中道思维 | 亦有亦无，非有非无 |
| 结论 | 涅槃亦有亦无，非有非无 |

3.《肇论》对"四句否定"的转换

综上所论，《肇论》四篇具有较为稳定的"四句否定"的逻辑结构，因而在方法论上表现出内在的一致性。《肇论》四篇这种致思方式根源于僧肇对般若中观学诸法实相原理和中道思维原则的准确理解和运用。但是，《中论》是采用彻底否定式思维方式，通过严格的概念思辨、逻辑分析、判断推理，以概念反概念、以逻辑反逻辑、以理性反理性，一步步逼显出非任何语言和思虑所能刻画的诸法实相。《肇论》四篇整体上虽然足具"四句否定"的逻辑形式，但僧肇对迁、不迁，有、非有，知、无知，涅槃有、涅槃无这四对核心辩证范畴所做的判断，是以"缘起性空"与"性空幻有"为标准和前提。这也就意味着僧肇是以肯定的方式对任何执有自性的观念进行破斥，即无论判断的结果是肯定还是否定，这一判断的过程是以演绎和肯定的方式来展开——肯定其所是、其所非。而经过这层思维转换，僧肇一方面部分消解了《中论》论证过程，直接把《中论》的论证结论作为判断的唯一标准；另一方面，也将《中论》彻底否定式的思维方式转变为肯定式思维方式。

### 三　僧肇"中道思维"与中国传统辩证思维之交涉

#### 1. 僧肇"双边否定"的经验性思维痕迹溯源

根据前文对僧肇"双边否定"论法的阐述，僧肇并非如《中论》系统地通过概念的相待性破斥概念的自性来阐明中道思想；而且，僧肇在《物不迁论》中采用的以经验反逻辑、以逻辑反经验的论法明显羼杂着经验性思维，与《中论》以纯粹概念的逻辑推论来否定纯粹概念的逻辑推论，有着明显的差异。如果寻本探源，僧肇"双边否定"的经验性思维痕迹与中国传统辩证思维方式存在潜在的关联性。

（1）名实相副

在《不真空论》中，僧肇通过论证名实关系阐明一切概念和事物都非真实，故无法用语言概念来认识诸法实相。僧肇说：

> 夫以名求物，物无当名之实；以物求名，名无得物之功。物无当名之实，非物也；名无得物之功，非名也。是以名不当实，实不当名。名实无当，万物安在？……故知万物非真，假号久矣！①

在名实关系上，僧肇立论的前提或标准是"名实相副"。僧肇认为，正是因为名不当实、实不当名，所以名实俱空，故语言概念皆为幻相。任继愈指出了僧肇运用名实范畴的特点："（僧肇）否认世界的真实性和认识世界的可能性，同鸠摩罗什揭示主客观的矛盾，以完成他们的不可知论，在方法上是一致的。只是僧肇运用了名实这种中国古代哲学惯用的范畴，采取了民族形式。"②本书认为，这个"民族形式"表现为僧肇以"名实相副"作为判定名实关系的前提或标准，而"名实相副"不但是中国传统哲学对待名实关系的典型表达，也深层次折射出中国传统哲

---

① 石峻、楼宇烈等编《中国佛教思想资料选编》第 1 卷，中华书局，1981，第 146 页。

② 任继愈主编《中国佛教史》第 2 卷，中国社会科学出版社，1985，第 488 页。

学的思维特征和民族思维习惯。① 这一点，俞宣孟基于中国传统哲学形
而上与形而下一体性的特征，通过比较中西本体论思维之差异，指出：

> 本体论的概念是逻辑范畴，其意义不在于这个词所指的实际对
> 象，而是取自概念间的相互关系的逻辑规定性；而中国哲学中的名
> 正好相反，名必副实，这就是说，名始终应当是依赖于实际事物的，
> 离开了实，名就不正了，就没有意义可言了……本体论的概念脱离
> 了现实的内容，只能凭这样的概念之间的相互关系来确定其意义，
> 这就是概念的逻辑规定性。而正是获得了逻辑规定性，这些概念才
> 能离开经验事实进行推论。与之相比较，中国哲学中的名作为实的
> 标志，是从实的方面取得自己意义的。这样的名当然难以脱离经验
> 事实作纯粹的逻辑推论，即使作了推论，在人们的思想习惯上也总
> 是把它当作是事实的一种关系，而不会理解成是脱离了事实的一种
> 形式的关系。②

从这个角度观察，相较于《中论》以纯粹的概念思辨、依靠概念和
概念之间的逻辑推论展开思想的画卷而言，僧肇虽然运用了"双边否
定"的论法否定名与实，但采用了具有本民族思维特征的"名实相副"
作为立论的前提或标准。这潜在地透露出生活、成长于中国传统文化环
境之中的僧肇，在思维深处还是一定程度隐含着经验性思维因素。③ 这
也显示出中国古代传统辩证思维偏于经验性思维的特点，并以"日用而
不知"的方式渗透于民族思维习惯与文化心理之中。

---

① 洪修平认为，在"名实关系"上，"从僧肇的推论过程来看，其出发点也是名与实应该
相符，只是在如何使两者相符的问题上，他坚持了佛教的名实俱空的观点。在僧肇以
前，中国传统的名实论中有以'名'正'实'的主张。僧肇则借助于佛教，走得更
远，他把'名'也否定掉了。他用取消名实真实性的方法来消除两者的不相当，以对
名和实的双否定来实现两者的统一。在这里，僧肇所使用的论证方法显然是中国式的"
（洪修平：《中国佛教与儒道思想》，宗教文化出版社，2004，第47页）。
② 俞宣孟：《本体论研究》，上海人民出版社，1999，第96~102页。
③ 吕澂指出，印度大乘佛学对认识论很注意，但对宇宙论就不大注意，罗什本人也不理
解，因此僧肇一碰到关于宇宙论问题，就会不知不觉地走进玄学的圈子。以玄学化的
"审一气以观化""物我同根、是非一气"来阐述宇宙论问题（参见吕澂《中国佛学源
流略讲》，中华书局，1979，第102页）。严格意义上，宇宙论都是有特定的研究对象，
因而是或最终可以是经验的（参见俞宣孟《本体论研究》，上海人民出版社，1999，第
29页），由此亦反映出僧肇潜在的经验性思维因素。

（2）经验与逻辑"双边否定"之庄子相对主义色彩

僧肇"每以庄老为心要"，老庄华美言辞也行云流水般荡漾于僧肇著述之中，以至于初读者常常恍然以之为老庄的注疏。老庄对现实世界的批判与否定，特别是庄子以相对主义反思经验世界、主观认识的不确定性而展开的对逍遥自由的探索，与同样沉潜于人类心灵世界的佛学之间具有精神交流的可能。

虽然庄子在并不否定现实世界存在的基础上以超越的认识态度"齐万物""一生死""独与天地精神往来"，与中观学以般若智慧体证诸法实相而觉悟解脱有着不同的理论架构和境界追求，但庄子基于相对主义的"齐物"观，却每每被僧肇借用以诠释般若中观学"平等""不二"观念乃至"中道"思想，阐明诸法实相无相、空有相即。这也表明，在僧肇的思想深处，庄子与般若中观学在整体精神气息上是相通的，气质上是相似的，作为异质文化的二者之间存在的差异，并不妨碍它们之间展开精神的交流和思想的对话，而庄子相对主义与"中道思维"之间存在的某些相似性无疑成为庄子与般若中观学最容易相互接纳对方的思维先导。大体而言，庄子相对主义基于对人的主观认识与经验世界的不稳定性而表现出的怀疑与般若中观学以"中道思维"阐述诸法非真实存在、本质性空，有着天然的亲近感；而且庄子相对主义具有的"两行"式的开放性、整体观以及寻求对"道"的终极体验，与般若中观学以"中道思维"、一元性整体思维观照诸法万相而洞彻宇宙人生最高真实也有相当程度的类似。

作为人类辩证思维发展历程中的一个环节的相对主义，如果仅单纯从感性、经验出发由否定事物的确定性而否定事物的存在，就会滑入不可知论的泥潭。谢扬举指出，"相对主义的标准是：有知识，但这指的是各有各的主观经验，而且这种个人知识或特定知识从来都是因文化、社会等各种感知和方法条件变化的，所有的知识都是我认为我相信它，没有一条知识是因为自身可以确定，所以相对主义是反独断论的独断论"[①]。庄子显然并非简单的不可知论者，也没有采用单向的非其所是、是其所非的二元对立思维和独断论的态度。在庄子的视域里，"相对性是

---

① 谢扬举：《道家哲学之研究》，陕西人民出版社，2003，第218页。

世界本然的存在状态"①，通过把"认知的相对性升华为具有实在性内容的相对主义"②，实现对"道"的整体性直觉把握。崔大华认为，庄子是借助"万物殊性"和"万物同'机'"这两个理论，把相对性本身上升为可把握的、具有确切性的理性观念。③ 如果从方法论角度考究庄子相对主义的思维构造，我们可以看到僧肇经验与逻辑"双边否定"论法中多多少少地蕴含着庄子相对主义色彩。

"万物殊性"和"万物同'机'"是两个相互对立的命题。"万物殊性"是庄子基于主观经验出发，对自然和社会任何事物的性质所做的判断，即万事万物是独立的，各有其独特的本性和存在方式。"万物同'机'"则是基于"通天下一气"的自然观出发，逻辑上要求万物的本质是相通、相同的。④ "在庄子看来，万物存在都是相对的，它不仅是我们认识的感性表象，而且也是世界的真实状况。这种相对性，一方面涵蕴着'万物殊性'的那种经验的确切性，另一方面涵蕴着'万物皆一'的那种理智的实在性。"⑤ "万物殊性"和"万物同'机'"这两个命题实际上构成了经验和理性（逻辑）的对立。从这个角度观察，僧肇《物不迁论》与庄子都采用了经验与逻辑对立的形式来揭示相反判断和命题之间的关联性。不过，庄子是以理性的直觉突破经验性认识导致的不可知论倾向的束缚，来获得对"道"的整体性把握；这与僧肇在《物不迁论》中以经验反逻辑、以逻辑反经验，通过否定动、静来否定物之自性的旨趣，是截然不同的。但是，庄子"万物同'机'"的理性直觉源自其"通天下一气"的自然观，僧肇《物不迁论》运用的逻辑推论虽然没有经过严格的理性审查，但是完全抛弃了经验性思维，从概念和概念之间的逻辑关系推导而来。虽然僧肇经验与逻辑"双边否定"论法仍然附着着经验性思维而并未完全进入纯粹思辨领域，但毕竟与中国传统辩证思维具有浓厚主观性、经验性的思维倾向有所不同，这也在思维方式上透现中印两种不同文化对僧肇的影响。

----

① 崔大华：《庄学研究》，人民出版社，1992，第 276 页。
② 崔大华：《庄学研究》，人民出版社，1992，第 276 页。
③ 参见崔大华《庄学研究》，人民出版社，1992，第 275 ~ 276 页。
④ 参见崔大华《庄学研究》，人民出版社，1992，第 276 ~ 277 页。
⑤ 崔大华：《庄学研究》，人民出版社，1992，第 277 页。

2. 僧肇"四句否定"的直言判断印记探微

（1）对僧肇"四句否定"论法的检讨

本书认为，《肇论》四篇以"缘起性空"与"性空幻有"为判断标准，运用"四句否定"论法破除任何执着自性的边见，在思维方式上具有直言判断的性质。

首先，理论上般若中观学之诸法实相并非"S 是 P"的逻辑判断，而是以经过禅修获得的特殊般若智慧直观宇宙人生最高真实，体证诸法即实相、缘起即性空、现象即本质。但是，当僧肇以"缘起性空"和"性空幻有"为不证自明的判断标准对任何判断内容作真假判断——是其所是、非其所非时，这种论证方式本身就具有了直言判断的性质。

其次，"四句否定"经过了严格的逻辑推理和论证，集中体现为《中论》对"四门论生"——"诸法不自生，亦不从他生，不共不无因，是故知无生"① 的论证，即以"生"与"不生"的概念矛盾为逻辑起点，以破斥因果关系为中心，通过全面瓦解经验知识以及理性对形而上思索的可能性来逼显出诸法实相、缘起性空。但是，《肇论》四篇以阐明般若中观学派诸法实相原理为中心、各以一个鲜明的主题而展开的具体论证过程中并未出现类似"四门论生"的具体论证，而恰恰在《肇论》四篇的结论中呈现"四句否定"的论证结果，这似乎暗示了一种思维倾向——僧肇基于对般若空义的理解直接把"四句否定"作为一种固定的方法论形式化、程序化、模式化地处理任何对立关系、破斥任何执着边见。但是，一旦把一种方法论形式化、程序化、模式化，也就意味着这种方法论的形式、程序、模式本身就具有了判断标准的性质，即凡是不符合这种方法论形式、程序、模式的论证结论都是片面的或不正确的，那么，这种形式化、程序化、模式化的思维方式实质上已经转化为非此即彼、二元对立的思维方式。这种思维方式因而具有了直言判断的性质。

沿着上述问题做进一步考察，本来，作为方法理论的方法论形成于对最高真实、终极真理的探求过程中，这一过程也是思维不断反思、不断自我否定、不断对方法本身进行批判，也是人类理性思辨能力不断提

---

① 龙树：《中论》卷1，（后秦）鸠摩罗什译，《大正藏》卷30，第2页中。

高和不断接近终极真理的过程。但是，一旦放弃了探索方法论形成的思
辨历程，一旦失去对方法论本身做理性考察这一过程，一旦把一种方法
论作为不需要理性再做批判的固定的思维模式，这种方法论本身就可能
转换成为一种约定俗成、简明实用的技术，任何问题都可以在这种既定
的思维模式下迎刃而解，那么，这种思维模式不但容易丧失追求真理的
动力，甚至可能演变为束缚思维自身的惰性。

（2）僧肇"四句否定"论法的儒学思维印记

学术界已经注意到了僧肇正面立说的思维方式与表达风格不同于
《中论》彻底否定式思维方式的遮诠式表述方式。① 而且，从文献上看，
《中论》"通篇不见直接或间接援用圣言量句的事例"②，但僧肇的著述中
却频繁引用圣言量句。③ 对于僧肇多引用圣言量句的表述风格，唐秀连
认为："作为早年出入经史、雅好老庄的传统文人，长期浸润坟籍经论的
结果，使他不期自然承袭了汉儒的'经学思维方式'。所谓'经学思维

---

① 涂艳秋认为"（僧肇）全采用正面肯定的方式，来阐扬佛理，而所阐扬的部分，即是龙
    树认为无法以语言呈显的部分……僧肇虽然承继了中观学说，但却得鱼忘筌，得意忘
    象，在叙述表现上，完全抖落了中论惯用的否定论证法，而采取一种较否定叙述法更
    危险、更高难度的肯定论证法，来表达中论借由否定一切语言思维之后，所肯定的事
    物"，并具体讨论了僧肇的论法及不同于《中论》论法的原因（参见涂艳秋《僧肇思
    想探究》，东初出版社，1995，第 277~288 页）。唐秀连认为"正面申诉佛学观点的手
    法是贯彻在整部《肇论》的"，并分析了僧肇没有承袭《中论》否定式思维方式的原
    因（参见唐秀连《僧肇的佛学理解和格义佛教》，宗教文化出版社，2010，第 258~
    264 页）。赖永海认为"中观学主张否定一切、一法不立，强调空性的非有非无、非一
    非异。僧肇佛学与这种只破不立的风格有所不同"（赖永海主编《中国佛教通史》第 2
    卷，江苏人民出版社，2010，第 348 页）。
② 唐秀连：《僧肇的佛学理解和格义佛教》，宗教文化出版社，2010，第 256 页。
③ 唐秀连根据鲁宾逊（Robinson）及平井俊荣翻译之《肇论》统计的结论："《物不迁》
    《不真空》《般若无知》引用或提及佛教经典的次数，合计三十六次，当中《中论》占
    了五次，其余经文，均出自《摩诃般若波罗蜜经》《维摩诘经》《成具光明定意经》
    《大智度论》等大乘教典。除佛典外，征引教外传统典籍，如《论语》三次、《老子》
    十四次、《庄子》十六次，即最低限度达三十三次之数，几乎与援用佛典的数量相等。
    以三论约共六千字的篇幅来说，引述外典却达到三十次之多，也不可谓不频密了"（唐
    秀连：《僧肇的佛学理解和格义佛教》，宗教文化出版社，2010，第 256 页）。李润生认
    为，"僧肇的著作，实质上已经反复地运用着其中的'比量'与'圣言量'……由于
    僧肇的思想是会通华梵之故，所以在'圣言量'的引证方面，除却佛家典籍之外，也
    兼取儒家和道家之作品……不过僧肇引用古人的典籍，多取其意而改其文，甚或只标
    '经云：……'便了，所属何经，亦不明言。这也许是古人行文的通习，得意忘言，得
    鱼忘筌"（李润生：《僧肇》，东大图书公司，1989，第 228~229 页）。

方式',就是在思考问题时,总是先想到经书怎么说,接着想到传、记怎么说,最后才考虑自己应当怎样认识。"① 这是一个较为客观的评价。因为无论"圣言量"还是"经学思维方式"都表明了圣人圣言在知识话语体系中具有的独一无二的权威和裁决地位。所以,如果溯源中国思想史的长河,从僧肇多用"圣言量"以及《肇论》"四句否定"的直言判断性质来看②,本书认为,僧肇的这种具有直言判断性质的思维方式与自先秦以来儒学的思维方式存在着一定的关联性。

儒学自孔子起,基于对现实社会人生的关注和对血缘秩序、宗法制度的维护,就习惯于以经验性思维方式对现实世界、社会人生进行经验性总结,然后多采用直言判断的方式,对相关问题直接给出结论性的答案,形成类似"仁者爱人"③"为仁由己"④ 等格言式、启示式的"语录体";而对于涉及形而上的理论问题往往采取回避的态度,譬如"子不语怪、力、乱、神"等⑤。整体而言,先秦儒学的这种致思路向是"排除思辨原则和理论形态,而将个体道德修养与社会政治理想结合为一"⑥,在董仲舒改造的神学经学经历"罢黜百家、独尊儒术"之后,更成为一种不可置疑、绝对权威的思维方式。正如潘桂明指出的:"从百家争鸣到独尊儒术,并使学术思想逐步转化为意识形态有助于社会政治、伦理道德原则的贯彻,但是它以抛弃哲学认识论和概念分析、逻辑思维为条件,以否定多元的思维方式和思想方法为代价。"⑦ 如果从论辩的角度看待辩证思维的起源与发展,当直言判断式的思维方式成为论辩过程中的重要的致思方式而又未能对直言判断的标准进行概念化和逻辑化的

---

① 唐秀连:《僧肇的佛学理解和格义佛教》,宗教文化出版社,2010,第256页。

② 潘桂明阐述《物不迁论》的论证也可间接反映出僧肇思维方式中潜在的直言判断性质。潘桂明说:"'物不迁'命题实际上建立于如下思想原则基础之上,即首先断定一切现象只是虚幻假象,无有实性,其本质是空;既然事物的本质是空,那么谈论运动变化就失去了意义"(潘桂明:《中国佛教思想史稿》第1卷上,江苏人民出版社,2009,第304页)。

③ 《论语》原文"樊迟问仁。子曰:'爱人'"(杨伯峻译注《论语译注》,中华书局,1980,第131页)。

④ 杨伯峻译注《论语译注》,中华书局,1980,第123页。

⑤ 杨伯峻译注《论语译注》,中华书局,1980,第123页。

⑥ 潘桂明:《中国佛教思想史稿》第1卷上,江苏人民出版社,2009,第61~62页。

⑦ 潘桂明:《中国佛教思想史稿》第1卷上,江苏人民出版社,2009,第54~55页。

论证时，这个作为直言判断的标准本身就带有强烈的主观和非理性色彩。① 在孔子那里表现为："一方面，他强调社会政治生活中的'名分'要确定、分明，不得含糊混淆；另一方面，他连自己的核心范畴'仁'以及其他一系列重要概念都没有确切的定义，而是随不同的提问者和问题、在不同的场合加以不同的解释。"②

学术界或从僧肇年少时"历观经史，备尽坟籍"的学问素养，身处以《老》《庄》《易》为经典的玄风激荡的时代，以及前秦、后秦都提倡儒学的政治背景，宏观而论儒家思想与僧肇思想的关联；③ 或从僧肇著述中对儒学经典的引用，分析儒学对僧肇尊崇儒家礼教的潜在影响，以及僧肇运用儒学观念来阐释佛教义理；④ 但从僧肇采用直言判断性质的思维方式却隐约可见先秦以来儒家致思方式的影子。正如海德格尔所言，"我们是被抛入这个世界"，在中国士人自幼多受儒家思想熏习的文化传统背景下，作为一个生于斯、长于斯的中国本土佛教学者，僧肇不可能

① 这一点，邓晓芒通过比较苏格拉底和孔子的言说方式分析了中西思维方式的差异。他指出，"孔子的标准始终在他自己内心，一切说出来的标准都是相对的，不确定的，不可依靠的"，"孔子是把对话看作传授知识的场所"，这不同于"西方思维对任何一个概念寻根究底进行追溯的理性传统"。其结果，"前者（指苏格拉底）造成了西方哲学史上从自然哲学向精神哲学的大转折，后者则树立了无人能够起超的'大成至圣先师'，只能为后人'仰止'和不断体会、学习。中国传统思维方式和言说方式从此便进入到一个自我循环、原地转圈的框架之中"（参见邓晓芒《苏格拉底和孔子的言说方式比较》，《哲学动态》2000年第7期）。也就是，基于为真理而真理的思路，西方哲学由苏格拉底的论辩逐渐发展出概念辩证思维；而基于经验性思维，孔子的论辩最终导致了权威的树立，因缺乏概念思辨而不能对"权威"进行进一步的反思。其实，黑格尔也认为，"孔子只是一个实际的世间智者，在他那里思辨的哲学是一点也没有的——只有一些善良的、老练的、道德的教训，从里面我们不能获得什么特殊的东西"（黑格尔：《哲学史讲演录》第1卷，贺麟、王太庆译，商务印书馆，1981，第119页）。
② 邓晓芒：《思辨的张力——黑格尔辩证法新探》，商务印书馆，2008，第92页。
③ 如李润生认为"（僧肇）把印度传统的般若学思想与中国固有的老庄思想，甚或部分儒家思想，加以会通"（李润生：《僧肇》，东大图书公司，1989，第220页）；唐秀连认为"僧肇年少时'历观经史，备尽坟籍'，因此深谙老、庄、儒学之道"（唐秀连：《僧肇的佛学理解和格义佛教》，宗教文化出版社，2010，第292页）。
④ 刘贵杰通过分析散见于《注维摩诘经》《注维摩诘经序》《鸠摩罗什法师诔并序》中僧肇所引用的儒家文献，认为僧肇受到儒家思想的影响主要表现为三个方面：1. 僧肇批评外道"无君臣父子忠孝之道"，可见僧肇"未废世法"；2. 僧肇"侍师之道在谦恭有礼、顺承师意"，"藉颜渊赞叹孔子之词以赞叹罗什之学博大高深"，符合儒家礼教；3. 僧肇以儒家哲学之"理"阐释佛家教义（参见刘贵杰《僧肇思想研究——魏晋玄学与佛教思想之交涉》，文史哲出版社，1985，第39~44页）。

彻底抛弃已经浸润其生活、心灵之中的传统文化因子。所以，在接受佛教思维方式的同时，传统文化思维方式的强大惯性又让僧肇不自觉地采用了具有儒家思维方式特点的直言判断式思维方式，而部分放弃了佛教的哲学论证和概念辨析的过程。或许，这就是佛教中国化过程中必须直面的问题。

## 第三节　僧肇"即体即用"思维对般若中观学和中国传统辩证思维的融摄与转换

根据本书第四章第三节所论，僧肇"即体即用"思维具有本质与现象之"即体即用"、主体与客体之"即体即用"两种内涵与维度。基于般若中观学诸法实相原理和中道思维原则，在玄佛互涉的背景下，僧肇"即体即用"思维将般若中观学、中国传统辩证思维共具的直觉思维进行了有效衔接并予以全面推广，[①] 同时，在魏晋玄学"体用"架构下将般若中观学、中国传统辩证思维进行了融汇与转换。表现为，僧肇一方面将魏晋玄学本体论思维模式下衍生的"有无""体用"等核心范畴纳入般若中观学诸法实相原理和中道思维原则之下考察；另一方面以般若智慧直观诸法实相深深烙下魏晋玄学肯定主体之"心"的主客合一的思维模式印记，从而在思维模式上实现了般若学和玄学的对接、融汇与转换。在这一思维模式对接、融汇与转换的历程中，僧肇以般若中观学诸法实相原理丰富了魏晋玄学的"体用"理论内涵；同时，也将般若中观学涅槃之道转换为魏晋玄学"体用"理论背景下的"圣人之学"，完成了般若学与玄学的深度融合，深层次地推动了佛教中国化的进程。

---

① 潘桂明指出，在传统哲学思维中，直觉思维以老庄系统最为突出，它与般若学的思维最为接近，所以两家的会通首先落实在这一领域。僧肇将般若学"诸法实相"的直觉与传统老庄之"道"直觉结合，展开对两家之学的全面融会，对两家相似性的思维特征予以总结和推广，使直觉思维和精神体验成为时代佛学的重心，并对尔后传统文化的进程产生深远影响（参见潘桂明《中国佛教思想史稿》第 1 卷上，江苏人民出版社，2009，第 336～337 页）。

## 一　僧肇"即体即用"思维对般若学、中国传统辩证思维相似性的衔接与推广

直觉思维是般若中观学和中国传统辩证思维共有的思维方式。"直觉，就是一种理智的交融，这种交融使人们自己置身于对象之内，以便与其中独特的、从而无法表达的东西相符合。"① 直觉既是方法也是认识。主客合一，不可言说，无须概念辨析、逻辑推理，是直觉思维的核心特征。

般若学通过由禅修获得的特殊般若智慧以直觉思维的方式直观诸法即现象即本质即空，"是直接契合无主宰、无实体的本质（空）的直观。这种直观把本质归结为空，可知本质直观也就是空观。观想和观照'空'是般若思维的根本内容、特征和目的"②。同样，直觉思维也是中国古代哲学、中国传统辩证思维的典型思维方式，它与中国古代哲学"天人合一"的思维模式密切关联。在"天人合一"的思维模式下，"人既是自然界的产物，又是这一整体的具体体现。人和自然界不是处在主客体的对立中，而是处在完全统一的整体结构中，二者具有同构性，即可以互相转换，是一个双向调节的系统……表现在思维模式上，虽然有形上和形下、体和用之分，但形上不离形下，本体不离作用，浑然一体，不能区分……这种天人合一、万物一体的整体思维，并不是以认识自然为目的，而是以实现真善美合一的整体境界为最终目的"③。在中国古代哲学世界里，"天人合一""是一种无所不包的学说，最高、最广意义的'天人合一'，就是主体融入客体，或者客体融入主体，坚持根本同一，泯除一切显著差别，从而达到个人与宇宙不二的状态"④。

显然，僧肇之本质与现象之"即体即用"、主体与客体之"即体即用"都是建立在主客合一的直觉思维基础之上。但是，对于直觉的前提即何以能直觉、直觉思维的逻辑结构、直觉思维结果的普遍性与真理性，中国古代哲学似乎并没有进行严格的分析，无论老庄的"玄览""坐

① 〔法〕柏格森：《形而上学导言》，刘放桐译，商务印书馆，1963，第3页。
② 方立天：《中国佛教哲学要义》下卷，中国人民大学出版社，2002，第1038页。
③ 蒙培元：《中国传统思维方式的基本特征》，《哲学研究》1988年第7期。
④ 金岳霖：《金岳霖学术论文选》，中国社会科学出版社，1990，第355页。

忘"，还是儒家的"居敬穷理""反身而诚"，都是通过对部分日常生活经验理性思考之后的直觉升华，来实现对"道"的一元整体性把握。在《般若无知论》中，僧肇辨析了般若智慧"知而无知""无知而知"的体性，并采用体用架构论述了般若智慧"知而无知"的寂体与"无知而知"的照用之"体用不二"，阐明般若智慧"虚不失照，照不失虚"空观实践过程，在对般若学和中国传统辩证思维共具的直觉思维进行衔接的同时，进一步明确为主客合一的思维方式提供了理论资源，丰富了中国传统直觉思维的思辨活力与理论内涵，无疑也强化了"即体即用"的直觉思维模式。

## 二 僧肇"即体即用"思维对"中道思维"与魏晋玄学"体用"思维的融汇与转换

僧肇本质与现象之"即体即用"取法于般若中观学诸法实相原理和中道思维原则，其致思目标是彰显诸法实相与现象相即不二、本质即现象、现象即本质。在魏晋玄学"体用"架构下，僧肇将魏晋玄学之"本体"置换为"诸法实相"，将本体与现象的关系转换为"诸法实相"与"现象"的关系，形成本质与现象相即不二的辩证思维模式，在形而上层面消解了魏晋玄学在有无问题上始终面临的本体与现象悬隔的逻辑矛盾。而基于"中道思维"，僧肇"即体即用"思维具有在承认矛盾双方的同时又以肯定的方式超越地否定矛盾双方的涵义，在方法论上体现为以不二不偏的方式处理矛盾的两极。① 在此理论背景下，由魏晋玄学探讨本体与现象关系的框架下衍生而来的有无、动静、本末、体用乃至主客等诸多对立都可以完全在"即体即用"模式下以即有即无、即动即静、即本即末、即体即用、即主即客等予以消解；而且，本质即现象、现象即本质，也为"体用"架构下由用显体，以体摄用，体用之间的互回、相即提供了理论资源。所以，从理论和理论应用两个层面看，僧肇

---

① 僧肇对诸法实相的把握决定了其对"即体即用"思维的运用。方法论和认识最终目标是紧紧联系在一起的，不存在没有认识最终目标的方法论。无论这个最终认识目标是西方哲学语境中的本体论，还是中国哲学语境中的人生境界或佛教哲学中的世界最高真实。无论这个最终认识目标是什么，它决定着方法论的理论原则；同时，在认识这个最终认识目标的过程中，方法论才成为有内容的方法论。

无疑是将魏晋玄学以本体与现象关系为核心的议题推向了新的高度，故汤用彤评价僧肇之学"已谈至'有无''体用'问题之最高峰，后出诸公，已难乎为继也"。①

但是，如果依据般若中观学诸法实相原理和中道思维原则，按照《肇论》所具有的"四句否定"的逻辑结构推演，僧肇本质与现象之"即体即用"思维应该完整表述为"亦本质亦现象、非本质非现象"，即在肯定本质与现象相即不二的同时、否定本质与现象之自性：一方面阐明诸法实相需要从本质和现象两方面同时考察；一方面要彻底破除对本质和现象之自性的任何执着和分别，拒斥为世界寻求一个本体论意义上的"空"来阐述空义，而直观诸法即现象即本质即空、当体明空而毕竟空，完满地契合于诸法性空之实相。但是，当僧肇本质与现象之"即体即用"离开了对本质与现象的否定时，孤立的"即体即用"则转变为肯定式思维方式和表述方式，同时具有肯定本质和现象以及可以由现象把握本质的内涵。而这进一步强化了僧肇在肯定心的实存性、明确涅槃之道的永恒性的背景下，以主体与客体之"即体即用"实现"圣心"体证诸法实相而证悟涅槃，从而回向了魏晋玄学体用关系架构下的"圣人"之学的致思方式，形成由了佛学"证空"成佛向玄学"体道"成圣的融汇与转换。

综上所述，在探究诸法实相与现象的关系上，僧肇将魏晋玄学体用架构下本体与现象之间的关系纳入般若中观学诸法实相原理和中道思维原则下，以本质与现象之"即体即用"消解了魏晋玄学体用二分的逻辑问题；在证悟涅槃的方式上，僧肇以主体与客体之"即体即用"将基于般若中观学诸法实相原理下"体空成佛"的禅修解脱思想纳入魏晋玄学体用思维下"体道成圣"的人生论、境界论体系之内；从而把魏晋玄学人生论、境界论所追求的"逍遥自适""顺物无累"的精神自由渗透于般若中观学诸法实相原理下的"虚心妙鉴""境智合一"的涅槃境界；经过上述两层异同之间的相互融摄交流与互动，僧肇成功地实现了般若学与魏晋玄学在思维方式和思想内容上的深层转换，也标志着佛教中国化的深度展开。

---

① 汤用彤：《汉魏两晋南北朝佛教史》，北京大学出版社，1997，第238页。

# 结语　僧肇辩证思维与佛教中国化

　　大乘空宗般若学与以儒道为代表的中国古代哲学在思维方式上的衔接、融汇与转换，表明中印文化之间开启了真正意义上的思想交流与对话，也标志着佛教中国化的深度展开。以直觉思维、生命体验来追求哲学终极目标而具有的相似性为契入平台，中印文化在心灵深处开始了彼此之间的精神互动。在这一互动过程中，大乘空宗般若学彻底否定式思维、中道思维、概念辩证思维逐渐进入中国古代哲学的思维领域并不同程度改变着中国古代哲学的致思理路；同时，中国古代哲学固有的本土优势、思维习惯也消解、改变、同化着般若学的思维方式，使般若学在中国的发展轨迹深深留下了中国古代哲学的思维印记。僧肇既精准领悟了般若中观学要旨，又深具中国传统文化素养，且以敏锐之才思、卓然之智慧，在将般若中观学和中国古代哲学的直觉思维、生命体验予以全面总结推广的同时，把般若中观学的"中道思维"与中国古代哲学的"体用思维"在思维方式上实现了以"即体即用"思维为特征的深度融合与转换，故会通华梵，"上承魏晋以来玄佛合流的遗风，下开佛教哲学在中土相对独立发展的先河"①，其思想和思维方式对中国佛教史乃至整个中国思想史都产生了深远的影响。

　　僧肇的"中道思维"部分运用般若中观学具有概念辩证思维特征的"双边否定"和"四句否定"的思维方法，以有无相即、本质与现象不二，突破了魏晋玄学以"体用"思维讨论"有无之辨"面临的有无分离、体用二分的逻辑问题，把魏晋玄学的"有无之辨"推向最高峰，深化了般若学与中国古代哲学的融合，并开启了三论宗思想之先河；而且僧肇运用"中道思维"通过对富有中国古代哲学特色的概念与范畴诸如"名实""知与无知""动静""有无"等所做的精彩辨析与哲学玄思，提升了中国佛教辩证思维乃至中国古代哲学辩证思维的品质。僧肇本质

---

① 洪修平：《中国佛教与儒道思想》，宗教文化出版社，2004，第46页。

与现象之"即体即用"在魏晋玄学"体用"思维架构下，将魏晋玄学讨论的本体与现象的关系转换为般若中观学诸法实相原理和"中道思维"原则下的本质与现象的关系，以本质与现象相即不二为中国古代哲学的"体用"思维注入了体用相即的理论内涵。

在以直觉思维、生命体验沟通般若学与中国古代哲学的过程中，僧肇将"中道思维"和"体用思维"进行了深度融合，而中国古代哲学"天人合一"思维模式、经验性思维方法、儒道两家的传统思维方式又对这种融合产生了深刻影响，并浸染于佛教中国化的进程之中。第一，僧肇关注于对般若中观学基本命题、结论的理解与证悟，而不自觉地忽视、部分放弃了般若中观学通过严格概念辩证思维论证其基本命题、结论的过程，对"中道思维"的运用也隐含类似儒家直言判断的思维痕迹，这一定程度消解了般若中观学彻底否定的批判精神和纯粹思辨的理论向度。第二，僧肇所深刻领悟的破除一切名言概念、以"言语道断、心行处灭"的般若智慧直观体证诸法实相，则与中国古代哲学以超言绝象的直觉思维体证"天人合一"，具有高度的相似性，并且这种以直觉思维证悟哲学终极目标的致思理路一直为中国佛教学者持续重视且层层放大，而般若中观学通过严格概念辩证思维论证其基本命题、结论的思维历程却逐渐弱化，最终体现为禅宗大师淋漓尽致地将般若学否定式思维形式、方法以及核心命题诸如双遮双遣、二谛相即、烦恼即涅槃等形式化、简单化地转变为获取直觉思维的工具，在排斥纯理论思辨的同时将直觉顿悟的思维形态发挥至极致。第三，受中国古代哲学经验性思维的影响，僧肇的"中道思维"也明显附着着经验性思维因素，而经验性思维对现实社会关注的倾向进一步凸显了僧肇强调世间、烦恼对于涅槃的价值和意义，加上僧肇以直言判断的方式运用"中道思维"，从而将般若中观学纯理论思辨的"中道思维"转换为沟通形而上与形而下的方法，甚至"降格为直接应对现实社会人生，成为形而下的社会生活经验的指导"①。此外，僧肇离开了对现象与本质否定的"即体即用"思维，一方面偏离了"中道思维"的轨迹，另一方面蕴含着肯定本质与现象以及从现象把握本质的内涵。而僧肇建立在肯定"圣心"实存性、涅槃之

---

① 潘桂明：《中国佛教思想史稿》第 1 卷上，江苏人民出版社，2009，第 319 页。

道永恒性基础上的主体与客体之"即体即用"，则进一步强化了现象回归本质、心性互回的致思路径，不同于印度佛教天人悬隔①而暗合于中国古代哲学"天人合一"思维方式。在此背景下，僧肇运用"中道思维"以"立处即真"的形态阐述烦恼即涅槃、此岸即彼岸、世间即出世间；以"圣心"体证涅槃，"体之即神"，追求实现在世间证悟涅槃的解脱大道，不但在思维方式上类似庄子以"天地与我并生，万物与我为一"来展开对个体精神自由的追求，更为禅宗直探心性、当下证悟解脱的思想和方法提供了理论依据，并产生了广泛而深远的影响。

---

① 葛兆光指出："在佛教思想中，人与佛、人心与佛性之间有着巨大的差异，而佛教作为宗教存在的意义就在于为人与佛、人心与佛性之间天堑鸿沟架设一道桥梁……从早期佛教到大乘佛教，在这一点上并无异议，大体都认定'佛性与人性'的悬隔是一个天经地义的事实"（葛兆光：《中国禅思想史》，北京大学出版社，1995，第189页）。

# 参考文献

## 一 古籍文献

龙树著，青目释，（后秦）鸠摩罗什译《中论》，《大正藏》卷30。

龙树著，（后秦）鸠摩罗什译《大智度论》，《大正藏》卷25。

（后秦）鸠摩罗什译《维摩诘所说经》，《大正藏》卷14。

（后秦）僧肇：《注维摩诘经》，《大正藏》卷38。

（刘宋）求那跋陀罗译《杂阿含经》，《大正藏》卷2。

（晋）惠达：《肇论疏》，《卍续藏经》第54册。

（陈）慧达：《肇论序》，《大正藏》卷45。

（梁）宝唱：《名僧传抄》，《卍续藏经》第77册。

（隋）吉藏：《百论序疏》，《大正藏》卷42。

（隋）吉藏：《中观论疏》，《大正藏》卷42。

（隋）吉藏：《法华义疏》，《大正藏》卷34。

（隋）智𫖮：《妙法莲华经玄义》，《大正藏》卷33。

（隋）灌顶：《大般涅槃经玄义》，《大正藏》卷38。

（唐）玄奘译《阿毗达磨俱舍论》，《大正藏》卷29。

（唐）法藏：《十二门论宗致义记》，《大正藏》卷42。

（唐）元康：《肇论疏》，《大正藏》卷45。

（唐）澄观：《大方广佛华严经随疏演义钞》，《大正藏》卷36。

（宋）克勤：《佛果圆悟禅师碧岩录》，《大正藏》卷48。

（宋）晓月：《夹科肇论序注》，《卍续藏经》第54册。

（宋）僧伽跋摩译《劝发诸王要偈》，《大正藏》卷32。

（明）德清：《肇论略注》，《卍续藏经》第54册。

（明）智旭：《阅藏知津》，《大正藏》卷31。

石峻、楼宇烈等编《中国佛教思想资料选编》，中华书局，1981。

（梁）僧祐撰，苏晋仁、萧鍊子点校《出三藏记集》，中华书局，1995。

（梁）慧皎撰，汤用彤校注《高僧传》，中华书局，1992。

〔日〕伊藤隆寿、林鸣宇：《肇论集解令模钞校释》，上海古籍出版社，2008。

张春波：《肇论校释》，中华书局，2010。

《晋书》，中华书局，1974。

《魏书》，中华书局，1974。

严可均辑《全晋文》，商务印书馆，1999。

徐震堮：《世说新语校笺》，中华书局，1984。

郭庆藩：《庄子集释》，中华书局，1961。

陈鼓应：《老子注译及评价》，中华书局，1984。

高亨：《周易大传今注》，齐鲁书社，1988。

楼宇烈：《王弼集校释》，中华书局，1980。

杨伯峻：《论语译注》，中华书局，1980。

## 二　著作

陈森田：《〈肇论〉的哲学解读》，文津出版社，2013。

陈寅恪：《金明馆丛稿初编》，三联书店，2001。

崔大华：《庄学研究》，人民出版社，1992。

道坚：《中国佛教与社会探论》，宗教文化出版社，2001。

邓晓芒：《思辨的张力——黑格尔辩证法新探》，商务印书馆，2008。

邓晓芒：《哲学史方法论十四讲》，重庆大学出版社，2008。

董群：《中国三论宗通史》，凤凰出版社，2008。

杜继文：《汉译佛教经典哲学》（上下），江苏人民出版社，2008。

杜继文：《中国佛教与中国文化》，宗教文化出版社，2003。

方光华：《中国古代本体思想史稿》，中国社会科学出版社，2005。

方广锠：《道安评传》，昆仑出版社，2004。

方立天：《魏晋南北朝佛教论丛》，中华书局，1982。

方立天：《中国佛教哲学要义》（上下），中国人民大学出版社，2002。

方立天：《中国古代哲学问题发展史》，中华书局，1990。

冯达文：《理性与觉性——佛学与儒学论丛》，巴蜀书社，2009。

冯友兰:《中国哲学史新编》,人民出版社,1986。

府建明:《"性空"至"妙有"——魏晋般若学的流变与转向》,宗教文化出版社,2012。

高晨阳:《中国传统思维方式研究》,山东大学出版社,1994。

葛兆光:《中国禅思想史》,北京大学出版社,1995。

葛兆光:《中国思想史》(第一卷),复旦大学出版社,2004。

郭朋:《中国佛教思想史》(上卷),福建人民出版社,1994。

洪修平:《禅宗思想的形成与发展》,江苏古籍出版社,2000。

洪修平:《论僧肇哲学》,《法藏文库·中国佛教学术论典》第19册,佛光山文教基金会,2001。

洪修平:《中国佛教文化历程》,江苏教育出版社,2005。

洪修平:《中国佛教与儒道思想》,宗教文化出版社,2004。

侯外庐主编《中国思想通史》第三卷,人民出版社,1957。

侯外庐主编《中国思想通史》第四卷上,人民出版社,1959。

黄百仪:《僧肇〈物不迁论〉思想研究》,《法藏文库·中国佛教学术论典》第99册,佛光山文教基金会,2001。

黄夏年主编《吕澂集》,中国社会科学出版社,1995。

黄心川:《东方佛教论》,中国社会科学出版社,2002。

江灿腾:《明清民国佛教思想史论》,中国社会科学出版社,1996。

金岳霖:《金岳霖学术论文选》,中国社会科学出版社,1990。

金岳霖:《论道》,商务印书馆,1985。

康中乾:《有无之辨——魏晋玄学本体论再解读》,人民出版社,2003。

康中乾:《中国古代哲学的本体论》,人民出版社,2016。

赖永海主编《中国佛教通史》(第二卷),江苏人民出版社,2010。

李润生:《僧肇》,东大图书公司,1989。

李四龙:《欧美佛教学术史——西方的佛教形象与学术源流》,北京大学出版社,2009。

李泽厚:《历史本体论·己卯五说》,三联书店,2006。

李泽厚:《中国古代思想史论》,安徽文艺出版社,1999。

刘贵杰:《僧肇思想研究——魏晋玄学与佛教思想之交涉》,文史哲出版社，1985。

刘建国：《中国哲学史史料学概要》（上），吉林人民出版社，1981。

楼宇烈：《郭象哲学思想剖析》，《中国哲学》第 1 辑，生活·读书·新知三联书店，1979。

卢桂珍：《慧远、僧肇圣人学研究》，台湾大学出版委员会，2002。

吕澂：《吕澂佛学论著选集》，齐鲁书社，1991。

吕澂：《印度佛学源流略讲》，上海人民出版社，2005。

吕澂：《中国佛学源流略讲》，中华书局，1979。

吕大吉：《宗教学通论新编》，中国社会科学出版社，2010。

罗因：《般若学对魏晋玄学课题的深化与开展：以〈肇论〉为中心》，花木兰文化出版社，2010。

蒙培元：《中国哲学主体思维》，东方出版社，1993。

蒙培元主编《中国传统哲学思维方式》，浙江人民出版社，1993。

牟宗三：《理则学》，江苏教育出版社，2006。

牟宗三：《中国哲学十九讲》，上海古籍出版社，1997。

潘桂明：《中国佛教思想史稿》（三卷），江苏人民出版社，2009。

任继愈：《汉唐佛教思想论集》，人民出版社，1998。

任继愈主编《中国佛教史》（三卷），中国社会科学出版社，1985。

任继愈主编《中国哲学发展史》（魏晋南北朝），人民出版社，1988。

任继愈主编《中国哲学史》（两汉魏晋南北朝），人民出版社，1966。

孙炳哲：《肇论通解及研究》，《法藏文库·中国佛教学术论典》第 19 册，佛光山文教基金会，2001。

孙叔平：《中国哲学史稿》，上海人民出版社，1980。

汤一介：《佛教与中国文化》，宗教文化出版社，1999。

汤用彤：《汉魏两晋南北朝佛教史》，北京大学出版社，1997。

汤用彤：《理学·佛学·玄学》，北京大学出版社，1991。

汤用彤：《汤用彤学术论文集》，中华书局，1983。

汤用彤：《魏晋玄学论稿》，上海古籍出版社，2001。

唐君毅：《中国哲学原论·原道篇》，台湾学生书局，1986。

唐秀连：《僧肇的佛学理解和格义佛教》，宗教文化出版社，2010。

田文军、吴根友：《中国辩证法史》，河南人民出版社，2005。

涂艳秋：《僧肇思想探究》，东初出版社，1995。

王月秀：《僧肇思想研究——以〈肇论〉为中心》，花木兰文化出版社，2010。

巫白慧：《印度哲学》，东方出版社，2000。

吴汝钧：《佛学研究方法论》，台湾学生书局，1983。

吴汝钧：《印度中观哲学》，圆明出版社，1993。

谢扬举：《道家哲学之研究》，陕西人民出版社，2003。

辛冠洁、丁健生、蒙登进主编《中国古代著名哲学家评传》，齐鲁书社，1982。

许抗生：《僧肇评传》，南京大学出版社，1998。

杨惠南：《龙树与中观哲学》，东大图书公司，1988。

姚卫群：《印度哲学》，北京大学出版社，1992。

余敦康：《魏晋玄学史》，北京大学出版社，2004。

俞宣孟：《本体论研究》，上海人民出版社，1999。

张岱年：《中国哲学大纲》，中国社会科学出版社，1982。

张岱年、成中英：《中国思维偏向》，中国社会科学出版社，1997。

张曼涛主编《佛教逻辑和辩证法》，《现代佛教学术丛刊》第21册，大乘文化出版社，1979。

张曼涛主编《三论典籍研究》，《现代佛教学术丛刊》第48册，大乘文化出版社，1979。

张曼涛主编《中观思想论集》，《现代佛教学术丛刊》第46册，大乘文化出版社，1979。

张茂泽：《道论》，人民出版社，2016。

周叔迦：《周叔迦佛学论著集》（下），中华书局，1991。

## 三　译著及外文原著

《马克思恩格斯全集》第四卷，人民出版社，1972。

〔俄〕舍尔巴茨基：《佛教逻辑》，宋立道译，中国社会科学出版社，2009。

〔俄〕舍尔巴茨基：《大乘佛学》，立人译，中国社会科学出版社，1994。

〔俄〕舍尔巴茨基:《小乘佛学》,立人译,中国社会科学出版社,1994。

〔印度〕穆蒂:《中观哲学》,郭忠生译,蓝吉富主编"世界佛学名著译丛"第64册,华宇出版社,1988。

〔德〕黑格尔:《逻辑学》,杨一之译,商务印书馆,1974。

〔德〕黑格尔:《小逻辑》,贺麟译,商务印书馆,1980。

〔德〕黑格尔:《哲学史讲演录》第一、二、三卷,贺麟、王太庆译,商务印书馆,1981。

〔古希腊〕亚里士多德:《形而上学》,吴彭寿译,商务印书馆,1959。

〔印〕乔荼波陀:《圣教论》,巫白慧译释,商务印书馆,2007。

〔奥〕维特根斯坦:《逻辑哲学论》,郭英译,商务印书馆,1992。

〔德〕康德:《纯粹理性批判》,蓝公武译,商务印书馆,1960。

〔法〕柏格森:《形而上学导言》,刘放桐译,商务印书馆,1963。

〔美〕梯利:《西方哲学史》,葛力译,商务印书馆,2003。

〔美〕罗伯特·沙夫:《走进中国佛教——〈宝藏论〉解读》,夏志前、夏少伟译,上海古籍出版社,2009。

〔日〕梶山雄一:《中观思想》,李世杰译,蓝吉富主编"世界佛学名著译丛"第63册,华宇出版社,1988。

〔日〕蜂屋邦夫:《道家思想与佛教》,隽雪艳、陈捷等译,辽宁教育出版社,2000。

〔日〕忽滑谷快天:《中国禅学思想史》,朱谦之译,上海古籍出版社,1994。

〔日〕柳田圣山:《禅与中国》,毛丹青译,生活·读书·新知三联书店,1988。

〔日〕中村元:《中国人之思维方法》,徐复观译,学生书局,1995。

〔日〕中村元:《东方民族的思维方法》,林太、马小鹤译,浙江人民出版社,1989。

〔日〕塚本善隆编《肇论研究》,法藏馆,1989。

## 四　论文

蔡宏:《佛教"般若"与庄子"齐物"异同论》,《哲学与文化》

2002 年第 11 期。

　　蔡缨勋：《僧肇般若思想（以不真空论为主）之研究》，《台湾师范大学国文研究所集刊》1986，第 30 期。

　　陈红兵：《庄子僧肇人生观比较研究——基于道家哲学与佛教中国化关系的研究》，《管子学刊》2008 年第 1 期。

　　陈坚：《僧肇的"不真空"义——兼谈"六家七宗"对"空"的理解》，《山东大学学报》2004 年第 6 期。

　　陈来：《魏晋玄学的"有""无"范畴新探》，《哲学研究》1986 年第 9 期。

　　陈荣灼：《龙树的逻辑》，《鹅湖学志》1988 年第 3 期。

　　成建华：《龙树与中国佛教哲学》，中国社会科学院研究生院 2003 年博士学位论文。

　　程恭让、韩成才：《从僧肇的〈维摩经〉诠释看其对善巧方便概念及思想的理解》，《中国哲学史》2015 年第 4 期。

　　程平源：《僧肇的心学辨析》，《学海》2007 年第 5 期。

　　单正齐：《论僧肇般若学的涅槃学说》，《贵州社会科学》2007 年第 1 期。

　　邓晓芒：《论中西本体论的差异》，《世界哲学》2004 年第 1 期。

　　邓晓芒：《苏格拉底和孔子的言说方式比较》，《哲学动态》2000 年第 7 期。

　　方朝晖：《从 Ontology 看中学与西学的不可比拟性》，《复旦学报》2001 年第 2 期。

　　方克立：《论中国古代哲学中的体用范畴》，《中国社会科学》1984 年第 5 期。

　　方立天：《中印佛教思维方式之比较》，《哲学研究》1989 年第 3 期。

　　方映灵：《佛玄之间：从〈不真空论〉析僧肇佛学玄学化问题》，《现代哲学》2016 年第 3 期。

　　冯耀明：《龙树〈中论〉的逻辑与辩证问题》，《鹅湖学志》1988 年第 2 期。

　　〔日〕福光永司：《僧肇与老庄思想——郭象与僧肇》，邱敏捷译注，正观杂志社，2003 年第 26 期。

府建明：《文本、范式及思想真实：关于肇学研究的历史反思》，《世界宗教研究》2011 年第 4 期。

高晨阳：《玄冥》，《中国哲学史研究》1989 年第 2 期。

龚隽：《僧肇思想辩证——〈肇论〉与道、玄关系的再审查》，《中华佛学报》2001 年第 14 期。

郭齐勇：《牟宗三先生会通中西重建哲学系统的意义》，《人文论丛》，武汉大学出版社，2007。

华方田：《试论〈中论〉的思维方法》，《哲学研究》1980 年第 10 期。

蒋国保：《中国古代哲学自有其独特的本体论》，《西北大学学报》2005 年第 3 期。

蒋海怒：《僧肇对玄佛体用论的扬弃》，《人文杂志》1999 年第 3 期。

兰喜并：《试释郭象的"玄冥之境"》，《中国哲学史研究》1986 年第 2 期。

蓝吉富：《台湾地区佛教研究的回顾与前瞻》，《佛教图书馆馆讯》1990 年第 27 期。

李明：《境界范畴的历史演变及其基本理论特质——中国哲学精神管窥》，《中国哲学史》2006 年第 4 期。

李振纲：《论僧肇的大乘中观般若学思想》，《哲学研究》2003 年第 8 期。

梁巧英：《〈宝藏论〉中的道教印记考——兼说〈宝藏论〉的成书年代》，《华东师范大学学报》2011 年第 3 期。

林丽真：《欧美"魏晋玄学"研究概况暨主要学术论著评介》，《哲学与文化》，2003 年 4 月，第三十卷第四期。

林镇国：《欧美学界中观哲学诠释史略》，《佛学研究中心学报》1997 年第 2 期。

刘爱军：《本体、方法与科学：中西方哲学知识论的区别及其根由》，《哲学研究》2015 年第 11 期。

刘成有：《关于〈涅槃无名论〉作者问题的讨论》，《文史哲》1990 年第 4 期。

刘成有：《僧肇生平考辨》，《五台山研究》1995 年第 3 期。

刘聪：《〈肇论〉研究综述》，《五台山研究》2016 年第 4 期。

刘立群：《"本体论"译名辨正》，《哲学研究》1992 年第 12 期。

刘文英：《中国传统哲学的名象交融》，《哲学研究》1999 年第 6 期。

路传颂：《物不迁论》的时间观念及其双重困境，《哲学研究》2019 年第 5 期。

蒙培元：《中国传统思维方式的基本特征》，《哲学研究》1988 年第 7 期。

蒙培元：《中国哲学的方法论问题》，《哲学动态》2003 年第 10 期

欧阳康：《本体论的兴衰与哲学观念的变革》，《天津社会科学》1997 年第 2 期。

邱敏捷：《〈宗本义〉与〈涅槃无名论〉的作者问题》，《佛学研究中心学报》2003 年第 8 期。

任遂虎：《中国古代思维方式的特性及评价》，《甘肃社会科学》1992 年第 4 期。

宋玉波：《"是"与"真"、"空"与"觉"——僧肇佛学的主题》，《西安交通大学学报》2012 年第 3 期。

唐君毅：《辩证法之类型》，《民主评论》第十二卷十一期，1961。

陶清：《近年来牟宗三哲学思想研究动态述评》，《哲学动态》2009 年第 5 期。

汪建：《试析中国古代传统思维方式》，《哲学研究》1987 年第 2 期。

王晓毅：《魏晋玄学研究的回顾与瞻望》，《哲学研究》2002 年第 2 期。

王晓毅：《支道林生平事迹考》，《中华佛学学报》1995 年第 8 期。

巫白慧：《印度古代辩证思维》，《哲学研究》1984 年第 11 期。

吴汝钧：《从逻辑与辩证法看龙树的论证》，《鹅湖月刊》1983。

吴汝钧：《印度中观学的四句逻辑》，《中华佛学学报》1992 年第 5 期。

吴晓明、俞吾金、欧阳光伟：《哲学基本问题所蕴含的方法论问题》，《中国社会科学》1986 年第 1 期。

向世陵：《中国哲学的"本体"概念与"本体论"》，《哲学研究》2010 年第 9 期。

徐小跃:《僧肇"有无观"、"体用论"之探讨——兼谈佛教中国化问题》,《南京大学学报》,1995年第1期。

许抗生:《简论中国佛教哲学的否定辩证法思想》,《中国哲学史》1993年第4期。

杨惠南:《"空"中会有"不空"吗》,《鹅湖月刊》1984。

杨惠南:《龙树的中论用了辩证法吗?》,《台大哲学评论》1982年第5期。

杨曾文:《〈维摩诘经〉释论》序,《法音》1997年第9期。

姚卫群:《佛教的"涅槃"观念》,《北京大学学报》2002年第3期。

余敦康:《何晏、王弼方法论思想辨析》,《哲学研究》1986年第12期。

张春波:《发现〈肇论集解令模钞〉的意义》,《哲学研究》1981年第3期。

郑开:《中国哲学语境中的本体论与形而上学》,《哲学研究》2018年第1期。

中国佛教协会编辑出版:《现代佛学》1959年第12期。

Richard Robinson, "Mysticism and Logic in Seng – Chao's Thought," *Philosophy East and West* 8, No. 3/4, October1958 – January1959, by the University Press of Hawaii.

# 后 记

本书是在博士学位论文《中国佛教辩证思维研究——以汉译〈中论〉〈肇论〉为中心》的基础上修定增删完成的，也是 2018 年度国家社科基金后期资助项目"僧肇辩证思维研究"的最终结项成果。

本书尝试在中印辩证思维相互融摄的视域下，研究对佛教中国化有重要影响的东晋高僧僧肇及其哲学名著《肇论》的思想及思维方式，并提出了一点自认为是"新"的见解。比如，论证了《肇论》四篇在整体上具有《中论》"四句否定"的逻辑结构及其与儒家思维之关联；从"中道思维"和"即体即用"两种进路探讨了僧肇将《中论》否定式思维方式转变成为肯定式思维的具体思辨历程。本书希望的更深的意义指向是，通过对僧肇辩证思维方式的个案性研究，理性反思中国传统思维方式的优点与缺憾。当然，这种论证和反思的意义和价值，有待于时间的检验了。

从博士论文构思到本书最后付梓，断续的思考和写作大约跨过了 12 个年头。其中艰苦，冷暖自知；为学日益，为学不易。作为学习和研究中国思想史的阶段性小结，这本小书承载的各种因缘对笔者而言具有格外的纪念价值。20 年前，有幸在西北大学中国思想文化研究所师从张茂泽教授学习中国思想史，初窥侯外庐学派的治学门径，领略了张岂之、刘宝才、黄留珠等诸位先生的大家风采，并且得到了谢扬举、方光华教授的直接指导，终身受益。2009 年有缘在陕西师范大学宗教研究中心师从吕建福教授研习佛教，吕老师确定的以中国佛教辩证思维研究为核心的博士论文选题，既是本书的最初思维架构，也让笔者逐步理解、关注任继愈先生的佛教研究。在后续的研究中，吕老师提出的研究思路和宝贵意见对本书核心观点的形成有着重要影响，在这一过程中，笔者也深深体会到了吕老师的学术责任感、使命感和学术精神！

博士论文和本书最终完成，离不开老师、专家们各个方面的指导与帮助！中国社会科学院杜继文教授对博士论文初稿给予了建议，北京大学张保胜教授教授梵文并给博士论文提出了意见，陕西师范大学周伟洲教授、康中乾教授、王欣教授、许宁教授，一直在学术与工作中给予指导和鼓励，感恩！感谢！还要感谢中国社会科学院魏道儒教授、中国人民大学张风雷教授、南京大学杨维中教授、西南大学杨玉辉教授对博士论文的评阅意见！尤其华东师范大学张晓林教授三千余字的博士论文评阅意见，每每读起，心存感念，一直未有感谢，在此深表谢意！

独学而无友，则孤陋而寡闻。每当回忆和鄂崇荣、王俊杰、杨卫、陈张林、张文卓、刘峰、王文旭、段新龙、赵永刚、许潇、林啸等同窗好友对酒当歌、激扬文字的时光，就感受到了岁月之美好，他们的许多思想火花给了我宝贵的启迪。本书也是对求学生涯的一种纪念与怀念。

回想而立之年才开始的学术生涯，每一步的前行离不开父母的无私奉献与殷殷期盼，家姐的鼓励与支持，妻子朱卫的默默付出，女儿有有从天真烂漫到亭亭玉立，对笔者来说，都让这本小书具有了弥足珍贵的生活气息。

本书出版亦受到湖北师范大学 2021 年人才引进项目资助。感谢社会科学文献出版社的卫羚女士为本书出版付出的艰辛劳动、提出的宝贵意见，使本书避免了不少错误。西北大学中国思想文化研究所博士研究生刘怡同学查找资料、硕士研究生王晓磊同学校对书稿，也付出了不少努力，在此一并表示谢意！

本人资质鲁钝，虽然目前看来似已尽了最大的努力，但本人知识结构和思维习惯存在的缺陷，使这部作品还存有诸多问题，心有余而力不足。如本人未系统接受过梵文识读的专门训练，日文阅读有限，对汉文大藏经以外的文献资料缺乏关注，对日文研究成果只局限于汉文译本，对若干佛学概念范畴和命题的阐述、剖析，对《中论》以及僧肇的某些论证或许存在着某些不周或偏颇。书中错误与不当之处，还请方家批评指正。

张彤磊

2022 年 10 月 30 日于湖北师范大学

图书在版编目（CIP）数据

僧肇辩证思维研究 / 张彤磊著 . -- 北京：社会科
学文献出版社，2022.12
ISBN 978 - 7 - 5228 - 0987 - 8

Ⅰ.①僧… Ⅱ.①张… Ⅲ.①僧肇（384 - 414）- 佛教
哲学 - 辩证思维 - 研究 Ⅳ.①B949.92

中国版本图书馆 CIP 数据核字（2022）第 208938 号

僧肇辩证思维研究

著　　者 / 张彤磊

出 版 人 / 王利民
责任编辑 / 卫　羚
责任印制 / 王京美

出　　版 / 社会科学文献出版社·人文分社（010）59367215
　　　　　　地址：北京市北三环中路甲 29 号院华龙大厦　邮编：100029
　　　　　　网址：www. ssap. com. cn
发　　行 / 社会科学文献出版社（010）59367028
印　　装 / 三河市龙林印务有限公司

规　　格 / 开　本：787mm × 1092mm　1/16
　　　　　　印　张：13.5　字　数：213 千字
版　　次 / 2022 年 12 月第 1 版　2022 年 12 月第 1 次印刷
书　　号 / ISBN 978 - 7 - 5228 - 0987 - 8
定　　价 / 98.00 元

读者服务电话：4008918866